잘 팔리는
시나리오 성공 법칙

일러두기

- 본문에 등장하는 영화와 책 제목은 국내 정발판을 기준으로 하였으며 외래어표기법과
  일치하지 않을 수 있습니다.
- 미국 저작권에 대한 내용은 국내법과 다를 수 있습니다.
- 본문에 등장하는 '리더'는 시나리오 검토 담당자를 뜻하는 단어입니다.

잘 팔리는
시나리오 성공 법칙

알렉스 엡스타인 지음

윤철희 옮김

행성B

차 례

3부. 캐릭터

4부. 액션

8부. 고쳐쓰기

9부. 영화로 만들기

부록

🖋️ 들어가기 전에

이 책은 다음 사람들에게 막대한 빚을 졌다.
어떤 스토리에서 무엇이 옳고 그른지를 정확하게 포착하는
감식안의 소유자이자, 지독하게 실망스럽던 시기에도
글을 계속 쓰라며 격려해 준 엔젤 굴러모비치 엡스타인,

재수 없게 으스대는 아들의 성향을 억누르는 법이 결코 없었던
사랑하는 우리 부모님,

내가 결국 시나리오 작가가 됐다는 사실을 알면
기겁할 케네스 코흐,

세상에서 제일 뛰어난 영어 선생님들이신 몰리 폴락과 웨인 애덤슨,

이보다 더 뛰어나기를 바랄 수 없는 에이전트와 편집자인
벳치 앰스터와 데브 브로디,

현명한 조언을 베풀어준 마기 미렐,

그리고 내가 함께 일하는 행운을 누렸던 감독과 시나리오 작가들,
그리고 내 글을 읽고 코멘트를 해주며
가끔은 돈을 지불할 정도로 친절했던 임원과 프로듀서들.

모두 감사합니다.

훅

HOOK

1장

시나리오란
무엇인가?

좋은 질문이다. 시나리오를 쓰고자 하는 사람이라면 어쨌든, 이 질문에 대한 대답은 알고 있어야 마땅하다. 그렇지 않나?

당신은 한 가지 대답을 이미 알고 있을 것이다. 시나리오는 영화로 만들겠다는 목적을 갖고 쓰여진 글이다. 100페이지 남짓으로 제본한 글에 당신은 영화관을 찾은 관객이 보고 듣기 원하는 모든 것을 적어 넣는다.

당신의 시나리오가 완성되면, 감독은 완전히 새로운 비전을 내놓을 것이고, 배우들은 당신이 쓴 대사를 바꿔 칠 것이며, 편집팀은 신(scene)의 순서를 뒤죽박죽 섞어버릴 것이다. 그러면 그 시나리오는 더는 '당신의 영화'가 아닐 것이다. 그래도 괜찮다. 어차피 시나리오는 그 자체로 완성된 작품이 아니니까. 시나리오는 그 자체로 높은 평가를 받겠다는 의도로 집필된 작품이 아니다. 영화가 빌딩이라면, 시나리오는 청사진이다. 따뜻한 벽난로 앞에서 좋아하는 와인을 홀짝이며 청사진을 읽는 사람은 세상에 없다. 바닷가로 휴가를 떠날 때 읽기 위해 시나리오 두 편을 가지고 가는 사람도 없다. 연예계에 종사하는 사람이 아니라면 말이다.

이건 시나리오를 집필하는 것은 그 시나리오가 영화로 제작되지 않는다면 아무 의미도 없는 일이라는 뜻이다.

우리 모두 그걸 안다. 머릿속 어딘가에서는 말이다. 그런데 내가 개발 부서 임원 자격으로 10년간 읽은 시나리오 수천 편 중 대부분은 영화로 만들어지는 위험한 상황에 발가락도 들여놓지 못했다. 그 시나리오들의 운명은 작가가 구상한 순간부터 불운했다. 그것들은 공들인 작품일 수도, 그다지 공을 들이지 않은 작품일 수도 있다. 그러나 그와 무관하게, 대부분의 시나리오는 하나같이 영화화되기 위해 필요한 요소가 빠져 있었다.

이 책은 영화로 만들어지는 시나리오를 쓰는 법을 다룬다. 대중적인 영화만 염두에 둔 건 아니다. 세상에는 예술 영화도 만들어진다. 시나리오를 쓰는 것은 멋들어진 영화 제작 작업의 근사한 일부다. 그리고 그것이 이 책의 *대부분이* 다루는 내용이다. 그렇지만 전부는 아니다. 당신이 시나리오를 집필하는 와중에 맞닥뜨릴 온갖 고초를 감수할 각오가 되어 있다면, 시나리오가 *그것 이외의 어떤 존재*인지 이해하는 것은 중요하다. 그걸 이해하지 못한다면, 시간을 낭비할 가능성이 크다.

시나리오는 패키지의 일부다

시나리오는 영화 업계에서 패키지라고 부르는 것의 첫 요소다. 패키지는 다음 요소를 조합한 것이다.

- 소재 – 책, 시나리오, 심지어 콘셉트
- 스타 배우 그리고/또는 스타 감독

이 요소들은 영화계 사람들에게 관객이 그 영화를 극장이나 TV에서 보고 싶어 할 거라고 확신하게 해준다.

시나리오는 *거래*의 요소다.

연예계는 이중인격을 지녔다. 연예계는 *비즈니스*의 현장이다. 사람들이 건강을 위해 이 일을 하는 건 아니라는 뜻이다. 영화가 쪽박을 차면, 사람들은 백수가 된다. 성공하지 못한 감독은 CF를 찍는 일로 돌아가야 한다. 성공하지 못한 여배우는 다시 오디션을 보거나 은퇴해 종업원으로 일해야 한다. 성공하지 못한 프로듀서는 카펫을 파는 일로 돌아가야 한다. 영화계가 지독하게 상업적이라는 것은 놀라운 일이 아니다. 놀라운 것은 영화가 *지금보다 더* 지독하게 상업적인 때는 없었다는 사실이다.

영화 산업에 투신한 사람 중에 거금을 버는 것을 가장 우선시하는 사람은 무척 적다. 당신이 직업을 갖고 일하는 중이라면 돈은 끝내주는 성과물일 것이다. 그런데 당신이 무엇보다 돈을 버는 것을 중요하게 생각하는 사람이라면 영화 업계에서 일하기보다는 포르쉐나 석유 시추 장비를 파는 편이 낫다. 실제로, 이 사업에 종사하는 사람은 하나같이 영화를 사랑하기 때문에 이 일에 뛰어들었다. 시나리오 작가는 스토리를 들려주고 싶어 한다. 프로듀서는 좋은 영화를 스크린에 걸고 싶어 한다. 배우는 군중 앞에서 극적인 감정을 쏟아내고 싶어 한다. 실제로, 영화 산업에 종사한다면 누구나 좋은 영화를 만들려고 애쓴다. 그들 전부가 위대한 예술 작품을 위해 이 일에 종사하는 건 아니지만, 선택의 기회가 있다면 그들 대부분은 오래 기억될 영화를 만드는 쪽을 택할 것이다.

모든 영화 프로젝트는 약간의 상업적인 욕망, 그리고 약간의 예술적인 야심과 함께 시작된다.

이론적으로 영화 프로젝트는 영화 스튜디오나 제작사의 개발 부서에서 일하는 누군가가 끝내주는 시나리오를 읽을 때 시작된다. *개발*은 시나리오에 옵션이 걸리고, 구입되고, 수정되고, 다시 수정되고, 또다시 수정됐다가 보통은 매장되는 영화 제작 과정의 한 단계다. 시나리오를 읽는 일을 하는 이런 독자(reader)를 부르는 명칭은, 믿거나 말거나 '리더(reader)'일 가능성이 크다. 리더는 2~5페이지 분량의 시놉시스를 쓰고 경멸조의 논평을 하는 대가로 편당 40달러를 받는, 최근에 영화학교를 졸업한 사람인 경우가 많다. 리더는 시나리오가 마음에 들면 스토리 에디터에게 전달하고, 스토리 에디터는 개발 부서 임원의 눈길을 끌기 위해 시나리오를 가져가며, 임원은 그걸 스튜디오의 제작 부서 임원이나 제작사의 프로듀서에게 건넨다.

거래가 일단 성사되면, 제작 부서 임원이나 프로듀서는 바라건대 그 소재를 보자마자 눈에서 불꽃을 튀기며 연출에 동의할 감독에게 시나리오를 보낸다. 그 후 시나리오는 스타들에게 향한다. 인기 좋은 스타가 그 영화에 출연하겠다고 할 경우, 스튜디오는 제작비를 대는 데 동의하고 우리는 성공 가도에 오른다.

당신의 시나리오는 리더, 스토리 에디터, 개발 부서 임원, 제작 부서 임원, 감독, 스타 모두가 "예"라고 대답하기 전까지 영화로 만들어지지 않는다. 그들 중 한 명이라도 그날 아침에 침대에서 일어날 때 기분이 영 개운하지 않았다면, 심혈을 기울여 쓴 당신의 시나리오는 그 스튜디오나 제작사에서는 숨을 거두는 신세가 될 테다.

톰 크루즈가 자기 친구가 쓴 거라며 시나리오를 보내올 경우, 그 시나리오는 중간 단계를 뛰어넘어 스튜디오 수뇌부로 직행한다. 제작 부서 임원은 그 시나리오를 읽자마자 자동으로 그 시나리오를 좋아하게 되고, 시나리오에는 옵션이 걸린다. 톰 크루즈가 그 작품에 출연하는 데 동의할 경우, 그 시나리오는 영화로 만들어진다. 이 과정에 대한 자세한 얘기는 조금 후에 하겠다.

시나리오는 **영업용 도구**(selling tool)다. 영화를 판매하는 세일즈맨이다. 당신의 시나리오는 당신이 만난 적도, 그리고 만날 일도 전혀 없는 사람들에게 판매된다. 그들 중 일부는 자신이 글을 쓸 재주가 없다는 사실에 굉장한 불만을 가지고 있다. 시나리오는 자신이 영화 제작에 관한 모든 일을 빠삭하게 알고 있다고 생각하는 스물두 살짜리 리더를 납득시켜야 한다. 남자친구가 깊은 잠에 빠지기 전에 그와 사랑을 나누려고, 한밤중에도 뭉텅이로 쌓인 시나리오를 읽어치우려 기를 쓰는 스토리 에디터를 납득시켜야 한다. 톰 행크스가 긍정적인 반응을 보인 시나리오와 나란히 경쟁해야 한다. 자신이 나이를 먹었다는 사실에 잔뜩 겁먹은 배우를 납득시켜야 한다. 이렇게 예민하고 까칠한 성향을 가진 업계 사람 전원에게 이건 목숨을 *바쳐서라도 만들어야 하는* 영화라는 것을 납득시켜야 한다.

따라서 시나리오는 청사진이자 거래의 요소이고, 영업용 도구다.

당신의 시나리오가 고초로 가득한 이 여정을 무사히 통과할 수 있게 해주는 것은 무엇인가? 당신이 읽은 대부분의 시나리오 작법서에는 다음과 같은 대답이 있다.

- **구조** 앞뒤가 착착 맞아떨어지는 뛰어나고 참신하며 재미있는 스토리
- **캐릭터** 활력이 느껴지고 살아 숨 쉬는, 흥미롭고 입체적인 캐릭터들
- **대사** 캐릭터에게 개성 있는 목소리를 부여하는 빼어나고 현실적인 대사
- **페이싱** 드라마틱한 클라이맥스에 도달할 때까지 고조되는 긴장감

틀렸다.

이것들은 문을 통과하게 만들지 못한다. 당신은 되도록 많은 것을 시나리오에 담아내고 싶을 것이다. 그렇지만 당신을 실제로 통과시켜 줄 요소는 걸출한 혹이다.

2장

훅(Hook)이란
무엇인가?

훅은 영화를 아주 간결하게 요약한 콘셉트다. 아무 콘셉트를 말하는 게 아니다. 훅은 연예계 종사자가 당신의 시나리오를 읽고 단박에 흥미를 느끼도록, 그 후 관객들이 당신의 영화를 보고 싶도록 만드는 어떤 스토리를 위한 신선한 아이디어다.

다음은 뛰어난 훅의 몇 가지 사례다.

- 한 남자가 자살하려고 할 때 천사가 나타나 그가 없었다면 마을은 어떤 곳이 됐을지 보여준다. 〈멋진 인생〉
- 서로를 미워하는 두 사람이 익명으로 만나 사랑에 빠진다. 〈모퉁이 가게〉, 〈유브 갓 메일〉
- 실직한 영국인들이 돈을 벌기 위하여 스트립쇼를 한다. 〈풀 몬티〉
- 냉소적인 광고 회사 임원에게 갑자기 여성의 생각을 읽을 수 있는 능력이 생긴다. 〈왓 위민 원트〉

- 한 변호사가 느닷없이 거짓말하는 능력을 상실한다. 〈라이어 라이어〉
- 눈이 내리지 않는 자메이카에서 봅슬레이 팀이 결성되고, 올림픽에 출전하기로 결심한다. 〈쿨 러닝〉
- 기이한 천재가 신(神)의 이름일지도 모르는 숫자를 발견한다. 〈파이〉
- 영화 제작진 세 명이 전설적인 마녀에 대한 다큐멘터리를 찍으려고 숲에 들어간다. 그리고 그들이 실종된 후에 테이프가 발견된다. 〈블레어 윗치〉
- 꼭두각시 조종자가 존 말코비치의 뇌로 이어지는 비밀 터널을 발견한다. 〈존 말코비치 되기〉
- 북적이는 버스에 폭탄이 실려 있다. 버스의 속도가 시속 80km 이하로 떨어지면 폭탄이 폭발할 것이다. 〈스피드〉
- 한 남자가 자신의 클론이 자신을 대체했다는 사실을 알게 된다. 〈6번째 날〉
- 어느 저널리스트가 가슴을 파고드는 병 속의 러브 레터를 발견한다. 그녀는 편지를 쓴 남자를 추적하다가 그 남자와 사랑에 빠진다. 〈병 속에 담긴 편지〉

나는 걸출한 훅을 가진 영화가 좋은 영화라는 말을 한 적은 없다. 당신이 쓴 시나리오가 영화로 만들어지려면 걸출한 훅이 필요하다고 말했을 뿐이다.

이 중 일부는 할리우드의 대작(大作) 영화로 만들어졌고, 일부는 독립 영화로 만들어졌다. '독립'은 사실 부적절한 용어다. '독립 프로듀서'는 실제로는 모든 이에게 의존한다. 더 맞는 용어는 종속적 프로듀서일 것이다. 모든 영화의 공통점은 관객이 영화가 어떻게 전개될지 궁금해야 한다는 것이다. 숲에 들어간 청년들에게 어떤 일이 있었을까? 형편이 좋지 않고 내성적인 영국인 무리는 어떻게 스트립쇼를 할까? 그걸 알아보려면 시나리오를 읽어야 한다.

　가끔은 훅이 그 영화가 진정으로 다루는 내용이 아닌 경우도 있다. 영화 〈프리 엔터프라이즈〉의 훅은 '나이 먹은 트레키* 두 명이 윌리엄 샤트너**를 우연히 만나는데, 샤트너는《줄리어스 시저》의 랩(rap) 버전 각본을 쓰고 출연하기를 희망한다'는 것이다. 이 영화는 완벽한 트레키 여성을 만났으면서도 그녀와 관계를 거의 엉망으로 만든, 나이 먹은 트레키를 다룬 로맨틱 코미디다. 그런데 그것이 유일한 훅이었다면, 이 영화는 만들어지지 못했을 것이다. 관계자들을 납득시킨 것은 '트레키들이 커크 선장을 연기한 윌리엄 샤트너를 만난다'라는 훅이었다.

　이 시점에서 당신은 이런 생각을 할지도 모르겠다. "그런데 대부분의 영화는 걸출한 훅을 갖고 있지 않은데?" 실제로 인터넷 무비 데이터베이스(Internet Movie Database)의 방문자 평점에 따른 톱 250 영화 리스트(http://www.imdb.com)를 본다면, 상위에 랭크된 영화 중에 걸출한 훅을 가진 경우는 거의 없다는 걸 알게 될 것이다.

　나는 *어떤* 시나리오든 영화로 만들어지려면 걸출한 훅이 필요하다는 말을 한 적이 결코 없다. *당신이 쓰는* 시나리오가 영화로 만들어지려면 걸출한 훅이 필요하다고 말했을 뿐이다.

　영화계는 돈벌이가 되는 요소에 의해 움직인다. 돈벌이가 되는 요소는 사람들이 영화를 보러 극장에 올 거라 확신할 수 있는 창작 관련 요소, 말하자면 스타, 감독, 영화가 기초한 소재 등이다. 달리 말하면 이렇다. 해리슨 포드가 내 영화에 출연하고 싶어 한다면 나는 훅과 상

●　　〈스타 트렉〉 시리즈의 광팬—옮긴이
●●　〈스타 트렉〉 시리즈에서 주인공 커크 선장을 연기한 배우—옮긴이

관없이 거액의 투자를 받아낼 수 있을 것이다.

훅이 없는 영화가 만들어지는 방법

다음은 훅이 없는 영화가 만들어지는 몇 가지 방법이다.

- 스티븐 스필버그가 유대인 수천 명을 홀로코스트에서 구한 나치당원을 다룬 소설을 읽는다. 스티븐 스필버그는 오랫동안 흥행에 실패한 적이 없는 감독이다. 그래서 그는 돈벌이가 되는 요소다. 〈쉰들러 리스트〉
- 어느 프로듀서가 브로드웨이 히트 뮤지컬 〈에비타〉의 영화화 권리를 따낸다. '아르헨티나 독재자 후안 페론의 과부가 권좌에 오른다'라는 훅은 별로 매력적이지 않다. 그러나 '앤드루 로이드 웨버가 작곡한 히트 뮤지컬'은 돈벌이가 되는 요소다.
- 외딴 기지로 파견된 남북전쟁의 영웅에 대한 아이디어를 가진 친구가 케빈 코스트너와 대화를 나눈다. 그곳에서 북미 원주민을 만난 영웅은 서서히 그들과 동화된다. 케빈은 친구가 먼저 소설을 집필하면 자신이 그걸 영화로 만들겠다고 약속한다. 여기에서는 케빈이 돈벌이가 되는 요소다. 〈늑대와 춤을〉
- 디지털 카메라를 가진 청년 몇 명이 1만 달러로 영화를 만들어 박스오피스에서 8천만 달러를 긁어모은다. 그들은 또 다른 영화를 만들고 싶어 한다. 그들은 곧바로 돈벌이 요소가 된다. 적어도 그들이 만든 두 번째 영화가 쪽박을 차기 전까지는. (〈블레어 윗치〉 제작진이 그 영화를 만든 다음에 만든 영화가 무엇이건 여기에 해당한다. 최근에 반짝 스타가 된 케빈 스미스의 〈점원들〉이나 로버트 로드리게즈의 〈엘 마리아치〉에도 같은 원리가 적용된다.)

- 어느 프로듀서가 남부 출신의 지적 장애 남성을 다룬 소설을 읽는다. 우리 모두가 겪었던, 기이하고 경이로운 우여곡절을 숱하게 통과하는 20년 세월 속 사연이 담긴 인생 이야기다. 프로듀서는 소설을 각색할 시나리오 작가를 고용했고, 톰 행크스가 그 영화에 출연하기로 한다. 톰 행크스의 출연작들은 10억 달러 이상을 벌어들였다. 〈포레스트 검프〉
- 존 그리샴이 또 다른 법정 스릴러를 집필한다. 믿거나 말거나, 존 그리샴의 소설을 원작으로 한 영화의 관객들은 그가 누군지 전혀 모르고, 영화에 원작 소설이 있는지조차 모를 것이다. 그러나 그의 소설을 각색한 영화들(〈런어웨이〉, 〈의뢰인〉, 〈레인메이커〉, 〈야망의 함정〉 등)은 흥행에 쭉 성공했고, 그 점이 그를 돈벌이가 되는 요소로 만든다.
- 디멘션 영화사가 〈옥수수밭의 아이들〉 7편을 만들기로 한다. 앞서 나온 〈옥수수밭의 아이들〉 시리즈 여섯 편은 모두 수익을 냈다. 이 시리즈는 프랜차이즈다. 직전에 나온 영화, 즉 여섯 편이 올린 흥행수익보다 적은 돈으로 7편을 제작할 수 있다면 수익이 날 것이다.

은행에 돈을 예치하고 제작비를 댄 사람들은 생각한다. 지갑에 돈이 있는 사람들이 보고 싶다고 생각하게 만드는 것이면 무엇이든 영화에서 돈벌이가 되는 요소라고. 영화 한 편에 담긴 요소의 가치를 합한 총액이 영화 제작비를 감당하는 한, 당신은 성공 가도에 진입했다. 당신에게 굵직한 요소들이 있다면, 대작을 만들어라. 자잘한 요소들이 있으면, 소품(小品)을 만들어라. 짐 캐리는 대작 코미디를 성공시킬 수 있는, 돈벌이가 되는 스타다. 제인 캠피온은 예술 영화를 성공시킬 수 있는, 절반쯤 돈벌이가 되는 감독이다.

관심 있는 분들을 위해 소개하자면, 연예 업계지인 《할리우드 리포터》가 해마다 전문가들의 견해를 바탕으로 작성한 '스타 파워 랭킹'이라는 명단을 보라. 돈벌이가 될 만한 스타들과 그들의 가치를 정리한 명단이다. 최근에 개발된 또 다른 유망한 명단은 인터넷 무비 데이터베이스의 스타 랭킹으로 http://www.imdbpro.com에서 볼 수 있다. 이 랭킹은 팬들이 다운로드한 횟수를 바탕으로 매겨지는 스타의 크레디트에 근거한다.

당신이 돈벌이가 될 만한 요소들을 갖고 있다면, 걸출한 훅이 꼭 필요한 것은 아니다. 아니, 훅 자체가 필요하지 않을 수도 있다. 당신이 돈벌이가 될 만한 요소를 많이 갖고 있을수록, 시나리오가 뛰어난지 아닌지는 덜 중요하다. 적어도 제작 단계에 이르기까지는 그렇다. 그런데 돈벌이가 될 만한 스타나 감독이 당신의 작품을 읽게 만들려고 애쓰는 중이라면, 당신은 아마도 걸출한 훅이 필요할 것이다. 스타들은 대부분 멍청하지 않다. 스타가 된 사람들은 멍청하지 않은 사람을 고용하는 법을 알기 때문에 그 자리에 오른 것이다. 걸출한 훅은 제작까지 이어지는 동안 만사를 수월하게 만든다.

걸출한 훅이 없고 돈벌이가 될 만한 요소가 없는 시나리오를 바탕으로 영화를 만드는 것도 가능하다. 무척 강렬하고 감동적으로 빼어나게 집필된 덕에, 입수할 수 있는 돈은 얼마건 쏟아붓고 원하는 배우는 누구든 투입하여 영화 제작을 위해 많은 사람의 열정과 헌신을 끌어낼 수 있는 시나리오라면 말이다. 그런데 그쪽으로는 눈동자도 돌리지 마라. 그럴 가능성은 미미하기 이를 데 없으니까. 그런 영화가 만들어진다고 하더라도, 거기에는 보통 다른 요인이 작동한다. 이런 예외에 속하는 영화들 중 많은 사례는 해외에서 촬영한 영화에 해당 국가 정부가 세액 공제를 해주는 경우다. 나머지 대부분은 틈새시장 영화가 차지한다. 북미 원주민을 다룬 매력적인 드라마 〈스모크 시그널스〉나 레즈비언을 다룬 영리한 로맨스 〈고 피쉬〉처럼 골수 핵심 관객을 겨냥해 만들어지는 영화들이 그것이다. 미국에서 개봉되는 영화 중에서 미미한 비율을 차지하는 일부 영화는 필요하다면 모든 수단을 다 동원해서라도, 신용카드를 한도까지 긁어서라도 제작비에 대는 배짱 두둑한 프로듀서들에 의해 만들어진다. 이렇게 만들어서 개봉하는 영화가 한 편이라면 절대 개봉하지 못하는 영화가 열 편에서 스무 편쯤 된다. 그런 영화에 대한 기사, 또는 파산을 선언한 프로듀서들에 대한 기사를 쓰는 사람은 아무도 없다.

돈벌이가 될 만한 요소를 확보하지 못했고 당신 자신이 돈벌이가 될 만한 요소가 아니라면, 당신에게는 걸출한 훅이 필요하다. 그게 없으면 당신의 시나리오는 영화로 만들어지지 않는다. 당신의 스토리에 훅이 없다면, 당신은 아마도 시나리오를 쓰면서 시간을 허비하는 중일 것이다.

세상의 모든 법칙이 그렇듯, 이 법칙에도 예외는 있다. 그리고 이 법칙을 에둘러갈 방법들도 존재한다. 그런데 당신의 목표가 당신이 쓴 시나리오를 영화로 만드는 것이라면, 그리고 당신이 연예계에서 방귀깨나 뀌는 사람들과 친분이 있는 게 아니라면, 이 법칙에 반드시 관심을 기울여야 한다.

이 충고는 반복해서 강조할 가치가 있다. 스토리에 훅이 없다면, 당신은 아마도 시나리오를 쓰면서 시간을 허비하는 중일 것이다. 당신은 훅이 없는 시나리오 집필 과정 자체를 즐길지도 모르고, 에이전트를 얻게 될지 모르며, 에어컨이 켜진 근사한 사무실에서의 미팅에 초대받을지도 모른다. 그렇지만 그 시나리오를 판매하는 데 성공할 성싶지는 않고, 설령 시나리오를 판매했다 하더라도 그게 영화로 만들어질 것 같지 않다.

그렇다면, 어떻게 걸출한 훅을 내놓을 수 있을까?

3장

걸출한 훅을
내놓는 방법

눈길을 사로잡는 훅은 무척 희귀하다. 영화가 일단 만들어지면, 누구도 그 훅을 쓰지 못한다. 적어도 세상 사람 모두가 그 영화를 잊어버리기 전까지는 말이다. 걸출한 훅은 일회용인 것이다. 그렇다면 어떻게 새로운 훅을 내놓을 것인가? 마술 같은 비법이 있는 걸까?

아아, 가여운 당신(그리고 나도!). 나한테 걸출한 훅을 내놓는 마술 같은 비법은 없다. 세상 누구에게도 없다. 조지 루카스조차 그렇다(그가 제작한 〈하워드 덕〉이라는 망한 영화 본 적 있나?). 그렇지만 나는 두 가지 기술은 갖고 있다. 그건 마술이 아니다. 엄밀히 말하면, 그 기술을 습득하려면 많은 노력이 필요하지만 효과는 있다. 그것들은 다음과 같다.

a. 주의 기울이기
b. 도둑질

26

주의 기울이기

주의를 기울인다는 것은 주위에서 실제로 있었던 사연을 알아내고, 그것을 비틀어서 영화를 위한 전제로 만든다는 뜻이다. 빌리 와일더의 1951년 작 고전 영화 〈비장의 술수〉는 동굴에 갇힌 남자를 취재하는 기자 이야기를 들려준다. 이 영화는 아마도 와일더나 그의 프로듀서가 우물이나 동굴에 갇힌 남자에 대한 뉴스 보도를 보던 중 세상 사람들이 그 사건의 진행 상황을 무척 흥미진진해 한다는 걸 감지하면서 시작됐을 것이다. 이런 상황은 -아직까지는- 영화가 아니다. 그런데 그 사건을 포착한 누군가가 그 상황을 계속 기삿거리로 쓰려고 동굴에 갇힌 남자를 영악하게 붙잡아둔다면 어떻게 될까? 그가 상황을 조작하여 자신의 경력을 되살리려고 기를 쓰는, 한물간 냉소적인 기자라면 말이다. 그것이 훅이다.

캐나다에서 한 어린 소녀는, 어미가 떠난 뒤에 남아 있는 새끼 흰기러기 몇 마리의 목숨을 구해주었다. 그런데 새끼들에겐 겨울을 날 곳으로 가는 길을 안내해 줄 어미가 없었다. 그들이 의지할 대상은 유대감을 느끼는 어린 소녀가 전부였다. 그래서 어린 소녀의 아버지는 소녀에게 울트라라이트(모터로 구동되는 행글라이더의 일종)를 조종하는 법을 가르쳐주었고, 소녀는 새끼 흰기러기들을 플로리다까지 안내한다. 그리고 소녀의 아버지는 그 일에 대한 책을 썼다.

그게 훅이다. 그런 사연이 영화로 만들어지는 데 필요한 것은 유령이 전부다(유령에 대해서는 나중에 더 자세히 얘기하겠다). 우리는 이 흰기러기들이 따뜻한 플로리다로 날아가야만 하는 이유를 알지만, 어린 소녀가 굳이 흰기러기들을 도와야만 하는 이유는 모른다. 1996년도 영화 〈아름다운 비행〉에서 소녀는 엄마를 잃었다. 그래서 소녀는 흰기러기를 구하는 것을 통해 자신의 상처를 치유한다.

〈에어 버드〉 시리즈가 탄생할 수 있었던 것은 어떤 개가 뉴스에 나왔기 때문이다. 견주는 그 개가 농구를 할 수 있게 훈련시켰다. 제작사의 적절한 위치에 있는 사람이 그 뉴스를 보고는 "개가 농구를 한다고? 이건 영화로 만들 만한 가치가 있어"라고 생각했다. 그 뉴스를 영화로 만든 요소는 좋아했던 농구를 포기한 아버지와, 그를 잃은 꼬마의 이야기라는 점이다. 개는 꼬마가 다시 농구를 시작하고 아버지를 잃은 슬픔을 극복할 수 있도록 돕는다.

이런 훅들은 모두 책이나 뉴스에서 얻은 것이다. 모든 사연이나 극적인 상황은 영화가 될 수 있다. 당신은 그 사연을 영화화하기 위해 채워 넣어야 할 부분이 무엇인지 궁리하면 된다.

예를 들어 뉴욕의 어느 커플이 이사할 형편이 안 되는 탓에, 또는 이혼재판을 유리하게 이끌어 나가기 위해 이혼 후에도 2년 넘게 동거했다는 기사를 〈뉴욕 타임스〉에서 읽었다고 치자. 이것을 TV 드라마로 만들어줄 요소는 다음과 같다. 서로가 상대를 이사하게 만들려고 새 애인을 만들어주기 위한 작전을 펼친다면? 두 사람의 노림수는 성공할까? 아니면 두 사람은 다시 사랑에 빠질까?

주의를 기울이라는 말은 현실 세계의 사람들이 처한 극적인 상황에 대해 듣거나 기사를 읽을 때, 정신을 바짝 차리고 그것을 재료로 삼아서 영화로 만들 만한 스토리를 구상하는 방법을 궁리하라는 뜻이다.

당신이 선택한 스토리가 실제 사건과 지나치게 가까울 경우, 관련한 사람들로부터 인생사에 대한 권리를 사야 한다. 그들이 공인(公人)이거나 당신이 공공 기록을 바탕으로 스토리를 집필하는 게 아니라면 말이다(9부 2장에 있는 저작권 섹션을 보라). 그런데 당신이 실제로 일어났던 사건에 충실하려고 애쓰는 대신, 그 아이디어를 바탕으로 영화 시나리오를 쓰려고 한다면 이는 실제 사건을 바탕으로 한 스토리가 아니라 실제 사건에서 '영감을 얻은' 스토리가 된다. 그런 경우, 누군가의 인생사를 살 필요는 없다(*면책을 위해 밝혀둔다. 나는 변호사가 아니고, 위에 밝힌 내용은 일반인인 나의 견해일 뿐이다. 법적인 문제가 궁금하다면, 제발 부탁인데 실제 변호사와 상담하라).

많은 프로듀서가 영화가 완성될 무렵엔 영화의 소재가 실제 사건과 많이 달라질 가능성이 크다는 걸 알면서도 실제 인물의 인생사에 대한 권리를 사들인다. 왜? 스튜디오에 회의하러 갈 때 뭔가 팔릴 만한 물건을 가져가야 하기 때문이다. 콘셉트 하나를 들고 스튜디오에 찾아가는 것은 아무나 할 수 있는 일이다. 그런데 누군가의 인생사에 대한 권리를 갖고 스튜디오를 찾는 사람은 이미 영화로 만들어질 가능성이 있는 요소 한 가지를 갖고 있는 셈이다. 그러면 그 프로젝트는 한결 더 현실적으로 보인다. 또한, 그렇게 하면 스튜디오나 제작사가 그 프로듀서를 따돌리고는 그가 없는 상황에서 동일한 콘셉트를 바탕으로 한 영화를 만들기가 어려워진다. 콘셉트에 저작권을 걸지는 못하지만, 누군가의 인생에 관한 권리에는 옵션을 걸 수 있다. 따라서 프로듀서가 아닌 당신이 그 사연을 극적으로 수정해서 집필할 의도가 있다면, 누군가의 인생에 대한 권리를 살 필요는 없을 것이다. 그냥 그 영화는 '실제 사건에서 영감을 받았다'라고 밝히기만 하면 된다.

관심 기울이기는 더욱 현실적인 방법일 수도 있다. 세상에는 허공에 떠다니는 아이디어가 있고, 새로운 기술이 개발될 수도 있다. 당신이 인터넷 만남 서비스에 대한 이야기를 들었다. 그걸 어떻게 영화로 만들 것인가? 이는 코미디 영화의 소재로 딱이다. 갈라선 한 커플이 인터넷에서 새로운 짝을 찾기 시작한다. 그런데 결국 그렇게 찾은 상대가 바로 서로라는 것을 알게 된다.

스릴러 영화가 될 수도 있다. 어떤 여자가 독신자 사이트에서 한 남자를 만난다. 그는 자신에 대해서는 온통 거짓말만 늘어놨지만 그녀에 대해서는 모르는 게 없으며, 결국 그녀를 스토킹하기 시작한다. 물론, 두 아이디어 모두 지금은 구닥다리가 됐다. 위의 아이디어들은 1999년에는 참신했지만, 1997년에는 시대를 지나치게 앞서간 아이디어였을 것이다. 바로 이것이 유행을 바탕으로 시나리오를 쓸 때 감수해야 하는 위험이다. 유행은 바뀌고, 당신이 쓴 시나리오는 구닥다리가 된다.

〈쥬라기 공원〉은 시대를 가리지 않는 (적어도 내가 꼬맹이였을 때 이후로는 그랬다) 공룡이라는 매력적인 소재와 DNA 재조합이라는 신기술을 결합한 데에서 탄생했다. "어느 부자가 그가 지을 테마파크를 위해 공룡을 재창조할 과학자들을 고용한다. 그런데 공룡들이 미쳐 날뛴다." 마이클 크라이튼이 쓴 과학 스릴러 거의 전부가 이렇게 멋진 훅을 갖고 있다. 그리고 바로 이 점이 사실상 그의 소설 전부가 영화로 각색된 이유다.

시기적절한 주제를 다루는 시나리오를 집필하는 것과 시기적절한 훅을 내놓는 것은 동일한 일이 아니라는 걸 명심하라. 조지 애벗이 에리히 마리아 레마르크의 원작 소설을 각색해서 집필한 〈서부 전선 이상 없다〉는 1차 세계대전이 벌어지는 동안 날마다 반복하여 게재된 신문 기사의 한 문구에서 비롯되었다. 이상주의적인 생각에 젖어 유쾌한 기분으로 입대했던 젊은 학생들이 1차 세계대전의 공포에 직면하게 되는 영화에서 그 문구는 아이러니한 의미를 띤다. 〈우리 생애 최고의 해〉는 그 영화가 다루는 내용을 암시하는 또 다른 문구다. 2차 세계대전에 참전했다가 귀향한 군인들은 민간인의 삶이 그들이 희망했던 삶이 아니라는 걸 알게 된다. 사실 그들은 일상생활에서 겪는 사소한 모욕을 감내할 바엔 차라리 적군의 총에 맞기를 선택한다. 로버트 셔우드가 맥킨레이 칸토르의 소설을 바탕으로 시나리오를 쓴 이 영화는, 같은 폭격기를 타고 고향으로 온 세 남성이 민간인의 삶으로 복귀하려 애쓰는 과정을 좇아간다.

두 작품 모두 훅이 없다. 대신 이 영화들은 시기적절했다. 〈서부 전선 이상 없다〉는 종전 14년 후에 만들어진 영화다. 사람들이 전쟁의 공포를 들여다볼 준비가 된 시점이었다. 영화 두 편이 다 오스카 작품상을 받았다. 그러나 베스트셀러나 원작 소설이 없이 스튜디오에서만 준비하는 건 힘들었을 것이고, 스타들을 꾸려서 출연시키지 않았다면 관객에게 입장권을 팔기도 쉽지 않았을 것이다.

〈미세스 다웃파이어〉는 이혼한 남성들이 이혼한 여성들만큼이나 자식들을 사랑하고 그들 곁에 머무르기 위해 무슨 짓이건 할 것 같다는, 기이하게도 여전히 신선한 콘셉트를 활용한다. 〈크레이머 대 크레이머〉는 1977년에 이 영역을 다뤘다. 홀로 아들을 키우는 아버지는 훅이 되기에 충분했다. 〈미세스 다웃파이어〉를 훅이 있는 영화로 만든 것은 아이들 곁에 머무르려고 영국인 유모 연기를 한, 로빈 윌리엄스의 배역이었다.

아이디어가 반드시 최근의 것일 필요는 없다. 그 아이디어로 영화를 만든 사람이 아무도 없다면 말이다. 어느 누구도 동일한 범죄로 두 번 재판을 받아서는 안 된다는 일사부재리의 원칙은 아주 오래전부터 헌법에 명시되어 있던 개념이지만, 그 개념에서 착안한 영화 〈더블 크라임〉은 2000년이 되어서야 만들어졌다. 어떤 여성이 남편을 살해했다는 누명을 쓴다. 형기를 마친 그녀는 남편이 살아 있으며 그가 자신에게 누명을 씌웠다는 걸 알게 된다. 남편을 두 번 살해했다는 이유로 그녀를 기소할 수는 없는 노릇이므로, 그녀는….

관심을 기울여서 더 진전된 방법으로 훅을 내놓을 수도 있다. 영화 제작 기술이 발전하면서, 예전에는 지나치게 비싼 제작비가 들었을 스펙터클을 영화에 담는 게 가능해졌다. 1993년에, 〈쥬라기 공원〉의 공룡들은 (기계로 공룡을 재현할 경우) 엄두도 못 낼 정도로 큰 비용이 들거나 (사람이 고무 옷을 입고 연기할 경우) 우스꽝스럽게 보일 존재였다. 하지만 첨단 컴퓨터 그래픽 기술이 공룡을 자연스럽게 보이는 걸 가능하게 만들었다. 요즘은 누구라도 자기 영화에 공룡을 집어넣을 수 있다. 그와 비슷하게, 〈트위스터〉는 토네이도에 휩쓸리는 효과를 복제해서 재현하기 위해 첨단기술을 활용했다. 예전에는 구름 상자(cloud chamber)를 써야 했는데(〈오즈의 마법사〉에 나오는 토네이도를 떠올려보라), 그런 시설은 정확한 통제가 어렵고, 배우들을 한 자리에 고정하기도 힘들었다. 〈분노의 역류〉는 실감 나는 불길의 한복판에 캐릭터들을 배치하려고 디지털 합성기술을 활용했다.

사람들이 영화를 보는 많은 이유 중에는 생전 본 적이 없는 구경거리를 보기 위해서도 있다. 요즘 기술로 쉽게 구현할 수 있으면서 누구도 본 적이 없는 짜릿한 무언가를 떠올릴 수 있다면, 당신은 훅의 도입부를 확보한 것이다. 힘든 작업은 그 스펙터클을 보여주기에 적합한 스토리를 찾는 것이다. 일부 영화에서, 스토리는 스펙터클한 그래픽 효과를 보여주기 위한 수단에 지나지 않는다. 〈트위스터〉에서 라이벌 팀보다 앞서 토네이도 안쪽에 측정 장비를 갖다 놓으려고 기를 쓰는 과학자 커플에게는 설득력이라고 할 만한 게 딱히 없다. 사람들은 그 영화가 정말로 끝내주는 토네이도 효과를 보여줬기 때문에 그 영화를 보러 갔다.

이에 반해, 스펙터클의 바탕 위에 스토리가 제대로 구축되는 영화들도 있다. 〈킹콩〉의 스토리는 거대한 유인원을 구현한 효과보다 훨씬 더 심오하고 풍부하다. 그것이 우리가 지금도 여전히 그 영화를 감상하는 이유이고, 〈타이타닉〉이 구현한 물 관련 특수효과가 더 이상 놀라워 보이지 않게 될 50년 후에도 관객들이 〈타이타닉〉을 감상하게 될 이유다. 윌리엄 골딩의 소설 《첨탑》을 각색한 로저 스포티스우드의 시나리오는 중세시대 대성당의 첨탑이 올라가는 모습을 보여준다. 얼마 전까지만 해도 그와 같은 소재를 필름에 담으려면 엄청난 비용이 들었을 것이다. 그런 영화를 만들기 위해선 대성당을, 최소한 가짜 대성당이라도 지어야 한다. 또 실제 배우들을 모형 대성당에 설득력 있게 투입해야 한다. 그런데 컴퓨터 그래픽을 쓰면 대성당 전체를 짓지 않아도 된다. 세트 몇 개만 지으면 된다. 이 장관을 설득력 있는 영화로 만들어주는 요소는 수도원장과 수석 건축가가 벌이는 의지의 전투다. 한 사람은 첨탑을 짓고 싶어 하고, 다른 사람은 첨탑이 지나치게 높아지면 대성당이 붕괴

할 거라고 확신하기 때문에 두 사람 사이에 갈등이 벌어진다.

도둑질

도둑질은 주의 기울이기보다 더 선호되는 기법이다. 관심을 기울이는 걸 잘하는 사람이 무척 드물기 때문에 그런 것 같다. 도둑질은 다른 누군가의 스토리를 대가를 지불하지 않은 채로 가져와 영화로 변화시키는 것을 뜻한다(대가를 지불한다면 그건 각색이다. 대가를 지불하지 않은 것을 충실하게 각색하면, 그건 소송을 자초하는 짓이라고 불린다).

가장 효과적인 도둑질 중 하나는 고전을 현대화하는 것이다. 〈클루리스〉는 베벌리힐스의 한 인기 많은 여학생이 촌스러운 친구를 머리부터 발끝까지 변신시켜 주기로 하면서 벌어지는 이야기를 다룬 코미디다. 그녀는 이 과정에서 정작 변해야 할 사람은 자신이라는 것을 깨닫게 된다. 이 훅은 (그리고 플롯의 아웃라인은) 제인 오스틴의 소설 《엠마》에서 훔쳐왔다. 〈물랑루즈〉는 부유한 공작에게 팔려간 고급 매춘부와 사랑에 빠진 가난한 작가의 비극적 로맨스다. 그 작품의 콘셉트와 캐릭터들은, 아들 알렉상드르 뒤마의 유명한 1848년도 소설 《카미유》에서 훔쳐왔는데, 그 소설은 유명한 오페라 〈춘희(La Traviata)〉로도 만들어진 바 있다. 그리고 뒤마는 자신이 겪은 인생사를 바탕으로 그 작품을 썼다(이는 주의 기울이기의 사례다).

셰익스피어의 《로미오와 줄리엣》의 훅은 이렇다.

불운한 연인 한 쌍이 목숨을 잃는다.

34

그들의 불운은 비극적인 결말로 치닫고

그들의 죽음으로 부모들의 싸움은 막을 내린다.

철천지원수인 두 가문에서 각각 태어난 한 소년과 소녀가 사랑에 빠진다. 두 사람의 비극적인 죽음은 전쟁을 중단시킨다.

영화로도 만들어진 브로드웨이 히트 뮤지컬 〈웨스트사이드 스토리〉는 이 훅을 도둑질했다. 몬터규 가문은 백인 길거리 갱단(제트파)으로 바뀌고 캐퓰릿 가문은 푸에르토리코 갱단(샤크파)으로 바뀌어 뉴욕의 웨스트사이드에서 대결을 벌인다. 〈로미오 머스트 다이〉는 아시아 갱단과 미국인 조폭 사이의 대결로 이 이야기를 각색했다. 바즈 루어만 감독은 셰익스피어의 《로미오와 줄리엣》에서 대사를 단 한 줄도 바꾸지 않고 현대로 가져왔다. 베로나는 베로나 비치가 됐고, 원작의 '칼(swords)'과 '장검(longswords)'은 영화에 등장하는 권총과 소총의 상표 이름이 됐다.

셰익스피어 자신도 많은 훅을 훔쳐왔다. 그는 《로미오와 줄리엣》의 훅을 로마 시인 오비디우스가 쓴 〈피라무스와 티스베〉—셰익스피어의 또 다른 희곡 《한여름 밤의 꿈》을 봤다면 친숙한 이야기일 것이다—에서 가져왔다.

저작권이 소멸한 공유 재산이라면, 당신은 원작을 원하는 만큼 가져다 쓸 수 있다(저작권 소멸 시점에 대한 설명은 41페이지를 보라). 요즘 관객이 원하는 것은 100년 전 관객이 원했던 것과 다르기 때문에, 당신은 자신도 모르게 꽤 많은 것이 바뀌었다는 걸 알게 된다. 에드몽 로스탕의 희곡 《시라노 드 베르주라크》는 록산느라는 아름다운 아가씨와 사랑에 빠진 빼어난 작가이자 검객 시라노를 다룬 로맨스다. 불행히도 시라노는 우스꽝스러울 정도로 코가 길다. 그는 잘생긴 친구 크리스티앙이 록산느에게 구애하는 것을 돕게 된다. 그는 그녀에게 사랑의 시를 쓰고, 그녀가 그 시를 읽는다는 것을 안다.

스티브 마틴은 그 훅을 훔쳐 자신의 영화 〈록산느〉에 적용했다. 영화에서 그가 연기한 시라노는 소방관이고, 대릴 한나가 연기하는 록산느는 천문학자다. 작품의 배경이 현대가 되었기 때문에 마틴은 시라노가 성형수술을 받지 않는 이유를 설명해야 한다. 그런데 이 작품에서 정말로 현대화된 내용은 결말이다. 로스탕의 주인공은 록산느를 향한 사랑을 밝히지 않은 채로 숨을 거둔다. 사랑을 밝혔다가 그녀가 사랑하는 연인, 즉 그의 제일 친한 친구 크리스티앙에 대한 기억이 더러워질 것이기 때문이다. 그런 결말은 명예와 비극에 깊이 몰두한 1897년의 관객들에게 강한 인상을 남겼다. 그러나 현대의 관객들은 그런 난센스를 받아들이지 않을 것이다. 그래서 마틴이 연기하는 주인공은 그녀에게 고백하고 그녀의 마음을 얻는다.

훅을 도둑질하기 위해서는 여전히 관객에게 먹히는 요소들은 슬쩍하고 더는 그러지 못하는 요소들은 업데이트할 방법을 찾아야 한다. 프랜시스 코폴라 감독의 오스카 수상작 〈지옥의 묵시록〉은 19세기 작가 조지프 콘래드가 쓴 소설에 느슨하게 기초했다. 콘래드의 소설 《암흑의 핵심(Heart of Darkness)》의 배경은 아프리카 식민지로, 백인인 커츠는 강 상류로 가서 아프리카 원주민들을 상대로 미치광이 신처럼 군림한다. 그를 데려오기 위해 주인공 말로우가 파견된다. 죽어가던 커츠는 말로우에게 자신이 보고 행한 짓의 공포를 전달하려 한다. 그것을 자기 약혼자에게 설명할 수 있도록 말이다.

영화 〈지옥의 묵시록〉에서도, 장래가 유망했던 군인 커츠 대령은 강 상류로 올라가 캄보디아 원주민들을 상대로 미치광이 신과 같이 군림한다. 육군의 암살자인 윌라드 대위가 그를 살해하려 파견된다. 죽어가던 커츠는 자신이 보고 행한 짓의 공포를 윌라드에게 전달하려 애쓴다. 자기 아들에게 자신이 왜 그런 짓을 했는지 윌라드가 전해줄 수 있게 하기 위해서다. 현대화하면서 영화의 배경은 광기 어린 베트남전으로 바뀌었다. 신(scene)과 캐릭터는 대체되었으나, 영화를 관통하는 맥락과 영화가 밀고 나가는 질문은 똑같다.

골도니의 고전 희극 《두 주인을 섬기는 하인》에서 어느 하인이 두 주인을 동시에 섬기면 더 많은 돈을 벌 거라는 결론을 내린다. 그는 처음에는 두 가지 일을 병행하는 묘기를 부리지만, 시간이 갈수록 재앙과도 같은 결과가 나타난다. 이 작품을 현대 배경으로 영화화하겠다고 결정할 경우, 당신이 해야 할 중요한 일은 요즘 세상에서 주인공이 생계를 위해 무슨 짓을 하게 만들지 고민하는 것이다. 현대 사회에 하인은 존재하지 않는다. 그렇다면 전담 비서가 업무시간에 사무실에서 몰래 부업을 하고 있다고 설정하면 어떨까?

도둑질의 또 다른 좋은 방법은, 어떤 영화로부터 취한 플롯을 상이한 환경에 적용하는 것이다. 세르지오 레오네의 고전 서부극 〈황야의 무법자〉의 훅은 걸출하다. 어느 총잡이가 두 라이벌 갱단 때문에 고통받는 마을로 온다. 그는 처음에는 한쪽 갱단에, 다음에는 다른 쪽에 합류해 그들이 서로 파괴하게끔 일을 꾸미면서 마을을 고통으로부터 구하려 한다. 이 영화는 구로사와 아키라의 고전 사무라이 영화 〈요짐보〉

를 사실상 신-바이-신(scene-for-scene)으로 고스란히 리메이크한 것이다. 그런데 〈요짐보〉는 대실 해밋의 소설 《붉은 수확》에서 상당히 많은 영감을 받은 영화다. 그리고 그 이야기는 브루스 윌리스의 영화 〈라스트 맨 스탠딩〉으로 다시 리메이크됐다.

〈아웃랜드〉의 혹은 "우주 광산기지를 책임지고 있는 힘없는 보안관이 그를 살해하려고 파견된 킬러 세 명과 맞서는 것을 도와달라며, 겁에 질린 광부들을 분발시키려 애쓴다"는 것이다. 이것은 1954년 영화인 〈하이 눈〉을 우주 배경으로 옮긴 작품이라고 할 수 있겠다. 원작에 나오는 마을 도처의 시계를 스페이스 셔틀의 착륙 카운트다운으로 대체했다.

〈유브 갓 메일〉은 만나면 서로 경멸하지만 인터넷상에서는 사랑에 빠진 두 서점 주인을 다룬다. 샘슨 라파엘슨이 미클로스 라즐로의 희곡을 바탕으로 시나리오를 쓴 에른스트 루비치 감독의 고전 코미디 〈모퉁이 가게〉에는 서로 얼굴 보는 것은 못 견디지만 개인 광고를 통해 사랑에 빠진 두 사무실 동료가 등장한다. 우연의 일치인가? 도둑질인가? 당신이 판단해 보라.

루이스 포스터가 쓴 스토리를 바탕으로 시드니 버크먼이 시나리오를 쓰고, 프랭크 카프라가 연출했으며, 제임스 스튜어트가 출연한 〈스미스 씨 워싱턴에 가다〉는 타협하려 들지 않으면서 하원을 뒤집어놓는 순진한 하원의원을 등장시킨다. 마티 카플란과 조나단 레이놀드가 시나리오를 쓴 에디 머피의 영화 〈제이제이〉는 카프라의 아이디어를 현대적으로 비틀었다. 교묘한 수법으로 사기를 쳐 당선된 신임 하원의원은 의회에 자기보다 훨씬 더한 사기꾼들이 널렸다는 사실을 알게 된다.

아주 작게 남아 있던 그의 양심이 꿈틀댈 정도로.

법적인 관점에서 보면, 훅은 언제나 훔쳐도 된다. 훅에 저작권을 걸수 있는 사람은 아무도 없다. 아이디어 수준에 머무는 것은 무엇이건 훔쳐도 된다. 캐릭터나 대사, 구체적인 플롯의 일부는 훔쳐서는 안 된다. 달리 말해 바람에 휩쓸려 마법의 나라로 날아갔다가 사악한 존재들을 상대하고, 동료들의 도움을 받아 집으로 돌아오려 애쓰는 어린 소녀에 대한 시나리오를 쓰는 건 괜찮다. 그런데 그 동료를 양철 나무꾼이나 겁쟁이 사자, 허수아비로 설정하는 순간, 당신은 L. 프랭크 바움 재단의 저작권을 침해하게 된다. 집필하는 드라마의 꿈 시퀀스에 양철 나무꾼을 등장시켜서도 안 된다. 그 캐릭터가 등장하는 작품의 저작권이 만료되기 전까지는 말이다(2021년 현재 오즈의 마법사의 저작권은 만료된 상태다 – 편집자).

각색 Adaptations

걸출한 훅을 가진 소재를 충실하게 각색해도 된다. 물론, 훅만이 아니라 소재의 플롯과 신, 캐릭터, 가능하다면 대사도 가져올 수 있다.

저작권이 풀린 작품은 무엇이든 자유롭게, 그리고 충실하게 각색할 수 있다. 저작권은 시간이 흐르면 만료된다. 어떤 작품이 공유 재산이 되는 시점은 그 작품이 창작된 시기에 달려 있다. 다음은 미국 저작권과 관련한 단순한 몇 가지 법칙이다.

- 1923년 이전에 출간된 저작물은 모두 공유재산이다. 2021년 기준 1926년

이전에 출간된 저작물은 모두 공유재산이다.

- 1923년부터 1978년 이전에 출판된 작품은 무엇이건 28년간 저작권이 걸려 있다. 저작권 등록은 67년까지 연장할 수 있다. 즉 95년간 저작권에 의해 보호받는다. 어떤 책이 절판되지 않았다면, 그 책의 저작권 등록은 거의 확실하게 연장된다. 하지만 그 책이 세상 모두가 잊은 작품이라면-다시 말해, 오랫동안 절판됐거나 폐간된 잡지에 실린 기사라면- 그 작품은 등록되지 않았으므로 지금은 공유 재산일 가능성이 있다.

    ex) 〈멋진 인생〉은 저작권이 등록되지 않았다. 그 영화가 TV에서 그토록 자주 방영되는 이유가 그것이다. 누구도 그 영화를 트는 대가를 지불하지 않아도 된다. 물론, 그 영화의 컬러판에는 저작권이 걸려 있다.

- 1978년 이후에 출판된 작품은 작가 사후 70년간 저작권이 걸려 있다. 이는 우리 입장에서 거의 영원하다고 볼 수 있을 것이다.[*]

작품의 저작권 상태는 미국 의회 도서관(LoC)에서 확인할 수 있다. 하지만 LoC의 온라인 기록을 검색하는 것은 쉽지 않다. 그리고 의회 도서관에 저작권이 등록돼 있지 않다는 것이 반드시 그 작품이 공유 재산이라는 걸 뜻하지는 않는다. 그래서 저작권 검색이 필요하다. 톰슨 앤 톰슨(http://www.thomsonthomson.com)은 LoC의 실물 파일을 검색하여 보고서로 보내주는 워싱턴 소재의 저작권 조사 회사다. 보고 비용은 수백 달러로 시간은 5영업일쯤 걸린다. 그 외에도 저작권 조사를 해주는 다른 회사들이 있다. 그러니 인터넷을 검색해 보라.[*]

---

[*] **대한민국의 저작권**
저작권법 제39조 ① 저작재산권은 이 관에 특별한 규정이 있는 경우를 제외하고는 저작자가 생존하

픽션 작품이 공유 재산이 아니라면, 누가 됐건 그 작품의 권리를 소유한 사람을 상대해야 한다. 예를 들어 그 작품이 소설이라면 영화화 권리를 통제하는 사람이 누구인지를 알아야 한다. 책의 초반부 몇 페이지를 확인해서 출판사와 소재지를 확인해 보라. 전화번호 안내 서비스에 전화를 걸어 그 출판사의 전화번호를 알아내 출판사에 전화하라. 그 책의 부가 판권이나 영화화 권리를 담당하는 사람이 누구인지 문의하라. 그 권리에 대한 통제권을 보유한 사람이 작가일 경우, 부가 판권 담당자는 그 작가의 에이전트에게 연락하는 법을 알려줄 것이다. 요즘에는 이런 경우가 흔하다. 출판사가 영화화 권리를 직접 갖고 있는 경우에는 출판사가 그 권리에 관해 당신과 협상할 것이다.

당신과 작가 또는 출판사 양쪽에 공정하도록 책에 대한 옵션을 협상하고 그 작품을 바탕으로 시나리오를 써서 판매하기에 충분할 정도로 권리 기간을 확보하는 것은 당신에게 달려 있다(이런 일을 대행하는 엔터테인먼트 전문 변호사를 고용할 수도 있다. 그렇게 할 형편이 안 될 경우, 당장은 무료로 일을 해주지만 나중에 그 프로젝트에 프로듀서 자격으로 참여하기를 원하는 엔터테인먼트 변호사를 찾을 수도 있다. 그렇게 하면 당장은 돈이 한 푼도 안 들겠지만, 프로젝트가 진행되면서 더 많은 돈을 쓴 거나 다름없는 상황이 벌어질 수도 있다). 어떤 책에 옵션을 걸 경우, 그 책을 바탕으로 영화를 만들 때까지 7년 정도는 쉽게 지나간다는 점을 명심하라. 그 시나리오를 수정한 수정고는 숱하게 많을 것이고, 많은 프로듀서가 당

는 동안과 사망한 후 70년간 존속한다. 〈개정 2011. 6. 30.〉
- 1963년 이전 저자가 사망한 경우 저자의 모든 작품은 공유재산의 영역에 속한다.
- 1963년 이후 저자가 사망한 경우 저자의 모든 작품은 저자 사후 70년간 저작권이 존속한다.

신의 시나리오에 옵션을 걸었다가 영화화를 준비하는 과정에서 실패할 것이며, 많은 배우가 당신의 시나리오에 흥미를 보였다가 곧 흥미를 잃을 것이다. 〈포레스트 검프〉는 극장에 걸릴 때까지 10년이 걸렸다. 그러니 계약을 무기한 연장할 수 없다면 1년짜리 옵션은 체결하지 마라. 시나리오로 무슨 일을 해보기도 전에 기본 권리들을 잃게 될 테니까.

실화

실제 사건으로 구성된 소재도 공유 재산이다. 역사적인 사건은, 즉 그 스토리와 관련된 모든 인물이 사망한 사건은 무엇이건 다룰 만하다. 세상을 떠난 사람이 가진 권리는 무척 적다. 법정에서 한 말은 전부 공공 기록이므로, 그것 역시 공유 재산에 해당한다. 전적으로 법정 기록에만 의지하는 한, 전처를 살해한 특정 미식축구 스타(O. J. 심슨을 가리킨다—옮긴이)에 대한 영화를 만드는 것도 가능한 일이다. 그런 영화를 만들고 싶지 않을지도 모르지만, 어쨌든 만들 수는 있다.

법정 기록의 영역을 넘어설 경우, 여전히 살아 있는 사람에 대한 시나리오를 쓰는 건 어렵다. 누군가를 나쁜 사람처럼 보이게 했을 경우, 명예훼손으로 소송에 걸릴 위험이 있다. 그들에 대한 진실을 말하고 있다는 걸 입증할 수 있다면, 소송에서 이길지 모른다. 그러나 소송 때문에 법정에 가는 건 전쟁터에 가는 것과 비슷한 일이다. 승리할 수는 있겠지만, 당신 역시 손해를 보게 된다.

사생활을 보호받을 권리를 침해했다는 이유로 소송에 걸릴 수도 있다. 공인을 제외한 모든 사람이 사생활을 보호받을 권리를 갖는다. 개략적으로 말해 보면, 당신의 사생활이 공적인 사건이 되지 않는 한, 내가 당신의 허락을 받지 않고 당신의 사생활에 대한 영화를 만들지 못한다는 뜻이다. 당신은 공직에 출마하거나 토크 쇼에 출연하거나, 연예인이나 스포츠 스타가 되거나, 체포되거나 그 외의 다른 일로 공인이 될지도 모른다. 나는 사생활을 보호받을 권리에 대해 상세하게 설명할 자격은 없는 사람이다. 의심스러운 문제가 있다면 엔터테인먼트 전문 변호사에게 자문하는 게 옳다고 말하는 것으로 충분할 듯싶다(당신이 저작권에 대해 또는 다른 법적 문제에 대해 확신을 못 하겠다면, 시나리오를 쓰면서 여섯 달을 보내기 전에 엔터테인먼트 전문 변호사와 15분간 상담을 받는 것이 더 가치 있다. 적어도 저작권 관련 법률에 대해 내가 여기에서 밝힌 내용보다 훨씬 더 깊이 있게 논의하는 많은 사이트를 활용하여 자료를 읽어라). 살아 있는 사람에 대해서는 추잡한 내용의 글을 쓰지 않는 편이 낫다. 비틀스의 초기 시절을 다룬 사랑스러운 반(半)허구적 영화 〈백비트〉를 보면 왜 그런지 알게 될 것이다. 그 영화에서 누군가의 마음을 아프게 하는 짓을 하는 캐릭터는 스튜어트 서트클리프, 브라이언 엡스타인, 존 레논뿐이다. 안타깝게도, 그들은 모두 고인이다. 영화에서 폴 매카트니는 그저 유치한 사랑 노래만 쓴다. 그래서 폴 매카트니는 그런 묘사를 놓고 소송을 걸기가 어렵다.

경험에 따라 체득한 대략적인 법칙은, 입증 가능한 역사적 진실을 엄격히 고수하면서 변호사와 상담을 하거나, 실존 인물 중 누구도 당신이 자신에 대해 글을 썼다고 주장할 수 없도록 실제 사건의 세부 사항과 거리가 먼 신선한 스토리를 고안하라는 것이다.

다른 훅들

관심 기울이기나 도둑질에서 비롯된 것은 아니지만 걸출한 훅을 가진 영화가 많다. 작가들은 이런 훅을 순전히 혼자 힘으로 내놓았다. 그중 일부는 대립하는 요소를 한데 모으는 것에서, 또는 자신의 본래 모습하고는 다른 존재인 듯한 사람을 등장시키는 것에서 비롯한다.

- 일밖에 모르던 사업가가 모종의 이유로 매춘부를 고용하지만, 그녀는 그에게 사랑을 가르친다. 〈귀여운 여인〉
- 싱글 남성 세 명이 갓난아기를 돌봐야 하는 처지가 된다. 〈세 남자와 아기 바구니〉의 리메이크 〈뉴욕 세 남자와 아기〉
- 거칠고 잘난 체하는 시카고 경찰이, 조용하고 예의를 중시하는 베벌리힐스에서 살인사건을 수사한다. 〈베벌리힐스 캅〉
- 입에 욕을 달고 사는, 세상 물정 빠삭한 여성이 갱을 피하려고 수녀로 위장한다. 〈시스터 액트〉 (남자 뮤지션 두 명이 갱을 피하려고 여장을 하고 여성 밴드에 들어간다는 내용의 〈뜨거운 것이 좋아〉에서 영감을 받았다)
- 게이 엄마가 보수적인 예비 사돈에게 좋은 인상을 주려고 딸의 친어머니인 것처럼 위장한다. 〈새장 속의 광대〉의 리메이크인 〈버드케이지〉

일부는 '만약 그렇다면 어떻게 될까(what if)'에 대한 고민에서 비롯한다.

- 어부가 인어를 잡으면 어떻게 될까? 〈스플래시〉

- 음모론을 믿는 사람이 진짜 음모를 밝혀내면 어떻게 될까? 〈컨스피러시〉(의도를 제대로 전달하는 데 실패한 영화이기는 하다.)
- 어떤 부자가 가난한 남자의 아내에게, 자기와 동침하면 백만 달러를 주겠다고 제안한다면 어떻게 될까? 〈은밀한 유혹〉
- 동물과 대화를 할 수 있다면 어떻게 될까? 〈닥터 두리틀〉

그중 일부는 순전히 영감에서 비롯됐다.

- 이혼한 아버지가 산타 복장을 입고 산타가 된다. 〈산타클로스〉

훅을 떠올리느라 얼마나 오래 고민해야 할까?

당신이 어떤 훅을 내놨는데 거의 똑같은 훅을 가진 영화가 최근에 만들어졌다는 걸, 또는 어딘가에서 개발되고 있다는 걸 알게 된다면 그 프로젝트는 포기하는 편이 낫다. 5년 후에 확인해 보니 그 프로젝트가 영화로 만들어지지 않았다면, 또는 사람들이 그 프로젝트에 대해 잊었다면, 다시 그 프로젝트로 돌아가도 괜찮다. 그러나 힘들게 시나리오를 다 썼는데 "워너 브러더스가 이미 비슷한 작품을 개발했어요"라는 이유로 거절당하는 건 슬픈 일이다.

당신은 이 책을 샀을 때 이미 심중에 걸출한 훅을 품고 있었을지 모른다. 아니면, 좋은 훅을 내놓는 데 석 달이 걸릴 수도 있다.

짜릿한 훅이 없는 시나리오는 불운한 운명을 겪는다. 누구도 그 시나리오를 사지 않을 것이다. 운이 좋으면 개발 부서 사람들과 몇 번 미팅할 기회를 얻을 수는 있을 것이다. 그러나 상황이 그 이상으로 진전되지는 않을 것이다. 덜 인상적인 훅을 가진 시나리오를 쓰면서 투입한 모든 노고는 헛수고가 된다. 습작했다는 것 말고는.

자, 이제 당신은 얼마나 오랜 시간 동안 쓸 의향이 있나?

이걸 말해둬야겠다. 훅을 작업하는 데 공을 들이는 사람은 거의 없다. 그건 시나리오를 쓰는 것만큼 재미있지는 않은 일이다. 대부분의 작가는 절반쯤 괜찮은 아이디어를 갖고 작업을 시작한다. 그러나 절반만 괜찮은 아이디어는 팔리지 않는다. 훅을 테스트하고 개선하기 위해 다음의 세 단계를 반드시 밟으라고 추천하는 이유다. 작업을 완료할 때까지 꽤 많은 시간이 걸리겠지만, 나중에 헛수고를 했다며 애통해하는 것은 막아줄 수 있기 때문이다.

1. 걸출한 제목을 내놓아라.
2. 아이디어를 피치(발표)하라.
3. 문의하라.

시간이 흐르고 나면 이 단계들을 차근차근 밟은 것을 다행으로 여길 테다.

4장

훅의 3단계: 제목, 피치, 문의 편지

인상 깊은 제목 짓기

아이디어를 피칭하기 전에 우선 제목이 필요하다. 제목은 당신이 쓰는 시나리오 전체에서 제일 중요한 문구다. 기억하기 쉬운 제목은 사람들을 사로잡아 당신의 스토리를 경청하게 만들거나 시나리오를 읽게 한다. 밋밋하거나 헛갈리거나 허세가 넘치는 제목은 당신의 시나리오에서 뒷걸음치게 할 것이다.

제목에 대해 훨씬 더 깊이 있는 이야기는 마지막 장에서 하겠다. 지금 당장 해둘 말은 다음과 같다. 제목을 지을 때 당신이 꼭 생각해야 할 것은 다음과 같다.

    a. 기억하기 쉬울 것
    b. 당신의 스토리에 대해 말해줄 것

당신은 훅을 스토리로, 그런 다음 시나리오로 발전시킬 때 항상 제목을 작업하고, 수정하고 또 수정해야 마땅하다. 제목에 대해 고민하면서 충분한 시간을 쓰는 사람은 거의 없다. 시나리오 집필 시간의 10%를 더 나은 제목을 생각하면서 보낸다면, 그 시간은 가장 유익한 시간이 될 것이다. 제목을 들은 사실상 모든 사람으로부터 "와, 제목 끝내주네!"라는 말을 들었을 때 비로소 제목을 고민하는 작업을 중단해도 된다.

아이디어 피칭하기(발표하기)

좋다, 이제 당신은 정말로 걸출한 훅을 가졌다. 그럼 이제 시나리오를 집필을 시작해도 될까?

아직은 아니다. 자신에게 관객을 매료시킬 참신하고 영감이 넘치며 영리한 스토리가 있다고 생각하는 사람이 많다. 하지만 그렇지 않다. 곧바로 시나리오 집필에 착수하지는 마라.

식상하게 들리겠지만, 사람들이 당신의 훅을 담은 영화에 관심을 보일지 알아내는 최상의 방법은 그들에게 물어보는 것이다.

귀를 기울이는 사람에게 스토리 콘셉트를 들려주자. 여자친구에게, 남자친구에게, 단골 세탁소 사장님과 종업원에게, 바텐더에게, 자식들과 베이비시터에게, 또는 공원 벤치에 앉은 어르신에게 들려주자. 당신의 아이디어를 들은 그들의 눈빛이 반짝거리는가? 당신의 영화를 보고 싶어 하는가? 아니면 그저 상냥한 미소를 지으며 의례적인 반응만 보이는가?

부탁인데, 전문 시나리오 작가들이 커피를 마시는 곳이나 프로듀서들이 수다를 떠는 곳에서 이걸 시도하지 마라. 적어도 시나리오를 다 쓰기 전까지는 말이다. 사람들이 의도적으로 남의 아이디어를 훔치는 일은 드물다. 그런데 그들이 당신의 이야기를 우연히 듣는다면, 그들은 그 아이디어가 자신들이 먼저 생각한 거라고 확신할지도 모른다.

아이디어를 피칭하면 몇 가지 일이 일어난다.

1. 누가 관심을 두는지 알게 될 것이다. 아무도 관심을 보이지 않는다면, 더 나은 아이디어를 새로 짜거나 기존의 아이디어를 표현할 다른 방법을 궁리한 후에 다시 시도해 보자.

2. 경쟁에 대한 이야기를 듣게 될 것이다. 당신의 아이디어를 듣고 떠오르는 모든 책과 영화와 벌일 경쟁에 대한 이야기를. 그 중에는 당신이 접해 본 적이 없는 작품도 있을 것이다. 당신은 다른 작품에서 뭐가 훔칠 거리가 없는지 확인하고 싶을지도 모른다. 그런데 그 작품 중 한 편이 비교적 최근에 나온 데다 당신의 아이디어와 무척 흡사하다면, 지금은 당신의 작품을 쓸 때가 아닐지도 모른다.

3. 관심을 보이는 사람들이 "그러니까 그 남자는 그 여자를 정말로 사랑하는 거지, 그렇지?"라거나 "그 자식 정말로 나쁜 놈이네"라며 끼어들지도 모른다. 당신은 이런 반응을 통해 좋은 아이디어를 얻을 수도 있다. 설령 그들의 반응이 완전히 엉뚱한 것일지라도, 그들은 관객이 기대하는 것이 어떤 종류인지 알려준다. 모든 제안을 다 활용해서는 안 되지만 −판단은 그들

이 아니라 당신이 내리는 것이다- 사람들의 말을 귀담아들어야 한다.

정말로 긍정적인 반응("와우! 그 아이디어 끝내준다! 정말 네가 생각한 거야?")을 얻었다면, 다음 단계로 넘어가도 괜찮다.

문의 편지 Query Letters

업계 종사자가 아닌 일반인이 관심을 보인다는 것을 알게 되면, 영화 산업 종사자도 관심을 보일지 확인해 보는 것도 좋다. 나는 지금 당신이 시나리오를 쓰느라 많은 시간을 보낸 뒤가 아니라, 보내기 전에 문의 편지를 발송해야 한다는 이단적인 제안을 하려고 한다.

문의 편지는 《할리우드 크리에이티브 디렉터리(영화계 종사자들의 전화번호를 담은 책-옮긴이)》에 실린 모든 개발 부서 임원에게 발송하는 편지다. 에이전트를 구해야 한다면, 《할리우드 에이전트 디렉터리》에 실린 모든 에이전트에게 보내는 편지다. 당신이 쓰려는 시나리오가 어떤 내용인지 설명하면서 그 시나리오를 읽어보고 싶은지 의향을 묻는 1페이지짜리 편지다. 개발 부서 임원으로 재직하면서, 나는 문의 편지를 어림잡아 수천 통은 읽었다. 지인 중에 연예계에 종사하는 사람이 없다면, 문의 편지는 당신의 시나리오로 일을 성사시킬 수 있는 사람들에게 시나리오를 전달하는 자연스러운 방법이다. 시나리오로 어떤 일도 할 수 없는데 그것을 읽겠다는 경우는 없다. 그러니 당신의 편지를 읽고 시나리오를 요청하는 사람이 있다면, 그는 당신이 훅을 갖고 있다고 생각하는 것이다.

만약 당신이 시나리오가 도난당할까 봐 마음을 졸이는 타입이라면, 지금 이 단계는 밟고 싶지 않을 것이다. 당신은 의회 도서관에 저작권을 등록할 수 있는 플롯 아웃라인을 갖기 전까지 가만히 기다리고 싶을 것이다(9장을 보라). 그런데 솔직히 말해, 나는 연예계에서 도둑질이 그리 많이 일어나지는 않는다고 생각한다. 내가 당신에게 추천한 합법적인 도둑질을 제외하면 말이다. 나는 남들의 돈 수백만 달러, 수천만 달러를 들여 영화를 만든다. 그 제작비 중에서 당신의 시나리오에 지불할 돈은 기껏해야 10만 달러 정도다. 내가 무슨 이유로 당신의 시나리오를 훔쳐서 소송에 휘말리려고 하겠는가? 몇천 달러만 내면 당신의 시나리오에 옵션을 걸 수도 있다. 그런데 당신의 아이디어를 훔친다면, 나는 그걸 시나리오로 쓸 작가를 고용해야 하는데, 그러면 작가는 5천 달러를 요구할 것이다. 그냥 당신의 시나리오가 읽고 싶다고 요청하고, 거기에 옵션을 걸고, 수정이 필요하다면 고치는 과정을 거치지 않을 이유가 어디 있겠는가?

좋다. 여기에 아이디어가 하나 있다. 문의 편지를 읽을 때, 나는 작가가 시나리오를 이미 완성했는지 알지 못한다. 내 주소를 적고 우표를 붙인 반송용 봉투를 작가에게 보낸 후 시나리오가 내 앞에 나타나기 전까지 그 작품을 잊어버린다. 이렇게 하는 건 구멍가게만 한 제작사조차도 하루에 10~20통 정도의 문의 편지를 받기 때문이다. 이런 편지를 최소한 50통 정도는 읽어야 미약하게나마 가능성 있는 작품을 건질 수 있다.

당신은 개발 부서 임원인 내가 이런 편지를 받으면 시장 조사를 위해 감히 나를 이용한다고 여겨 분노하리라 생각할 수도 있다. 그러나 그렇지 않다. 나는 사람들이 그래줬으면 한다. 그래야 매력적인 시나리오를 발견할 가능성이 커지기 때문이다.

200통의 문의 편지에 대한 회신을 2통 받았다면, 시나리오를 쓰느라 시간을 허비하기 싫을 수도 있다. 10통을 받았다면, 시나리오를 쓰고 싶어질지도 모른다. 20통을 받았다면, 잠도 줄여가며 시나리오를 이미 쓰고 있을 것이다.

한편 문의 편지를 시나리오보다 먼저 써서 얻는 또 다른 부수적인 이점은 당신이 시나리오의 엉뚱한 측면에 초점을 맞추고 있다는 걸 깨닫게 될 수도 있다는 것이다.

예를 들어 당신의 훅이 "해양 생물학자가 미스터리한 소녀와 사랑에 빠지는데, 그 소녀는 인어인 것으로 밝혀진다"라고 가정하자. 그리고 스토리를 집필하는 과정에서 자기도 모르게 인어가 벌이는 모험에 집중하고 있다고 치자. 문의 편지의 내용을 살펴본 당신은 자신이 궤도를 이탈하고 있다는 걸 깨달을지도 모른다. 그러나 당신의 직감이 제대로 된 궤도에 올라 있다고 속삭인다면, 훅을 고쳐 쓰고는 ("인어가 해양 생물학자와 사랑에 빠진다.") 사람들이 여전히 관심을 보이는지 확인할 수 있다.

물론, 당신의 시나리오를 간단한 문의 편지 수준으로 축약시켜야 한다는 뜻이 아니다. 시나리오는 깊이 있고 풍부해야 하며 깜짝 놀랄 반전과 우여곡절이 필요하다. 내가 말하는 건 당신이 쓰려는 작품의 콘셉트에 대해 사람들이 궁금해하지 않는다면 당신이 해야 할 일은 둘 중 하나라는 것이다.

1. 당신은 당신의 아이디어가 얼마나 놀라운 것인지 납득시키지 못하므로, 문의 편지를 고쳐 쓸 필요가 있다.
2. 사람들은 당신의 아이디어를 신선하다고 생각하지 않는다. 그러니 당신에게는 더 나은 아이디어가 필요하다.

어느 쪽이건, 이제 당신은 시나리오를 쓴 뒤가 아니라, 쓰기 전에 문제를 바로잡을 수 있다.

문의 편지 잘 쓰는 법

잘 쓴 문의 편지는 스토리의 훅이 무엇인지 한 문장으로 말하면서 나에게 시나리오를 읽어볼 생각이 있느냐고 묻는다. 필요한 건 그게 전부다! 스토리가 홀로 독자를 납득시킨다. 그렇게 못하면 그 무엇도 독자를 납득시키지 못한다.

나는 평범한 수준의 문의 편지를 읽는 데 3초쯤 쓴다. 문의 편지가 세 문장으로 나를 사로잡지 못하면, 나는 곧바로 다음 봉투를 개봉한다. 미안하다. 재수 없게 들린다는 거 안다. 그런데 문의 편지와 시나리오를 읽으면서 몇 년을 보낸 끝에, 나는 어떤 작가가 세 문장 안에 나를 사로잡지 못하면 그 사람이 쓴 시나리오는 내가 영화로 탈바꿈할 수 있는 작품이 아닐 거라는 깨달음을 얻었다. 뛰어난 아이디어라 할지라도, 당신이 나를 당신의 스토리로 끌어들일 수 있는 명쾌한 1페이지짜리 편지를 쓰지 못한다면, 당신의 115페이지짜리 시나리오도 나를 사로잡지 못할 거라고 가정한다.

나는 관심이 동하면 당연히, 편지의 나머지 내용도 읽는다. 그리고 그 작품에 대해 생각하면서 그 아이디어가 좋은 영화가 될지 숙고해 본다.

다음은 잘 쓴 문의 편지다.

> 친애하는 엡스타인 씨.
>
> 〈신화(Mythic)〉을 다듬는 작업을 막 마쳤습니다. 이 작품은 알래스카의 외딴 석유 시추 커뮤니티를 공격하는 용(龍)을 다룬 스릴러입니다. 오래전에 잠들었던 용이 시추 작업 때문에 깨어난 겁니다.
>
> 선생님께서 시나리오를 읽고 싶으신지 여부를 알려주셨으면 합니다. 선생님께 양도 계약서가 있다면, 제가 거기에 서명하고 싶습니다. 그렇지 않다면, 저의 에이전트를 통해 선생님께 시나리오를 발송할 수도 있습니다.
>
> 감사합니다.
>
> 그럼 안녕히 계십시오.

얼마나 짧은지 보았나? 이렇게 짧은데도 중요한 내용은 다 들어 있다. 현대의 배경에 용이 나오는 영화를 제작하는 데 흥미가 느껴진다면, 나는 시나리오를 읽고 싶다고 요청할 것이다.

(위 글은 내가 지어낸 것이다. 에렌 크루거가 쓴 훌륭한 시나리오 〈신화〉는 실제로 문의 편지가 아니라, 그의 유능한 에이전트 발레리 필립스를 통해 나에게 전달되었다. 그 시나리오의 권리가 여전히 내가 일하던 회사에 있는지 궁금하다. 누가 이 영화를 만들어줬으면 좋겠다. 보고 싶어 죽을 지경이다!)

다음은 약간 더 길다는 점만 다를 뿐, 역시 잘 쓴 편지다.

친애하는 엡스타인 씨.

마이클 아이스너(월트 디즈니의 최고경영자를 역임한 인물—옮긴이)가 제가 쓴 새 시나리오 〈인생은 아름다워〉와 관련하여 선생님께 연락을 드려보라고 추천했습니다. 1943년, 어느 유대인 남성이 나치 점령의 공포를 아들에게 숨기려고 그 상황을 엄청나게 거창한 놀이인 척 가장하는 내용의 달콤쓸쓸한 드라마입니다. 실제 역사적 사건은 가슴이 미어지지만, 이 스토리는 관객에게 희망을 주고, 심지어 코믹하기까지 합니다.

저희 할아버지는 홀로코스트를 겪은 생존자입니다. 저는 그분께서 제게 들려주셨던 도저히 믿기 어려운 이야기 중 일부에 활력을 불어넣고 싶었습니다.

선생님께서 시나리오를 살펴보는 데 관심이 있으시다면 알려주십시오. 선생님의 회신을 위해 SASE4를 동봉했습니다. 관심 가져주셔서 감사합니다.

안녕히 계십시오.

위 편지는 흥행작 〈인생은 아름다워〉를 바탕으로 꾸며낸 문의 편지다. 나는 누가 그 영화를 위해 문의 편지를 썼는지 전혀 모른다. 그 영화의 작가—감독이 이탈리아의 코미디 스타였으므로 그런 편지를 쓰지는 않았을 것이다.

연예계에 종사하는 누군가가 당신에게 편지를 쓰라고 권했다면, 그 사실을 먼저 언급하라. 당신이 또는 (특히) 당신의 시나리오가 상을 받았다면, 그 사실을 언급하라. 상과 추천은 문의 편지에 넣을 수 있는 제일 강력한 요소다. 그건 그 작품이 좋은 시나리오라고 생각하는 사람이 당신 말고 또 있다는 걸 증명한다.

시나리오에 담긴 사건을 개인적으로 직접 경험했거나, 그 사건에 대하여 깊이 조사를 했다면, 그것도 언급할 가치가 있다.

한편 한두 문장에 담긴 훅은 측정선(log-line)이라고 자주 불린다. 《TV 가이드》에 소개되는 영화 소개글이라 생각하면 된다.

- 석유 시추 때문에 오랜 잠에서 깨어난 용이 알래스카의 작은 마을을 공격한다.
- 한 유대인 남성이 모두가 거창한 놀이를 하는 것처럼 가장하여 어린 아들에게서 나치 점령의 공포를 감춘다.

하지 말아야 할 일들

- 당신의 시나리오가 어떻게 대규모 관객을 끌어모을 것인지, 또는 관객의 욕구를 충족할 것인지 말하지 마라. 당신의 편지를 읽는 프로듀서나 에이전트, 그리고 임원은 당신의 스토리를 보러 올 관객이 있을지 없을지를 당신보다 훨씬 더 잘 안다. 실제로 모르더라도, 적어도 스스로 잘 안다고 생각하기는 한다. 그냥 스토리만 들려줘라. 스토리가 혼자서 독자를 납득시키는 것이지, 그렇게 못하면 그 무엇도 독자를 납득시키지 못한다.
- 일부 작가(예를 들어 〈전함 바빌론〉의 크리에이터 J. 마이클 스트라진스키)는 누군가 도둑질할지도 모르기 때문에 훅을 밝혀서는 안 된다고 주장한다. 대

신, 그 작품이 속한 장르에 대한 얘기만 하고 "저한테 선생님의 제작 수준에 부합하는 시나리오가 있습니다"라고 해야 한다는 게 그의 주장이다. 나는 훅이 담기지 않은 편지에 회신하느라 수고할 이유를 도무지 상상할 수 없다. 나는 그런 적이 전혀 없다. 또한, '선생님의 제작 수준에 부합하는'이라는 문구를 넣는다고 해서 그게 당신 작품의 격을 올려주는 건 아니다.

- 깜짝 놀랄 만한 엔딩이 있다면, 그런 엔딩이 있다는 것만 언급하고, 그게 무엇인지 밝히지 마라. 스테이크가 아니라, 스테이크가 지글거리는 소리를 팔아라.

- 시간을 허비하게 해서 미안하다고 미리 사과하지 마라.

- 나에게 다섯 가지 이야기를 들려주지 마라. 그런 짓을 하는 것은 "하나쯤은 벽에 붙겠지"라고 생각하면서 주위에 있는 물건들을 마구잡이로 벽에 던져대는 인상을 준다. 편지 5통을 쓰고, 각기 다른 사람들에게 발송하도록 하라.

- 영화에 들어 있는 어떤 신을 적는 것으로 문의 편지 전체를 채우지 마라. 그러는 순간 상황은 이미 끝난다.

- 맞춤법은 중요하다. 나는 오탈자가 보이는 문의 편지는 즉시 덮어버린다. 오탈자를 확인하는 것으로는 충분하지 않다. 기본적인 맞춤법 오류가 눈에 띄는 순간, 그 편지는 끝이다.

- 당신이 살면서 정말 짜릿한 일을 겪은 적이 있다면("저는 베이루트에서 AP 비상근 통신원으로 5년간 일했는데, 시아파에 납치 후 홀로 감금된 지 111일 만에 탈출했습니다"), 그걸 알려줘라. 몇 년간 조사했다면 그것도 알려라.

- 당신이 앞서 쓴 시나리오가 9편 있다고 하더라도, 그걸 언급하는 것은 도움이 안 된다. 연예계 종사자들은 양(羊) 같은 성향의 소유자다. 그들은 자신보다 타인의 판단을 더 신뢰한다. 그들은 궁금히 여길 것이다. "다른 시나리오들을 좋아했던 사람이 없었는데, 내가 이 시나리오를 좋아해야 하는 이유가

뭐지?" 한편 영화로 제작된 시나리오, 심지어 옵션이 걸린 시나리오를 썼다면, 알려줘라!

- 이메일 계정이 없는 누군가에게 일반 우편으로 문의 편지를 보낼 경우, 평범한 흰색 사업용 봉투를 써라. 대형 마닐라 봉투나 타이벡 봉투를 써서 받는 사람을 성가시게 하지 마라. 내가 "시나리오를 보내주세요"라고 적힌 박스에 체크할 수 있는, 당신의 주소가 적혀 있고 우표가 붙은 엽서가 동봉되었는지 확인하라.

- 이메일로 문의하는 경우, 첨부파일로 보내지 마라. 평범한 텍스트로 적어서 보내도록 하라. 첨부파일을 하드 디스크에 저장하는 것 자체가 귀찮은 일인데다, '읽지 못하는 파일'이라는 문장이 뜨는 경우도 많다. 1페이지짜리 편지를 첨부파일로 보내야만 할 이유는 없다.

중요한 건 오로지 스토리다. 화려한 종이도, 현란한 포맷도, 알록달록한 글씨도, 당신의 사진도 아니다. 이런 짓들은 당신을 아마추어로 보이게 한다. 당신은 그래픽 디자이너로 지원하고 있는 게 아니다. 명문장가가 될 필요도 없다. 나는 수동 타자기로 깔끔하게 타이핑된 편지도 컴퓨터로 출력한 편지만큼 진지하게 대할 것이다.

시놉시스를 제공해야만 옳다고 생각하지는 않는다. 그렇게 하는 것은 상대로 하여금 시나리오가 아닌 시놉시스를 요청하도록 부추길 뿐이고, 그러면 상대가 "아니오"라고 말할 수 있는 단계가 하나 더 늘어난다. 그들은 시놉시스를 요청할지도 모른다. 그럴 경우, 작품에서 일어나는 모든 일을 다 설명해 주는 시놉시스를 보내지 마라. 피치를 보내라. 시놉시스는 플롯의 세세한 내용을 밝히는 작업용 문건이다. 피치는 스토리를 들려주는 영업용 문건이다. 피치 쓰는 법은 2장을 보라.

그리고 문의 편지를 보낸 후 전화를 걸거나 다른 편지, 또는 이메일을 보내 문의 편지가 어떻게 됐는지 확인하지 마라. 그건 완전한 시간 낭비다. 당신의 시나리오를 읽고 싶다면, 그들이 알아서 당신에게 연락할 것이다.

5장

훅이 없는 시나리오를 영화로 제작하는 법

다른 매체에서 우선 성공하라

당신에게는 사람들에게 들려주고 싶어 미칠 지경인 스토리가 있는데, 그 스토리에 훅이 없다고 치자.

훅이 없는 영화를 제작하게 하는 방법이 하나 있다. 당신의 스토리 그 자체를 시장에서 값어치 있는 무엇인가로 만드는 것이다. 그것을 프로듀서가 당신에게 구입해서 스튜디오에 팔 수 있는 '재산'으로 바꿀 수 있다면, 당신의 스토리는 앞으로 영화가 될 것이다(당신은 시나리오도 직접 쓰겠다고 주장할 수 있다). 그렇게 하려면, 당신의 스토리를 *다른 매체*에서 대대적인 성공을 거둔 작품으로 만들어야 한다.

미국 중서부에 거주하는 중년 주부가 그 지역의 지붕 덮인 다리를 촬영하려고 방문한 노령의 사진작가와 사랑에 빠진 이야기를 들려주고 싶다고 치자. 직접적으로 와 닿는 훅은 없다. 이 스토리의 강렬한 점은 콘셉트가 아니라, 캐릭터들이 서로 끌리는 방법과 그들이 반응하며 변화하는 방식에 있다. 스토리의 대부분은 내면의 심리—사진작가를 통해 사랑하고 사랑받는 것이 어떤 것인지 깨달아가는 주부의 감정—를 다룬다.

그걸 시나리오로 쓸 텐가?

아니다. 당신은 시나리오 대신 먼저 소설을 써야 한다. 소설에서는 캐릭터에 어마어마한 깊이를 부여하고 캐릭터를 풍부하게 만들 수 있다. 짧은 순간을 몇 페이지로 확장할 수 있다. 몇 년을 한 문장으로 압축할 수 있다. 한 사람의 생각을, 심지어 여러 사람의 생각을 파고들 수 있다. 〈매디슨 카운티의 다리〉는 클린트 이스트우드와 메릴 스트립이 출연한 성공적인 영화다. 원작은 소설이었다. 사실, 소설의 초반 성적은 좋지 않았다. 심심했던 서점 점원이 읽고 손님들에게 추천하면서 베스트셀러 리스트에 오르기까지 여러 달이 걸렸다.

그 영화의 시나리오는 사람들을 사로잡을 필요가 없었다. 소설이 이미 그렇게 했으니까. 시나리오 작가는 문지기를 통과할 필요가 없었다. 프로젝트가 이미 진행되고 있는 상황에서 소설을 각색해 달라고 고용되었으니까. 그 프로젝트를 작업하는 모든 사람이 시나리오만큼이나 기준으로 삼을 수 있는 책이 있었다.

심지어 영화로 탈바꿈시키려는 소설의 길이는 길 필요도 없다. 오히려 짧을 때 성공 가능성도 높다. 에릭 시걸의 무척 짧은 소설《러브스토리》는 집필 기간이 몇 주밖에 안 됐을 것이다.

멋진 정장 차림으로 근사한 권총을 소지하고 사람들 눈에 띄지 않게 지구에서 살면서 일하는, 사람처럼 생긴 진짜 외계인을 관리하는 이

민국 6국 소속 요원들에 대한 스토리가 있다고 치자.

그 이야기를 시나리오로 쓸 건가?

굉장히 매력적인 아이디어로 들리겠지만, 이건 사실 훅이 아니다. 〈맨 인 블랙〉을 떠올리는 당신은 외계인, 총기, 그리고 요원들이 정말로 매력적이었다는 걸 안다. 그런데 이 콘셉트가 영화화될 때, 시나리오에 쓰인 것만큼 매력적으로 구현될지 내가 어찌 알겠나? 〈에이리언〉과 〈다크 시티〉와 〈블레이드 러너〉 같은 영화들은 잘 쓰인 시나리오를 바탕으로 만들어졌지만, 영화들이 거둔 성공의 상당 부분은 강렬한 비주얼 스타일 덕분이었다.

놀랍게도, 시나리오는 비주얼 스타일을 전혀 전달하지 않는다. 이론적으로는 그것이 가능하다. 극도로 상세한 묘사가 가득한 페이지를 써낸다면 말이다. 문제는, 시나리오를 읽는 사람들은 행간도 없이 빼곡하게 타이핑된 장황한 산문을 읽는 걸 그다지 좋아하지 않는다는 점이다. 그들은 바로 줄거리를 파악하고 싶어 하고, 연출을 담당할 감독도 당신이 한 묘사를 무시할 거라고 짐작한다. 실제로도 그렇게 될 것이다. 시나리오가 전달해야 하는 것은 그 작품이 배경으로 삼은 세계의 비주얼에 대한 느낌이지, 지나치게 많은 세부 사항 묘사가 아니다.

〈맨 인 블랙〉 같은 영화를 집필하는 문제를 고민 중이라면, 만화책으로 출판하는 편이 나을지도 모른다—이것이 〈맨 인 블랙〉이 영화로 만들어진 방법이다. 스타일리시한 비주얼을 자랑하는 많은 영화가 만화책에서 비롯됐다(〈블레이드〉, 〈크로우〉, 〈배트맨〉 시리즈). 제일 성공한 축에 속하는 만화 시리즈(〈판타스틱 포〉, 〈스파이더맨〉, 〈고스트〉, 〈샌드맨〉)와 그보다 덜 성공한 만화 수십 편은 이미 영화사들에 의해 옵션이 걸려 있다. 만화책의 권리를 사는 것은 캐릭터와 스토리 아이디어뿐 아니라 그 세계의 비주얼 전체를 사들이는 것이다.

명확한 훅이 없는데도 그걸 영화로 만드는 일에 죽기 살기로 매달리겠다면, 당신의 스토리에서 매력적인 요소가 다른 매체에 담았을 때 독자(또는 관객)에게 가장 잘 전달되는 것은 아닌지 확인해 보라. 소설은 캐릭터 내면의 삶과 시간의 경과를 담기에 좋은 매체다. 만화는 비주얼 스타일을 보여주기에 유용하다. 다른 매체―희곡, 인터넷―를 잘 활용하면 시나리오로 곧바로 썼을 때는 영화가 되기 힘든 스토리를 성공적으로 영화화할 수 있을지도 모른다. 당신이 베스트셀러 소설이나 만화, 히트 희곡, 인기 좋은 웹사이트를 갖고 있다면, 그 스토리를 잘 활용해서 영화로 탈바꿈시킬 수 있을 것이다.

간략하게 말해서 어떤 스토리가 "나는 영화가 되고 싶어!"라고 울부짖지 않는다면, 그 스토리는 적어도 처음엔 다른 매체에 담기기를 원할 것이다.

시나리오는 예술이 아니라 기술이다

여기까지 읽은 지금쯤, 당신은 꽤 열 받았을지도 모르겠다. 시나리오를 써야 옳은지 가늠하느라 이 모든 짓거리를 해야 하는 건가? 시나리오를 집필하면서 스토리를 발견해 가는 짜릿함은 어디로 간 것인가? 당신이 아는 내용을 글로 옮기며 진실을 말하고, 시나리오가 완성되기 전까지 시나리오를 판매하는 문제를 걱정하지 않는다면 무슨 일이 벌어질까?

그건 머리를 잘 굴린 시나리오 집필이 아니다. 이 책의 제목이《교활한 시나리오 쓰기》인 것은, 시나리오 집필이란 예술(art)이 아니라 기술(craft)이기 때문이다(이 책의 원제는 'Crafty Screenwriting'이다−편집자).

예술가들은 스스로 즐기려고 창작한다. 화가는 마음에 드는 것은 무엇이건 캔버스에 그릴 수 있고, 사람들은 그림을 사거나 다른 그림을 볼 수 있다. 그는 무엇이건 자유롭게 할 수 있다. 물감과 캔버스, 담배를 마련할 형편이 되는 한, 그는 태평하게 살 수 있다.

공예가는 자기 자신과 고객을 즐겁게 해주려고 창작한다. 캐비닛 제작자는 누군가의 방과 취향에 어울리는 캐비닛을 만든다. 그러면서도 그 캐비닛에 우아함과 아름다움을 담으려고 애쓴다. 서랍은 매끄럽게 열고 닫혀야 하고, 비율이 맞고 마무리 작업도 제대로 되어야 한다. 아름답게 제작된 캐비닛은 그것이 놓인 방에 대해 무엇인가를 말하고, 바닥에 널브러진 옷을 담는다.

영화는 기교를 발휘하는 작업이다. 영화 한 편을 위해 수십 명, 수백 명이 일하고, 수백만, 수천만 달러의 비용이 든다. 영화는 사람들을 즐겁게 해줘야 한다. 돈을 벌어야 한다. 그러면서도 주제와 서브 텍스트도 담아야 하고, 영원한 것을 새로운 방식으로 말해야 한다. 달리 말하면, 당신이 남들을 즐겁게만 해주려고 영화를 만들 경우, 그 영화에는 영혼이 실리지 않을 것이고, 누구도 즐겁게 해주지 못한다. 반대로 남들에 대한 고려는 전혀 없이 자신만 즐거워지려고 시나리오를 쓸 경우, 당신의 작품은 영화로 만들어질 것 같지 않다.

당신이 쓴 시나리오가 사람들을 즐겁게 해주지 못하고 어떤 통찰도 주지 않는다면, 그건 나무를 허비하는 짓이다. 이론적으로는 모두가 그걸 알지만, 많은 시나리오가 관객이 이미 본 영화들을 어쭙잖게 모방하고 있다. 이런 시나리오는 관객을 황홀경에 빠뜨리지 못하고 어떤 통찰도 주지 못한다. 당신 같은 사람을 백만 번이나 만나본 사람들에게 어필할 수도 없다.

그런데 최고의 영화들은 솜씨가 좋다. 그 영화들은 우리를 가르치고, 기분 좋게 해주고, 감동을 준다. 새로운 세계를 열어젖히고 멀티플렉스에 관객을 가득 채운다. 그런 영화에는 문지기를 통과할 수 있는 걸출한 훅이 있고, 매혹적인 캐릭터들과 진실한 대사로 가득한 풍부하고 강렬한 스토리가 있다. 상업적인 시나리오지만 돈에 눈이 먼 작품은 아니다. 진실은, 관객이 걸출한 영화를 보고 싶어 한다는 것이다. 그리고 상업적인 영화는, 단순히 말하면, 많은 사람이 보러가고 싶어 하는 영화다.

당신이 머리를 잘 굴리는 시나리오 작가로서 할 일은, 당신의 시나리오가 이 모든 기준을 충족시키도록 한껏 기교를 부리는 것이다.

PART

2

플롯
PLOT

1장

이야기
들려주기

이제 나름의 훅을 가진 당신은 시나리오를 쓰는 작업에 착수하고 싶을 것이다. 그렇지 않더라도, 적어도 시나리오를 위한 요약본인 아웃라인은 쓰고 싶을 것이다. 그렇지 않은가?

시나리오 집필은 당신이 가장 마지막에 해야 할 일이다. 나는 지금 시나리오 집필과 관련하여 내가 아는 제일 강력한 도구를 당신에게 주려고 한다. 당신이 이 책에서 딱 한 가지만 얻을 수 있다고 한다면, 이 도구가 바로 그것이다. 이건 무엇을 적는 것과 아무런 관련이 없다. 내가 아는 이 중에서 이걸 쓰는 사람은 사실 아무도 없다. 이걸 쓰는 법을 익히는 건 어렵기 때문이다. 그런데 당신이 시나리오 집필과 관련해서 할 수 있는 일 중에서 이보다 더 유용한 것은 없다.

당신이 구상한 스토리를 들려줘라

당신의 스토리를 친구들에게, 동료들에게, 엄마에게, 자녀들한테 큰 소리로 들려줘라.

머릿속에서 스토리를 구상해서, 그걸 경청하겠다는 사람에게 들려줘라. 들려주고 또 들려주면서, 들려줄 때마다 살을 붙이고 스토리를 더 깊이 있게, 풍부하게, 구슬프게, 웃기게 만들어라.

이야기를 구상하는 동안 노트에 적어야 한다면, 그렇게 하라. 하지만 시간이 날 때마다 당신과 옆 사람이 견딜 수 있는 만큼 큰 소리로 자주 들려줘라.

우리는 글을 쓰다 보면 자칫 관객에게서 멀어질 수 있다. 스토리를 소리 내어 남에게 들려주면 스토리는 활기를 띤다. 남에게 들려주는 과정에서 스토리가 정립된다. 매번 새로운 사람들에게 스토리를 들려주다 보면, 처음에는 단순했던 훅을 좋은 스토리로 탈바꿈시키는 더 뛰어나고 인상적인 방법들을 발견할 수 있다.

글은 적고 나면 그대로 얼어붙는 경향이 있다. 따지고 보면 결국 그것이 글을 쓰는 이유다. 글을 쓴 사람은 그 글을 기억할 필요가 없을 테니까. 그런데 스토리를 기억에서 더듬어 되살리다 보면, 스토리의 모든 우여곡절을 자유롭게 다시 고안할 수 있다. 당신은 창작 과정에서 필연적으로 '사랑하는 요소들을 죽여야' 한다. 스토리를 글로 적으면 사랑하는 요소들을 죽이기가 어려워진다. 하지만 사람들에게 들려줄 때마다 스토리를 다시 고안해 낼 경우, 당신이 사랑하는 요소들은 별다른 고통 없이 숨을 거둘 것이다.

다른 이들에게 스토리를 들려줄 때 당신이 얻을 수 있는 것은 꾸준한 재창작만이 아니다. 당신은 스토리를 피칭하면서 그에 대한 반응을 어떻게 얻었는지 기억하는가? 당신은 사람들의 표정을 보며 즉각적으로 반응을 판단할 수 있었다. 시나리오를 보냈을 경우 당신은 시나리오 검토자가 의견을 준 부분에 대해서만 피드백을 얻을 수 있지만 직접 스토리를 들려준다면 스토리의 모든 부분에 대한 반응을 즉각적으로 얻는다. 당신의 스토리가 듣는 사람을 사로잡았는지, 아니면 지루해서 집중하지 못하는지 직접 확인할 수 있다. 스토리가 지나치게 복잡해지고 있는지, 또는 지나치게 단순한지, 그것도 아니면 충분히 신선하지 않은지 보인다.

또한 그 스토리는 당신 귀에도 들릴 것이다. 때때로 당신은 자기가 하는 이야기인데도 따분하게 느껴진다. 때로는 이야기를 하는 당신 자신이 헷갈리기도 한다. 그 순간, 당신은 당신의 스토리가 지루하거나 혼란스럽다는 것을 알게 된다.

스토리를 글로 적으면, 내러티브가 막힌 지점을 필력으로 넘길 수 있다. 스토리가 설득력이 없어도 당신이 멋진 어휘를 사용해 글을 쓰면 왠지 그럴듯하게 들릴 수 있다. 그러나 당신의 아웃라인을 구성하는 단어와 문장은 최종적으로 만들어질 영화와 아무 상관이 없다. 오직 플롯과 캐릭터들만 살아남아 영화에 들어간다. 어떤 대사를 아웃라인에 직접 집어넣더라도(그래서는 안 된다고 생각하지만), 그 대사는 최종적으로 수정될 것이 분명하다. 아웃라인이 요구하는 대사와 신이 요구하는 대사는 같지 않기 때문이다.

스토리를 큰 소리로 들려줄 때 얻는 마지막 이점은, 스토리를 대단히 단순하고 명료하며 논리적으로 짜게 되고 매 단계와 신, 시퀀스를 자연스럽게 다음 단계로 흘러가게끔 할 수 있다는 것이다.

좋은 영화의 스토리는 거의 단순하다. 물론 이 법칙에도 예외는 있다. 로버트 알트먼은 서로 만날 수도 있고 그렇지 않을 수도 있는 여러 스토리와 캐릭터 사이를 교차 편집해서 경이로운 영화를 만든다. 〈내슈빌〉이나 〈숏 컷〉의 스토리를 올바른 순서대로 큰 소리로 들려주는 것은 사실상 불가능한 일이다(만약에 시나리오에 적힌 신의 순서가 편집을 마친 영화에 등장한 신의 순서와 대단히 깊은 관계일 경우, 나는 경악할 것이다).

어떤 스토리를 큰 소리로 들려주다 보면 자연스럽게 다음에 전개될 내용이 무엇인지 기억하게 된다. 당신의 신들이 논리에 맞게 한 신에서 다음 신으로 흘러가는 것은 전혀 어려운 일이 아니다. 어떤 신과 다른 신을 이어주는 연결고리가 전혀 없다면, 두 번째 신을 기억하는 건 훨씬 힘든 일이 된다. 이건 두 신을 이어줄 더 설득력 있는 방법을 내놓아야만 한다는 뜻이다. 그건 논리적인 연결(살인자가 시신을 유기하고, 경찰이 시신을 찾는다)일 수도 있고, 주제와 관련된 병치(조가 쇼걸과 진탕 술판을 벌이는 동안, 그의 아내는 교회에서 기도 중이다)일 수도 있다.

영화 산업에서 활동하는 작가들은 누군가에게 늘 스토리를 들려준다. 시나리오 개발비를 얻어내기 위해서다. 스튜디오가 시나리오를 의뢰하는 경우도 있지만 가끔 개발비가 바닥나 스펙 시나리오(스튜디오의 의뢰를 받지 않은 상태에서, 작가가 집필해서 판매하려는 시나리오—옮긴이)를 구매하고 싶어 하기도 한다. 이건 계절의 변화처럼 사이클을 타는 현상이다. 어떤 연도에는 스토리를 팔 수 있는데, 다른 연도에는 시나리오를 먼저 집필해야 한다. 이에 대한 특별한 이유는 딱히 존재하지 않는다.

〈당신이 잠든 사이에〉를 쓴 작가들은 그들의 스토리를 5년간 피칭하고 다닌 후에야, 혼수상태에 빠지는 캐릭터는 여자가 아니라 남자여야 옳다는 걸 깨달았다. 시나리오를 먼저 썼다면, 그들이 그 점을 깨달은 다음에 완성된 시나리오를 내팽개치고 처음부터 다시 쓰겠다는 결심을 할 가능성이 어느 정도라고 생각하나? 그들은 작업이 끝난 작품의 틀을 유지하면서 그것을 '개선'하려 애썼을 것이다. 우리는 뭔가를 일단 쓰고 나면 작품을 갖게 된다. 그리고 우리가 애정을 품은 대상을 처분하는 일은 지독히도 어렵다. 당신이 들려주는 스토리는 그냥 하나의 스토리일 뿐이다. 그래서 당신은 화요일에는 이렇게 바꿨다가 수요일에는 다시 저렇게 바꿀 수 있다.

그래서 큰 소리로 스토리를 들려주면

- 스토리에 독창적인 살을 붙이는 데 도움이 된다.
- 듣는 사람에게서 즉각적인 피드백을 받을 수 있다.
- 당신 자신의 귀를 통해 즉각적인 피드백을 받을 수 있다.
- 억지로라도 단순한 이야기를 쓰게 된다.

표절당할까 두려워하는 당신에게

그렇다면 어째서 다들 스토리를 들려주지 않는 걸까? 부분적으로는 누군가가 표절할지 모른다는 두려움 때문이다. 또 한편으로는 '예술가'란 홀로 창작해야 마땅하고 작품이 완성됐을 때에야 비로소 세상에 보여 줘야 옳으며, 창작 과정에 남들이 참여하면 창의성이 훼손된다는 고정관념이 있기 때문이다.

이건 소설이나 시의 창작에는 맞는 말인지도 모른다. 그런데 소설이나 시는 종이에 적힌 단어다. 당신은 일단 단어들을 읽은 후에 그 소설을 평가할 수 있다. 그런데 스크린을 겨냥해서 집필하는 스토리는 종이에 적힌 단어들이 아니다. 피치 단계의 스토리는 시나리오를 위한 스케치로, 이것은 영화를 만들기 위한 청사진에 불과하다. 사람들은 스케치를 올바르게 마치기 전에 청사진만 갖고 일을 진행하지는 않는다.

그런데 내가 생각했을 때, 작가들이 스토리를 들려주는 걸 좋아하지 않는 진짜 이유는 상처받을 것을 두려워하기 때문이다. 당신은 자신의 영혼이 담긴 글을 써서 그걸 거친 세상에 내보낸다. 사람들에게 스토리를 들려줬는데 반응이 탐탁지 않을 경우, 당신은 그 방의 바로 그 자리에서 퇴짜를 맞은 셈이 된다. 누군가에게 페이지 몇 장을 건네고 자리를 뜨면, 적어도 그들이 그걸 읽으면서 하품하는 모습을 보지 않아도 된다. 그리고 당신은 그들이 나중에 "굉장히 근사했다"라거나 "흥미로웠다"라고 말해주기를 기대한다.

별것도 아닌 일에 대한 걱정은 접는 게 어떨까?

좋다. 당신은 그러고 싶지 않다고 가정해 보자(솔직히 나도 그러고 싶지 않았던 적이 없었다는 말은 못 하겠다). 그래도 할 수 있는 만큼 한껏 해보아라. 스토리를 먼저 적어보라. 그런 다음 그 글을 치우고 페이지를 보지 않은 채로 누군가에게 그 스토리를 들려주어라.

그렇게 못하겠으면 혼자 차 안에서 소리 내어 읽어보라.

그것도 어렵다면 스토리를 조각내서 인덱스 카드에 적은 후, 카드를 섞고 가장 가능성이 높은 순서대로 그것들을 재배열해 보라. 카드들의 순서는 당신이 원래 생각했던 순서가 아닐 수도 있다.

그렇게 못하겠으면, 시나리오를 쓰고는 그 시나리오를 숨긴 다음 순전히 기억에 의지해서 시나리오를 처음부터 끝까지 다시 써라. 이제 그 시나리오를 다시 치우고는, 기억을 바탕으로 다시 써보라.

페이지에 있는 스토리를 끄집어내어 기억을 바탕으로 다시 쓰거나, 혹은 그걸 누군가에게 큰 소리로 들려주어 스토리가 제 발로 우뚝 서게 만드는 방법을 쓸 때마다, 스토리는 더 매끄럽고 영리해지며 더욱 논리적이고 참신해질 것이다. 시도해 볼 만한 가치가 있지 않은가?

2장

실화와 소설
각색하기

예외는 있지만, 영화는 짧은 스토리다. 영화 한 편에는 중심 캐릭터가 한 명 있는데(로맨스 장르라면 두 명일 것이다), 그 캐릭터는 추구하는 목표 하나와 그 목표로 가는 길을 가로막는 장애물 몇 가지를 갖고 있다.

우리가 영화를 보면서 그 영화가 사랑받은 소설을 각색했다는 걸 거의 항상 알 수 있는 이유가 바로 그것이다. 좋은 소설은 사람들로 하여금 그걸 충실하게 각색하도록 유혹한다. 소설에는 무슨 일이 있어도 시나리오에 고스란히 담고 싶은, 무척 잘 구현된 신들이 있다. 영화를 감상하다가 영화의 진행과 아무 상관도 없지만, 그리고 주인공의 목표 달성과도 관련이 없지만 정말로 기분 좋고 아름답게 구현된 신을 본다면, 그 영화는 소설을 각색한 작품이라는 걸 놓고 내기를 걸어도 좋다.

좋은 소설은 매체가 가진 모든 힘을 활용한다. 소설은 캐릭터의 내면적 삶을 드러낸다. 소설은 '제작비'도 무제한이다. 소설가는 이렇게 쓸 수 있다. "말 1만 마리가 계곡에 가득했다." 그렇다면 실제로 그 말들은 뿌연 흙먼지를 잔뜩 일으킬 것이다. 소설가는 이렇게도 쓸 수 있다. "대지가 오렌지처럼 두 동강 나면서, 느슨해진 대륙의 껍질들이 진공청소기에 빨려 들어가는 것처럼 보였다."

이런 문장을 쓰는 것이 "그녀는 집에 갔다"라는 단순한 문장을 쓰는 것보다 돈이 더 들지도 않는다. 소설은 얼마든지 시간을 확장하고 축약할 수 있다. 눈 깜짝할 순간을 5페이지에 걸쳐 전개할 수 있다. 5년이라는 시간이 한 문장 안에서 순식간에 지나갈지도 모른다. 소설에는 수십 명의 캐릭터를 담아낼 공간이 있고, 소설이라는 형태가 허용하는 묘사로 가득한 많은 페이지를 통해 각각의 캐릭터에 살을 붙이면서 실감나게 만들 수 있다. 그리고 각 캐릭터는 자신만의 시점을 가질 수 있다.

바로 이것이 걸출한 소설의 대부분이 걸출한 영화로 이어지지 못하는 이유다. 우리가 알고 사랑하는 장면과 캐릭터들을 무자비하게 다루는 건 매우 어렵다. 반면, 허점이 많은 소설이 걸출한 영화로 만들어지는 일은 잦다. 관객에게 먹히지 않을 만한 것을 반드시 담아야 한다는 의무감을 느끼는 사람이 아무도 없기 때문이다. 창작자들은 원작에 충실하기보다는 좋은 영화를 만든다는 목표에 충실할 수 있다.

히치콕은 어떤 책을 각색할 때 그 책을 딱 한 번만 읽은 다음, 작가와 함께 시나리오를 작업하는 동안 다시는 그 책을 보지 않았다고 한다. 그는 기억나지 않는 신은 영화에 넣지 않았다.

이것은 소설을 각색할 때 쓸 수 있는 탁월한 기법이다. 당신의 목표는 그 소설의 훅과 주제가 무엇인지를 가늠한 후, 그것을 바탕으로 스토리를 재구축하는 것이다. 이 책에서 영화가 될 만한 것은 무엇인가?

소설에 덜 의지할수록, 소설에 담긴 신과 대사가 아니라 소설이 들려주는 스토리에 더 충실할 가능성이 커진다.

어쨌든, 소설 속의 대사는 영화에 쓰기에 좋은 대사가 아니다. 대체로 소설 대사를 그대로 가져와서 쓰려고 노력하기보다는 당신이 기억하는 대사의 풍미와 톤을 재창작하는 편이 낫다. 당신 나름의 아웃라인을 창작하기 전까지는 특정한 대사나 신을 위해 책을 다시 펼치지 말아야 하는 것은 확실하다. 그 기다림을 감당할 수 있다면, 시나리오 초고를 마무리하기 전까지는 책으로 돌아가지 않는 편이 더 나을 것이다. 이건 작업을 더 많이 해야 한다는 뜻이기도 하지만, 훨씬 더 나은 시나리오를 쓰게 될 가능성도 높아진다.

소설 각색을 위한 가장 강력한 기법 중 하나는 '잊는 것'이다. 어떤 소설을 읽은 다음에 그 소설을 한동안 치워뒀다면, 당신이 기억하지 못하는 것은 뭐가 됐건 기억에 남을 만한 것이 아니었다는 뜻이다. 그렇지 않나? 기억에 남을 만한 것이 아니라면, 당신이 들려주려 애쓰는 스토리에 없어서는 안 될 요소도 아니다.

물론 당신의 영화를 보러 오는 관객은 소설에 있었던 기억에 남을 만한 대사들을 요구할 것이다. 그들을 실망하게 해서는 안 된다. 초고를 일단 완성하고 나면, 책으로 돌아가 괜찮은 대사를 슬쩍해도 좋다.

레트

솔직히 말하면, 여보, 그건 내 알 바 아니오(〈바람과 함께 사라지다〉에서 레트 버틀러가 스칼렛 오하라에게 하는 대사—옮긴이).

소설에서 스크린으로 이동할 때, 당신은 모든 것을 다시 생각해 보아야 한다. 여러 순간에 대한 장황한 묘사와 긴 대화로 가득한 응접실을 배경으로 삼은 소설 속 장면을 스크린에 그대로 옮겨놓으면 영화는 따분해질 것이다. 두 캐릭터가 라켓볼을 치는 동안 대화를 주고받게 각색하면 어떨까? 긴 대화 대신 엄선된 문장 일부만 오가는 것이 더 나은 결과를 빚을지도 모른다.

사람들은 대개 각색한 영화가 원작 소설의 취지와 분위기에 충실해야 한다고 믿는다. 그러나 달리 말하자면 이는 적어도 부분적으로는 원작자가 표현하고자 한 내용에 충실하지 말아야 함을 뜻한다.

실화를 각색할 때는 부담이 훨씬 가중된다. 소설에는 주제가 있다. 소설을 영화로 각색할 때는 그걸 활용할 수 있다. 원작 소설에 담긴 주제를 반드시 고수해야 할 의무는 없지만 말이다. 그런데 실제 인생에는 주제가 없다. 사건은 그저 일어난다. 일련의 실제 사건에서 주제를 찾아내고 그 주제를 바탕으로 한 스토리를 들려주는 것이 당신의 의무다.

역사적 사건을 각색할 때 당신은 의욕에 차 되도록 많이 조사하고 싶을 것이다. 당신이 다루려는 사건에 대해 찾을 수 있는 모든 것을 조사하고 수집하되, 집필하는 동안에는 확보한 자료들을 금고에 넣어두어라. 특정한 사건이 아니라 당신이 다루려는 주제와 사건에 대한 개략적인 아웃라인을 바탕으로 글을 써라. 그렇게 하지 않으면 당신은 역사적 사건의 수렁에 빠지게 될 것이다. 피치를 일단 확보하고 나면, 또는 어느 정도 시나리오를 완성했다면, 그때 실제 사건으로 돌아가 중요한 걸 놓치지는 않았는지 확인해도 좋다. 나라면, 당신이 중요한 걸 놓치지 않았다는 쪽에 걸겠다.

실화, 또는 실화에 기초한 어떤 스토리를 들려주려는 경우에는 충족해야 할 충실성의 기준이 높다. 널리 알려진 사건이거나, 특정 집단의 사람들에게 매우 중요한 사건이거나, 관련된 인물 중에 아직 생존자가 있는 사건이라면 특히 더 그렇다. 예수 그리스도에 대한 스토리를 쓰려고 하는데 복음서와 동떨어진 이야기를 한다면, 당신은 분노한 많은 기독교인에게 해명해야 할 것이고, 영화 제작은 힘들어질 것이다. 마틴 루서 킹을 다룬 영화의 스토리를 쓰고 있다면, 당신이 진실을 들려주고 있는지는 많은 이들에게 중요한 문제가 될 것이다. 당신이 중요한 사실을 왜곡하면, 그들은 응당 분노할 것이다. 당신이 중요한 사실을 올바르게 들려주었는데 그 사실이 그들의 심기를 불편하게 만들 경우에도, 그들은 응당 분노할 것이다.

바로 그것이 내가 실화보다는 실화에서 영감을 얻은 영화 집필을 선호하는 이유다. 정확성에 대한 부담이 덜하므로, 스토리에 날개를 달 수 있는 여지가 더 많이 생긴다.

역사적 사건을 다룬 경우, 실제 사건에 얼마나 충실할지는 당신에게 달렸다. 고대 로마에 대한 스토리를 들려준다면, 역사적 사건을 아무리 왜곡해서 다루더라도 상처받는 사람은 아무도 없을 것이다. 고대 역사에 진정으로 관심이 많은 사람이라면, 그 시대의 사실 정보를 영화에서 얻어서는 안 된다. 클레오파트라가 실제로 미인이었는지 여부는 당신의 스토리와 무관하다. 당신이 사랑 이야기를 들려주고 싶다면, 그녀는 미인이어야 한다. 실제 당시 주조된 동전을 보면, 그녀는 코가 울퉁불퉁하고 목이 두툼하며 포동포동한 여자다. 그런데 그렇게 생긴 여성이 주인공으로 등장하는 로맨스를 보고 싶어 하는 사람이 얼마나 되겠는가?

당신이 다루는 실화의 관련자 중에 여전히 생존해 있는 사람이 있다면 조심하라. 생존한 사람들은 당신이 자신들에게 우호적이지 않거나 거짓말을 퍼뜨릴 경우 당신을 고소할 것이다. *실화에 기초한 스토리보다는 실화에서 영감을 받은 스토리를 들려주는 게 낫다.* 〈인사이더〉는 매혹적인 영화지만, 작가들은 회사의 불법적인 관행을 고발한 담배 산업의 내부 고발자에게 일어난 일이라고 주장하는 사건을 다루며 극도로 조심해야 했다. 다행인 점은, 〈에린 브로코비치〉처럼 이 영화의 스토리는 상당 부분을 법정 기록에서 얻을 수 있었다는 점이다(실존 인물인 에린 브로코비치는 한 대기업이 헝클리라는 작은 마을에서 공장을 돌리며 인체에 해로운 물질을 무단 방류하고, 이를 은폐해 왔다는 사실을 밝혀냈다—편집자). 실화를 들려주는 것이 당신에게 엄청 중요한 일이 아니라면, 다른 이름을 가진 캐릭터들이 등장하는 비슷한 이야기를 들려주지 못할 이유는 무엇인가? 그럴 경우 누군가의 프라이버시를 침해하거나 그들을 비방하는 것은 아닌지 마음을 졸이는 대신, 자유롭게 시나리오를 쓰면서 훅과 주제에 충실할 수 있다.

3장

당신의 피치는
무엇이 잘못됐나?

영감을 통해 창조한 이야기를 당신 마음속에서 자라나게 할수록, 스토리를 개발하는 기간이 길수록, 그 스토리는 참신해진다. 스토리를 분석하는 작업과 가능한 한 오래 거리를 두어라. 결국 당신은 뭔가 제대로 작동하지 않는데 그게 무엇인지 확실히 알지 못하는 지점에 도달할 것이다. 그때가 바로 비판적 분석이 필요한 시점이다.

다음은 스크린에 오르는 모든 스토리가 극적으로 작동하게 만드는 데 필수적인 요소들이다.

1. 중심 캐릭터
2. 관객의 관심을 끄는 중심 캐릭터의 목표−개인적 이해관계(the stakes)
3. 그가 잃을 수도 있는 것−위험(the jeopardy)

4. 중심 캐릭터를 가로막는 적어도 한 개, 이상적으로는 세 개의 기본 *장애물*(obstacles)

영화의 정수(精髓)는, 그리고 내가 생각하는 모든 드라마의 정수는 다음과 같다.

1. 누군가 무엇을 원한다.
2. 그가 목표를 달성하면, 상황은 지금보다 나아질 것이다.
3. 그가 목표 달성에 실패한다면, 상황은 지금보다 나빠질 것이다.
4. 그런데 그가 가는 길에 장애물이 놓여 있다.

이것이 유용한 분석 도구인 이유는 이 모든 요소에 우리가 관심을 두어야 하기 때문이다.

중심 캐릭터

관객들이 중심 캐릭터에게 일어나는 일에 관심이 없을 때, 영화는 실패한다.

거의 모든 영화가 한 사람을 다룬다. 이 법칙의 제일 두드러진 예외는 다음과 같다.

a. 로맨틱 코미디
b. 앙상블 작품

로맨틱 코미디는 영화의 시점을 쪼갠다. 예를 들어 〈시애틀의 잠 못 이루는 밤〉에는 중심 캐릭터가 두 명이다. 한쪽 캐릭터가 다른 한쪽보다 분량이 더 많을 수는 있지만, 영화의 상당 부분이 한쪽의 거주지와는 철저히 동떨어진 곳에서 일어나기 때문에 이 영화를 온전히 그 캐릭터의 영화라고 말할 수 없다. 두 캐릭터 모두 목표를 갖고 있지만, 그들이 진정으로 추구하는 대상은 −설령 그들이 그 사실을 깨닫지 못하고 있다 하더라도− 상대방이다. 본질적으로 당신은 결말에서 하나로 합쳐지는, 두 편의 영화를 집필하는 것이다.

지금도 많은 사람이 그런 작품을 쓰려고 애쓰고 있음에도 진짜 좋은 앙상블 작품은 드물다. 〈새로운 탄생〉과 〈세코커스 7〉은 좋은 사례다. 두 영화는 오랜 친구 무리가 주말 동안 어느 집에 모여 그동안 자신들이 성장하고, 사이가 멀어지고, 젊은 시절에 품었던 이상을 잃었음을 깨닫고 그런 자신들을 이해하려 애쓰는 이야기다(적어도 나는 이 영화들이 다루는 내용이 이것이라고 생각한다).

앙상블 영화는 제작하기 어렵다. 그런 영화를 연출할 재주를 가진 감독은 드물다. 프로젝트를 이끌어갈 수 있는 감독 역시 적다. 기본적으로 연기력이 뛰어난 배우들로 캐스팅해야 한다. 앙상블 영화는 시나리오 집필 면에서도, 편집 면에서도 균형을 맞추기가 어렵다. 마케팅조차 어렵다. 포스터에 얼굴을 잔뜩 집어넣은 다음 무슨 일을 해야 할까? 앙상블 영화는 만들기 쉬워 보인다. 나한테 들어오는 형편없는 영화들이 많은 걸 보면 말이다. 당신이 이 일이 무엇인지 확실하게 알지 않는 한, 앙상블 영화를 쓰라는 추천은 못 하겠다.

대부분 영화에는 중심 캐릭터가 있다. 우리는 중심 캐릭터에 관심을 가져야 한다. 그렇지 않으면 우리는 영화에서 일어나는 그 외의 어느 것에도 관심을 두지 못하게 된다.

3장에서 논의할 내용처럼, 사람들이 당신의 중심 캐릭터를 꼭 좋아해야 할 필요는 없다. 호감이 가지 않는 주인공이 등장하는 영화는 많다. 당신은 그저 사람들이 주인공에게 일어나는 사건에 관심을 가지게 만들어야 한다. 우리는 도로시가 캔자스의 집으로 돌아가기를 원한다. 〈사냥꾼의 밤〉의 사악한 목사가 응당한 벌을 받기를 원한다. 〈장미의 전쟁〉의 로즈 부부가 차이점을 해소하는 방법을 알고 싶다. 반드시 올리버 로즈와 아내의 재결합을 원하는 건 아니다. 그렇지만 어쨌든, 우리는 상황이 어떻게 그에게 유리하게 돌아가는지 알고 싶다.

우리는 캐릭터와 자신을 동일시한다. 그 캐릭터나 캐릭터가 처한 상황이 친숙하기 때문에, 또는 상상 속에서 우리 자신을 그의 입장에 세우는 것을 즐기기 때문이다. 우리는 도로시와 자신을 동일시한다. 우중충하고 외로운 캔자스에 사는 어린 소녀가 무지개 너머에 있는 나라에 가고 싶은 마음이 얼마나 간절할지 이해할 수 있기 때문이다. 우리 모두의 삶에는 저마다의 캔자스가 있다. 우리는 어린 소녀가 테크니컬러로 구현한 경이로운 오즈에 있는데도 가족이 있는 집으로 돌아가기를 원하는 이유도 이해할 수 있다. 어린아이는 가족을 그리워하는 게 당연하며, 또 가족의 곁에 있어야 한다고 생각하기 때문이다.

한편 우리는 제임스 본드와 자신을 동일시한다. 제임스 본드와 자신을 동일시하는 건 신나는 경험이기 때문이다. 적을 향해 총을 쏘고 세상을 구하고 섹시한 애인과 달아나는 상상을 한 적이 없나? 그런 적이 없다면, 당신은 본드 영화의 관객이 아닐 거라고 장담한다.

우리는 지독히도 음울한 내면의 충동을 구현했다는 이유만으로도 우리 자신을 어떤 캐릭터와 동일시할 수 있다. 〈폴링 다운〉에서 마이클 더글러가 연기하는, 디펜스라고 알려진 캐릭터는 순식간에 감정을 폭발시킨다. 그는 엄마와 사는 실직자에다 이혼한 군수품 엔지니어다. 그의 차는 교통 체증이 심한 도로에 갇힌다. 차에서 나온 그는 LA를 가로질러 집으로 걸어가는 길에 오른다. 그는 점점 더 공격적으로 변하고 결국에는 폭력을 행사한다. 전처와 자식을 보러 가기로 결심한 그의 목표는 좋은 것일 수도 있고 정말로, 정말로 흉악한 것일 수도 있다. 우리는 모두 아무 이유 없이 감정이 폭발할 것 같은 느낌을 받은 적이 있다. 이 영화는 감정 폭발을 경험하게 하고 그런 감정이 우리를 어디로 이끌 수 있는지 확인하게 해준다. 우리가 그렇게 감정을 폭발했을 때 뒤따르는 결과에 책임져야 할 필요도 없이 말이다.

목표(개인적 이해관계)

드라마는 누군가 무엇을 원할 때 시작된다(바로 이것이 드라마의 주인공 중 승려가 거의 없는 이유일 것이다).

목표는 다시 말하지만, 관객이 *관심*을 갖는 대상이어야 한다.

목표는 내적인 것일 수도 있다. 우리가 중심 캐릭터에 관심이 있기 때문에 사건에도 관심이 생긴다. 햄릿은 마음을 가다듬게 될까? 도로시는 집에 돌아가게 될까?

목표는 외적인 것—우리가 본능적으로 관심을 두는 대상—일 수도 있다. 블루스 브러더스는 그들이 자랐던 고아원을 구할까? 윌리엄 월리스는 스코틀랜드를 잉글랜드의 멍에로부터 벗어나게 해줄까? 오스틴 파워스는 세상을 날려버리려는 닥터 이블을 저지할 수 있을까?

최상의 목표는 내적인 동시에 외적인 것이다. 〈식스 센스〉에서, 말콤 크로우 박사는 죽은 사람을 볼 수 있는 비밀을 가진 환자 콜 시어를 도우려 애쓰지만, 그의 진짜 목표는 자신이 오랫동안 담당한 환자가 자살한 데 따른 죄책감을 해소하는 일이다.

어떤 스토리는 우리가 개인적 이해관계에 *관심*을 두지 않기 때문에 실패하기도 한다. 당신의 중심 캐릭터가 그저 백만 달러를 벌고 싶어 한다면, 거기에 관심을 보일 사람이 세상에 누가 있겠는가? 거금을 벌고 있는 사람을 보면서 흥미를 느끼기는 어렵다. 그런데 그가 파산 직전인 도심 병원을 구하기 위해 백만 달러가 필요하다면? 당신은 그에게 관심을 가질지도 모른다. 그가 마피아에게 빚을 졌는데 마피아가 그를 죽이려고 들기 때문에 백만 달러가 필요하다면? 그런 사람은 그런 일을 당해도 싸다고 말하는 사람들도 있겠지만, 그래도 우리는 그에게 관심이 생길지도 모른다.

그가 백만 달러를 벌었을 때 하려는 일이 고작 주색잡기라고 해도, 우리는 주인공이 백만 달러를 버는 것에 관심을 가질지 모른다. 그런 경우, 우리는 그가 돈을 벌지 못하기를 바란다. 그렇기 때문에 역설적으로 그가 돈을 벌기 위해 하는 일에 관심을 둔다. 관객은 그가 자신의 목표는 그릇된 목표임을 깨닫기를 원한다. 그런데 그 캐릭터가 돈을 벌겠다는 매우 합리적인 목표를 가진 사업가라면, 우리가 그 스토리에 썩 몰입할 것 같지는 않다.

우리를 반드시 주인공의 편에 서게 할 필요는 없다. 그저 주인공이

하려고 노력하는 일에 감정적으로 몰두하게 만들면 된다.

〈터커〉는 더 뛰어나고 안전한 차를 만들겠다는 꿈을 가진 자동차 기업가의 이야기다. 이 영화는 흥행에 실패했는데, 관객이 주인공의 성공을 짜릿하게 느끼도록 만들지 못했기 때문이다. 〈에드 우드〉는 주인공이 아주 형편없는 영화를 만든 몽상가였기 때문에 망했다. 관객은 그의 괴팍한 성격 때문에 개인적으로는 그에게 관심을 가질지도 모르지만, 그가 쟁취하려는 목표가 영화에 거의 드러나지 않았다. 〈벅시〉도 목표를 제대로 구축하지 못한 실패 사례다. 주인공 벅시 시걸의 꿈은 네바다 사막에 카지노를 세우는 것이었다. 우리는 그에게 개인적인 관심이 생길 수도 있다. 몽상가를 사랑하는 건 쉬운 일이니까. 그런데 도박장을 세워 세상에 크게 기여하겠다는 그의 행동에 공감하기란 어렵다.

주인공이 추구하는 목표는 우리가 그에게 관심을 갖게 만든다. 〈올 댓 재즈〉에서, 조 기디언은 끔찍한 인간이다. 그는 주위에 있는 모든 사람을 이용하고 함부로 대한다. 그래도 그는 캐릭터로서 매력적이다. 위대한 쇼를 만들기 위해 수단과 방법을 가리지 않으며, 자신이 하는 일이 평범한 성과를 내는 것을 받아들이지 않기 때문이다. 〈패튼 대전차 군단〉에서, 패튼은 망나니지만 적어도 나치를 유럽에서 몰아내기 위해서는 최선을 다하는 사람이다. 우리가 그의 개인적 이해관계(승전)에 관심이 없다면, 패튼을 싫어하게 될 것이다.

주인공의 목표는 스토리가 전개되는 동안에 바뀔지도 모른다. 도로시는 무지개 너머로 가고 싶었지만, 그곳에 도착하자마자 집에 돌아가고 싶어 한다. 우리는 그녀가 그 순간에 가진 목표는 뭐가 됐건 관심을 둘 필요가 있다.

일이 벌어지기 전까지 주인공이 평온한 삶을 살려고 애쓰고 있었다면, 그 무슨 일이 빠르게 벌어지게 하는 편이 낫다. 주인공에게 관객의 관심을 끄는 목표가 생기기 전까지는 드라마가 존재하지 않기 때문이다. 주인공의 목표는 개인적인 것(사랑에 빠지는 것)부터 보편적인 것(날아오는 소행성으로부터 지구를 구하는 것)까지 천차만별이다. 무엇이 되었건 중심 캐릭터가 획득해야 할 중요한 목표가 없다면 시나리오나 영화는 존재하지 못한다.

잃을 수 있는 것(위험)

입고 있던 셔츠까지 탈탈 털릴 가능성이 없다면 포커에 무슨 재미가 있겠는가.

주인공은 관객이 관심을 두는 무엇인가를 잃을 위험에 처해야 한다. 액션 영화에서는 그의 목숨일 것이고, 드라마에서는 그의 행복일 것이다. 어쨌든 그건 무엇이든 될 수 있다. 관객이 그것에 관심이 있는 한 말이다.

두 여자와 사랑에 빠진 남자를 다룬 영화에서, 그의 목표는 다음과 같다. 그는 진짜 사랑을 선택할 수 있을까? 위험은 그가 두 여자를 다 놓치게 된다는 것이다. 일어날 수 있는 최악의 상황은 그가 인연이 아닌 여자와 잘못 엮이는 것인데, 그럴 경우 당신은 우리가 그에게 관심을 두게 만들어야 한다. 잘못된 인연과 엮이는 것은 정말 끔찍한 일임을 관객에게 각인시켜야 한다. 그렇지 않으면 거기에는 진정한 위험이 없고, 영화는 망한다.

치명적인 전염병으로부터 사람들을 구하려고 애쓰는(목표) 과학자를 다룬 소설이 있다고 치자. 그 책이 영화화될 경우, 관객은 그 과학자가 소중한 무언가를 잃게 될 위기(위험)에 처해야만 흥미를 가질 것이다. 주인공이 반드시 전염병에 걸릴 필요는 없다. 주인공이 속한 팀의 팀원이나 가족 중 누군가가 그 병에 걸려도 된다. 주인공을 일에 지나치게 몰두하는 바람에 결혼 생활에 실패한 사람으로 설정할 수도 있다. 남들이 보기에 허황된 주장을 하는 바람에 그 바닥에서 쫓겨날 지경이거나 획기적인 실험을 하면서 일반적인 통념에 저항하는 사람으로 설정할 수도 있다. 아무튼, 주인공은 '실패했을 경우 노벨상을 못 받는 것'을 뛰어넘는 치명적인 위험을 감수해야 한다.

실패했을 경우에 햄릿이 감수해야 할 위험이 박사과정 이수를 위해 비텐베르크로 보내진다는 평범한 것이었다면, 〈햄릿〉은 그리 대단한 작품으로 기억되지 않았을 것이다. 햄릿의 목표는 이렇다. "햄릿은 아버지의 살인자에게 복수할까?" 위험은 이렇다. "햄릿은 목숨을 잃게 될까?"

위험은 주인공을 극적인 상황에 몰아넣는다. 주인공이 관객의 관심을 끌 만한 무엇인가를 잃을 위험에 처하지 않는다면, 그 스토리는 실패한다.

우리가 관심을 두는 장애물

장애물이 없다면, 주인공은 원하는 것을 처음 몇 분 안에 얻을 것이고, 그러면 영화는 없을 것이다. 현실도 그렇게 만만하지는 않다.

장애물에는 기본적으로 세 종류가 있다.

    a. 외적인 적대자(또는 장애물)
    b. 가까운 반대자
    c. 비극적인 또는 희극적인 결점

당신에게는 적어도 이 중의 하나가 필요하다. 뛰어난 영화는 주인공의 앞길에 이것들을 전부 배치한다. 당신이 할 일은 주인공이 수행해야 하는 일을 되도록 어렵게 만드는 것이다. 주인공이 목표를 수월하게 달성할 수 있다면, 영화는 존재하지 않는다.

로맨스 장르라면, 당신이 할 가장 어려운 일은 두 연인이 사랑에 빠져서는 안 될 가장 그럴듯한 이유를 제공하는 것이다. 제인 오스틴이 살던 시대에는 두 남녀의 사회적 계급이 다르다는 것은 좋은 이유였다. 셰익스피어가 살던 시대에는 둘이 서로 원수지간인 가문 출신이라는 것은 좋은 이유였다. 오늘날 계급과 가문은 더 이상 절대적인 장애물이 아니다. 대신 이스라엘인과 팔레스타인인 사이, 또는 세르비아인과 크로아티아인 사이의 사랑은 〈로미오와 줄리엣〉을 완벽하게 현대 버전으로 각색할 수 있는 좋은 설정이 될 것이다. 토니는 백인이고 마리아는 푸에르토리코인이었던 〈웨스트사이드 스토리〉가 그랬던 것처럼 말이다. 좋은 장애물은 많다. 〈데저트 하츠〉에서 연인 중 한 명은 이성애자 여자고 다른 한 명은 동성애자 여자다. 오우삼의 〈첩혈쌍웅〉에서 주인공은 암살에 나섰다가 훗날 연인이 될 여자의 눈을 사고로 멀게 만드는 암살자다.

현실에서는 문제가 해결될 때까지 상황이 조금씩 개선된다. 반면, 영화에서는 스토리가 진행될수록 장애물이 더욱 커져야 한다. 주인공이 제일 큰 장애물을 극복하면 스토리는 끝이 난다. 영화의 긴장감을 꾸준히 유지하여 클라이맥스에서 마주치는 것이 바로 제일 큰 장애물이다.

쉽게 얘기하면, 주인공은 영화의 2막이 끝날 무렵에 자신이 최악의 곤경에 처했다는 사실을 알게 된다. 그는 경찰을 찾아갈 수 없다. 경찰은 그를 살인자로 여기니까. 동료들은 그를 등졌거나 살해당했다. 적대자는 그를 궁지로 몰아넣고 있다. 그는 최악의 위험에 처해 있다. 이 시점에서 제정신이라면 누구든 미친 듯이 달음박질칠 것이다. 〈스타워즈〉의 2막이 끝나갈 무렵, 루크 스카이워커의 지혜로운 스승 오비원 케노비는 다스 베이더의 광선검에 쓰러지고, 데스 스타는 저항군의 기지로 향한다.

로맨스 장르도 비슷하다. 2막의 끝에서, 중간까지는 꽤 잘 지내던 두 연인이 갈라선다. 외적인 상황(〈로미오와 줄리엣〉에서 로미오가 티볼트를 죽인 후 베로나를 떠나는 것) 때문일 수도 있고, 어떤 이가 다른 이를 배신했다고 느끼기 때문(〈당신이 잠든 사이에〉)일 수도 있다. 어느 쪽이건, 이제 두 사람의 관계는 이전보다 훨씬 악화된다.

주인공이 외적인 적대자를 물리쳤는지는 모르지만(용 해치우기, 적군

물리치기), 직면해서 해결해야 하는 훨씬 더 큰 내적인 문제가 본인에게 있다는 걸 알게 된다(관심 있는 여자가 그를 미워한다. 결혼 생활이 파탄날 지경이다).

주인공이 길을 가는 동안 동지들을 찾아낸다면, 적대자는 훨씬 더 강해져야 한다. 도로시는 세 친구의 도움을 받아 에메랄드 시티에 도착하지만, 위대하고 무시무시한 오즈의 마법사보다 훨씬 더 무섭고 사악한 서쪽의 마녀와 마주한다. *주인공이 겪을 고난을 어렵게 만들수록, 주인공이 겨우 성공을 거뒀을 때 짜릿함은 더 커진다.*

a. 외적인 적대자 또는 장애물

산악 영화에서는 산이 이에 해당할 것이다.

전쟁 영화에서는 주인공에게 총질하는 사람들이다.

괴수 영화에서는 괴수다. 주인공은 뉴욕에 있는 멀쩡한 아파트를 찾는 작업을 한층 더 어렵게 만드는 고질라를 막으려고 기를 쓴다.

로맨스 영화에서는 연인들이 헤어지게 만드는 요소다. 어쩌면 〈미녀와 야수〉와 〈연인 프라이데이〉, 〈런어웨이 브라이드〉에서처럼 자기 자신일지도 모른다.

다른 모든 필수 요소와 비슷하게, 우리는 외적인 적대자나 장애물에 관심을 두어야 한다. 딘 데블린과 롤랜드 에머리히 감독이 시나리오를 쓰고 엄청난 제작비를 투입한 1998년도 영화 〈고질라〉는 관객에게 괴물에 대한 호기심을 끌어내지 못했기에 망했다. 그 괴물은 감정을 가진 것처럼 보이지 않았다. 무시무시한 위력을 갖춘 것도 아니었다. 고질라는 사악하지 않았다. 사람들에게 오해받지도 않았다. 그저 특수효과로 만들어진 미쳐 날뛰는 도마뱀일 뿐이었다. 영화 마지막에 그것이 브루클린 다리에 엉켜서 죽기 전까지, 관객들은 그 괴물에게 공포나 연민, 그 외의 아무런 감정도 느끼지 못했다.

대조적으로, 우리는 프랑켄슈타인이 빚어낸 창조물에 많은 연민을 느낀다. 존 L. 볼더스톤과 프랜시스 파라고, 개릿 포트가 시나리오를 쓴 1931년도 고전 영화에서, 괴물이 천진한 어린 소녀의 목숨을 앗아간 것은 분명하다. 그런데 그건 그가 제대로 된 교육을 받지 못했기 때문이다. 우리는 그가 부모 없이 세상에 내동댕이쳐진 까닭에 느끼는 아픔이나 분노에 공감한다. 고전 영화 〈킹콩〉에서 관객들은 그 거대한 유인원과 사랑에 빠졌다. 그가 페이 레이를 납치한 건 사실이다. 그런데 그 입장이라면 누구나 그러지 않았겠는가?

한편 〈죠스〉에서 거대한 상어는 관객을 겁에 질리게 한다. 관객은 놈이 스테이크 신세가 되기를 바란다. 〈고스트 앤 다크니스〉에서 사냥감을 찾아 돌아다니는 사자 두 마리는 자연의 경계를 넘으며 사악한 존재가 됐다. 놈들은 먹이를 얻기 위해서가 아니라 재미 삼아 살육을 한다. 관객들은 놈들이 총에 맞기를 원한다. 좋아하건 싫어하건 관객들은 어쨌든 적대자에게 관심을 갖는다.

로빈 후드를 다룬 영화 두 편에 등장하는 노팅엄의 영주를 보면, 관객들이 영화에 등장하는 캐릭터에게 각각의 다른 이유로 관심이 있다는 것을 알 수 있다. 에롤 플린이 주연한 1938년도 영화 〈로빈 후드의 모험〉에서 영주는 만화에 나올 법한 캐릭터다. 잔인하지만 무력한 귀족이며, 사악하고 탐욕스럽고 거만하다. 1976년 영화 〈로빈과 마리안〉에서 영주는 교양 있는 남자이며 명예를 아는 기사다. 그가 지닌 불쾌한 의무는 강도를 척결하는 것이다. 그는 로빈이 무장봉기한 이유를 알고 이해한다. 그럼에도 그의 의무는 법을 수호하는 것이다. 관객들은 전자의 영주는 미워하지만, 후자의 영주에게는 공감한다. 어떤 방향이 됐건 관객은 두 영주에게 관심이 있다.

주인공이 인격을 가진 적대자가 아닌 장애물과 맞서기도 한다. 이때도 당신은 관객들이 여전히 거기에 관심을 두게 만들어야 한다. 당신의 주인공이 남극을 횡단한다면, 당신은 얼음으로 뒤덮인 남극이 얼마나 웅대하고 강렬한지 알 수 있도록 관객에게 느낌을 전달할 방법을 찾아야 한다. 에베레스트 등반 영화에서, 당신은 관객이 거대한 암벽에 관심을 쏟게 만들어야 한다.

b. 가까이 있는 반대자

외부의 적대자만으로도 충분할 수 있다. 그런데 주인공에게 그와 상충하는 목표를 가진 채 그의 곁에서 활동하는 누군가를 붙여주고 싶다. 가까이 있는 반대자의 전형적인 사례는 〈에이리언〉에 나온다. 이 영화에서 적대자는 물론 에이리언이다. 그런데 우주선에 승선한 누군가는 에이리언을 해치우려 하지 않는다. 그는 사실 에이리언을 생포해 데려오라는 회사의 명령을 수행 중이다. 이것이 가까이 있는 반대자다. 〈람보〉에서 외적인 적대자는 베트남 사람들이다. 가까이 있는 반대자는 람보가 포로를 데려오는 것을 원치 않는 악랄한 미군이다.

가까이 있는 반대자는 주인공이 사랑하는 사람일 수도 있다. 칼 포먼이 시나리오를 쓴 〈하이 눈〉에서 윌 케인 보안관은 그를 죽이려고 마을로 오는 총잡이 세 명을 상대해야 한다. 그의 아내 에이미는 평화

주의자인 퀘이커교도다. 그녀는 남편이 싸우지 않고 마을에서 도망치기를 원한다. 그래서 그녀는 남편을 사랑하지만, 남편이 목표를 달성하는 것을 막고 싶어 하는 반대자가 된다.

c. 비극적인 또는 희극적인 결점

주인공의 심리에는 목표 달성을 반대하는 무언가가 있다.

〈햄릿〉에서는 사악한 클라우디우스 숙부가 적대자다. 그런데 그 혼자서는 햄릿을 치명적인 위험에 몰아넣지 못한다. 햄릿을 파괴하는 것은 햄릿 자신의 우유부단함과 살인 본능의 결여다. 〈오셀로〉에서는 이아고가 적대자다. 그러나 오셀로가 열등감에 눈이 멀지 않고, 아내가 정말 불륜을 저지른 것이 맞는지 합리적으로 의심할 수 있는 사람이었다면, 이 작품은 성립할 수 없었을 것이다. 두 캐릭터를 맞바꿀 경우 무슨 일이 생길지 상상해 보라.

이아고가 햄릿의 아내 데스데모나에게 바람을 피운다는 누명을 씌우려고 한다. 영리한 햄릿은 이아고의 속셈을 쉽게 꿰뚫고 이아고를 교수형에 처한다. 한편 집에 돌아온 오셀로 왕자는 클라우디우스 숙부가 아버지를 살해했다는 걸 알게 된다. 충동적인 오셀로는 궁인 모두가 보는 앞에서 장검으로 클라우디우스의 목을 내려친다. "이제 내가 왕이다. 이의 있는가?"

〈올 댓 재즈〉에서 조 기디언은 전처나 여자친구를 사랑하는 것을 막아주고, 결국에는 그의 삶을 끝내줄 죽음에 대한 동경을 품고 있다.

〈애니 홀〉에서 앨비 싱어는 쾌락을 느끼지 못하는 심각한 불감증에 시달린다. 그는 굳이 자기 같은 남자친구를 사귀려는 여성과 함께하고 싶지 않다. 그런 결점이 그가 애니와 행복하게 맺어지는 것을 방해한다.

〈오만과 편견〉에서 다아시의 오만과 엘리자베스의 편견은 그들의 로맨스를 막는 주요한 장애물이다. 진정 중요한 다른 장애물은 존재하지 않는다. 엘리자베스의 가난은 부유한 다아시에게 장애물이 아니고, 두 사람 다 그런대로 괜찮은 젠트리 가문 출신이기 때문이다.

정말로 잘 만든 영화에서, 주인공의 비극적인 결점이 어떤 면에서는 그의 외적인 적대자나 장애물을 반영한 사례인 경우가 자주 있다. 그는 내면의 결점을 정복한 뒤에야 외부의 적을 극복할 수 있다.

〈아마데우스〉에서 살리에리의 비극적인 결점은, 자신의 재능이 모차르트에 비해 까마득히 못 미친다는 것을 알 만큼 충분한 재능을 가졌다는 것이다. 그의 그 결점은 음악을 향한 사랑을 그 위대한 작곡가를 향한 증오로 탈바꿈시킨다. 그의 한정된 재능은 모차르트의 위대한 재능을 흐릿하게 반영한 수준에 불과하다.

〈카사블랑카〉에서 릭은 일자를 원한다. 그러나 그녀는 이미 빅터 라즐로의 아내다. 이 영화의 장애물은 나치가 아니라 이상주의자인 라즐로다. 일자에게서 심한 상처를 받은 릭은 냉소적인 인간이 됐다. 그가 그녀를 빅터 라즐로에게 돌려보냈을 때에만 그녀는 그의 여자가 될 수 있다. 그가 그런 일을 하려면 냉소주의를 버려야 한다. 릭의 냉소주의는 그를 가로막는 장애물인 라즐로의 이상주의를 반영한 것이다.

〈캐스트 어웨이〉에서 주인공은 시간을 아껴야 한다는 강박 때문에 여자친구도 소홀히 하는 인물이다. 그런 그가 남는 것은 시간밖에 없는 무인도에 고립되는 신세가 된다. 장애물은 그에게 닥친 사고일까? 그

섬에서 그는 외적인 고독감과 내적인 고독감 모두에 맞서야 한다. 그를 무인도에서 구한 것은 죽는 한이 있더라도 다른 사람과 만나야겠다고 결심하는 그의 의지다.

주인공의 주된 결점이 외적인 적대자를 반영하게 만드는 것은 필요 요건이 아니다. 〈터미네이터〉는 잘 만든 괴수 영화다. 주인공 사라 코너에게는 그런 결점이 없다. 그녀는 미래에서 온 킬러 로봇으로부터 살아남으려고 애쓰는 평범한 여자일 뿐이다. 하지만 그 점이 당신의 스토리를 한층 더 풍성하게 만들 수 있다.

현실에서는 장점이 단점이 되고, 단점이 장점이 되는 경우가 많다. 나폴레옹은 무모하게 러시아를 침공했다가 자멸했다. 그런데 그가 위험을 기꺼이 감수하는 사람이 아니었다면 애초에 포병대 대위 이상으로 승진하는 일은 없었을 것이다. 크리스토퍼 콜럼버스는 당대의 가장 영리한 과학자들에 맞서면서 서쪽으로 30일간 항해하면 일본에 도착할 수 있다고 주장했다. 그의 주장은 결국 틀린 것으로 드러났지만 그가 고집을 부리지 않았다면 아메리카를 결코 발견하지 못했을 것이다.

주인공에게 장점이자 결점인 요소를 부여하는 것을 두려워하지 마라. 적에게는 그의 강점들조차 맘껏 이용할 수 있는 요소가 된다.

마지막으로 특히 드라마 장르에서, 주인공은 목표를 달성하기 위해 그릇된 행동을 할 수도 있다. 가족이 자신에게 등을 돌렸다고 느낀 아이는 정말로 가족이 그에게 등을 돌리게 만드는 행동을 할 수 있다. 상대의 사랑이 식어간다고 느끼는 여자는 자기가 차이기 전에 차는 짓을 할 수도 있다. 본질적으로, 이것은 비극적인 또는 희극적인 결점이 작동한 것이다. 캐릭터는 목표 달성을 추구해야 하지만 언제나 합리적인 방식으로 일을 진행할 필요는 없다. 사실 캐릭터가 논리적인 인물일수록 극적인 흥미는 떨어진다.

영화는 처음 시작할 때부터 이 요소가 모두 있어야 한다. 나중에 등장해도 괜찮은 유일한 필수요소는 훅이다(훅 역시 1막이 끝날 무렵엔 반드시 등장해야 한다. 다시 말해 훅이 등장해야 작품을 위한 설정이 비로소 마무리된다).

영화의 시작부터, 당신에게는 목표와 그 목표를 가로막는 장애물을 가진 중심 캐릭터가 필요하다. 훅이 등장하면 목표가 달라질 수도 있다. 그런데 캐릭터가 목표와 장애물을 갖기 전에는 드라마가 존재하지 않는다. 그리고 드라마가 존재하기 전까지는 영화도 존재하지 않는다.

예를 들어 주인공의 딸이 납치되는 영화를 구상한다면, 주인공의 생활이 얼마나 완벽했는지 보여주느라 10분을 쓰지 마라. 주인공의 삶은 행복할 수 있다. 그런데 우리가 그 스토리에 몰입하게 만들려면, 주인공이 딸이 납치되는 동안 그가 분주하게 일에 몰두하고 있었음을 보여줘라. 테러리스트들에게 쫓기는 커플에 대한 영화라면, 두 사람의 관계는 완벽하다는 것을 보여주지 마라. 그런 걸 보여주면 관객들의 마음을 끌지 못할 것이다. 상대를 정말 사랑한다고 떠들어대는 두 사람을 보고 싶어 하는 사람이 어디 있겠는가? 대신 두 연인에게 테러리스트와 아무런 상관이 없는 둘 사이의 문제가 있다는 걸 보여줘라.

나는 다음 질문에 대한 답을 늘 알고 싶다. *"영화에 담을 사건이 발생하지 않을 경우, 영화는 어떻게 될까?"*

영화를 성사시키는 사건은 때때로 '인사이팅 인시던트(이야기 도입부에서 주인공의 삶을 흔들어놓는 첫 사건—옮긴이)'라고 불린다. 인사이팅 인시던트는 1번 릴(첫 10분)에서 일어날 수 있다. 영화 〈위트니스〉에서는 한 남자가 화장실에서 살해당한다. 어린 아미시파(현대 문명을 거부하고 농경 생활을 하는 종교집단—옮긴이) 소년은 살인자가 화장실을 떠나는 걸 목격한다. 인사이팅 인시던트는 영화가 시작되기 전에 이미 일어났을지도 모른다.

전쟁 영화에서 인사이팅 인시던트는 전쟁의 발발이다. 이는 1막이 끝날 때 일어날지도 모른다.

〈오즈의 마법사〉에서 도로시는 토네이도가 그녀와 토토를 오즈에 데려다 놓을 때, 알미라 걸치가 그녀의 작은 개 토토를 빼앗아가는 것을 막으려 애쓰고 있었다. 인사이팅 인시던트가 무엇인지가 중요한 것은 아니다. 그건 영화를 분석하는 이론가들에게나 중요하다. 중요한 것은, 토네이도가 없었더라도 드라마는 여전히 존재했을 거라는 점이다. 관객이 그런 영화를 보려고 돈을 지불하는 것은 원치 않을지 모르지만, 그래도 어쨌든 영화에는 여전히 드라마가 존재한다.

〈카사블랑카〉에서 일자가 나타났을 때 릭은 비시(Vichy) 정부가 통치하는 카사블랑카에서 술집을 운영하려고 한다. 일자가 나타나지 않았다면, 릭은 귀중한 통행증으로 무슨 일을 할지 궁리하며 일자를 잊으려고 애썼을 것이다.

〈스타워즈〉에서 루크 스카이워커는 드로이드들이 등장하기 전까지는 삼촌 부부의 따분한 농장에서 벗어날 방법을 고민하고 있다.

〈다이 하드〉에서 존 맥클레인은 소원해진 아내와 크리스마스를 보내려고 한다. 그런데 테러리스트들이 폭스 타워를 점거한다. 이것은 그에게는 행운이다. 그런 일이 없었다면 그와 아내의 관계 회복이 요원해졌을 것이기 때문이다.

주인공의 최초 목표가 반드시 그가 추구하는 목표여야 하는 것은 아니다. 그녀는 대학을 졸업하거나 남자친구를 찾으려 애쓰고 있었을지도 모른다. 그러나 최초 목표의 설득력이 클수록 캐릭터로써 그녀가 지닌 설득력도 커질 것이다. 또한, 원래 목표가 더 급박한 것일수록 우리는 그녀가 나중에 세운 목표에도 큰 가치를 매긴다. 나중에 생긴 목표는 주인공이 포기한 목표보다 더 중요한 것일 테니 말이다.

나는 어떤 스토리가 극적인 측면에서 실패하고 있을 때, 돌아가서 이런 필수 요소들을 검토해 보면 그중 하나가 늘 빠져 있거나 제대로 작동하지 않고 있다는 걸 발견했다. 겉으로 드러나 있건 영리하게 감춰져 있건, 좋은 이야기는 항상 이 모든 요소를 지니고 있다.

4장

주제

주제는 스토리가 다루는 근본적이고 보편적이며 인간적인 의문이다. 중심 캐릭터와 이해관계, 위험, 장애물은 스토리의 전개에 대해 우리가 관심을 두어야 하는 이유를 제공한다. 주제는 우리가 관심을 쏟아야 마땅한 이유를 제공한다. 좋은 영화에, 심지어 위대한 영화에도 주제가 필수적인 것은 아니다. 그런데 당신의 영화가 팝콘 영화의 수준을 넘어 사람들의 뇌리에 오래 남기를 원한다면 주제가 필요하다.

예를 들어 〈블레이드 러너〉는 창조된 순간부터 씌워진 보이지 않는 족쇄에서 벗어나려는 인조인간 무리와, 그들을 살해하라는 임무를 받은 형사에 대한 잘 만든 스토리다. 어떤 면에서, 인조인간은 형사보다 삶의 가치에 대해 훨씬 잘 이해한다. 이 영화의 주제는 '인간이 된다는 것의 의미는 무엇인가?'이다(디렉터스컷에서는 심지어 형사도 인조인간이라는 암시를 준다). 관객들은 아드레날린이 충만해져서 이야깃거리가 될 흥미로운 아이디어 몇 가지를 얻어 극장을 나선다.

영화가 반드시 주제를 가져야 할 필요는 없다. 중심 캐릭터가 한 가지 도덕관념에 끌리는 반면, 조역 캐릭터는 전적으로 반대되는 도덕관념에 끌리는 식으로 구성할 수도 있다. 그렇게 하면 영화가 주장하려는 요점은 약화될지도 모른다. 〈시계태엽 오렌지〉는 자유의지는 좋은 것이라고 말한다. 그런데 그 영화의 중심 캐릭터가 자유의지를 난폭하게 남용하는 것을 보여주기 때문에, 관객은 자유의지가 그렇게까지 좋은 것인지 의문을 품게 된다. 어떤 영화에 주제를 부여하는 것은, 어떤 방식으로건, 그 주제에 의문을 제기하는 주된 신(scene)들이다. 그 의문에 실제로 대답을 내놓을 필요는 없다.

뛰어난 팝콘 영화를 만들면서 주제를 넣을 필요는 없다. 〈에이리언〉은 괴물에게 먹힐 위험에 처한 한 무리의 인간을 다룬 잘 만들어진 스토리다. 우리는 사악한 기업이 그들을 위험으로 몰아넣었다는 것을 알게 되지만, 그렇다고 이 영화가 사악한 기업을 고발하는 영화는 아니다. 거대한 벌레에게 당하지 않으려고 고군분투하는 사람들을 다루는 공포 영화다. 사람들은 그저 아드레날린이 잔뜩 분출된 상태로 극장을 떠난다.

그래도 좋다. 나는 〈에이리언〉을 네 번인가 다섯 번 봤다. 그리고 볼 때마다 겁에 잔뜩 질린다.

다음은 주제 몇 가지다.

- 〈죠스〉　자연은 여전히 인간보다 큰 존재다
- 〈식스 센스〉　죄책감 대(對) 구원

- 〈차이나타운〉 품위는 부패를 물리치기에 충분치 않다
- 〈스미스 씨 워싱턴에 가다〉 품위는 부패를 물리치기에 충분하다
- 〈브레이브 하트〉 자유는 목숨을 바칠 가치가 있다
- 〈모던 타임스〉 진보는 인간의 삶을 파괴할 수 있다
- 〈트래픽〉 마약 관련 법률이 마약보다 더 사악하다
- 〈대부〉 패밀리가 세상에서 제일 중요하다
- 〈스타워즈〉 믿음은 제국을 물리친다
- 〈애니 홀〉 인간관계는 고통스럽지만, 우리는 그게 필요하다
- 〈메멘토〉 기억 대 현실
- 〈시계태엽 오렌지〉 자유의지 대 죄악
- 〈새로운 탄생〉 우리는 이상(理想)의 상실을 어떻게 감당하는가?
- 〈12명의 성난 사람들〉 진실이 분노보다 중요하다
- 〈라쇼몽〉 진실은 상대적이다
- 〈올모스트 페이머스〉 명성에는 중독성이 있다
- 〈아메리칸 히스토리 X〉 증오는 사람의 목숨을 빼앗는다
- 〈시에라 마드레의 보석〉 탐욕은 사람의 목숨을 앗아간다
- 〈매트릭스〉 인간성이 진보보다 중요하다
- 〈2001 스페이스 오디세이〉 환각제 복용을 중단해야겠다

주제를 갖고 집필 작업을 한다면, 각각의 신이 주제에 대한 진실을 말하게 만들도록 하라. 목표와 결점을 가진 주요 캐릭터들은 하나같이, 어떤 방식으로건, 그 주제를 반영해야 마땅하다. 당신의 주제가 구원이라면, 일부 캐릭터는 시작할 때 타락했다가 구원을 받고, 일부 캐

릭터는 타락했지만 결국 구원을 받지 못하며, 일부는 스토리가 시작될 때 이미 구원을 받았어야 한다. 그들이 서로 충돌할 때 당신의 주제는 환하게 빛을 발하게 된다.

주제는 스토리의 바닥에 깔려 있을 때 제일 잘 작동한다. 주제가 표면에 떠오르면 관객의 주의가 산만해진다. 하고 싶은 말이 있다면 스토리를 그것답게 만드는, 즉 그 자체의 요점을 강조하는 스토리를 택하라. 예를 들어 욕망이 나쁜 것이라는 말을 하고 싶다면, 욕망으로 삶이 파괴되는 스토리를 만들어라. 골드러시 스토리나 결혼 생활이 무너지고 아이들이 방치되는 와중에 처음으로 백만 달러를 벌어들이는 여피족(도시에 사는 젊은 고소득 전문직 종사자─옮긴이)에 대한 이야기가 좋다. 욕망이 좋은 것이라는 말을 하고 싶다면, 무일푼이던 남자가 반짝거리는 아이디어를 내놓은 덕에 거부(巨富)가 되는 스토리를 만들어라.

스토리가 주제를 책임지고 처리하게 놔둬라. 캐릭터들이 주제에 대해 떠들게 만들 필요는 없다. 〈위험한 정사〉에서 관객은 댄 갤러거가 바람을 피운 탓에 끔찍한 일들이 벌어지는 걸 본다. 관객을 위해 "이봐요! 바람피우지 말아요!"라며 도덕관념을 발췌해서 입으로 떠드는 캐릭터는 없다.

5장

놀라움과
필연성

플롯에는 모순적인 두 가지 특징이 필요하다. 플롯은 필연적으로 느껴져야 하지만 놀랍기도 해야 한다. 놀랍지 않은 스토리는 따분하다. 필연적으로 느껴지지 않는 스토리는 사기당하는 기분이다.

본질적으로 스토리는 놀라워야 하지만, 결말을 바탕으로 되짚어보면 앞뒤가 전부 맞아떨어져야 한다. 그래야 관객이 스토리를 겪으며 도달한 곳이 진짜 결말이라는 것을 깨닫는다.

관객이 짐작하는 대로 영화가 전개된다면, 그 스토리가 놀랍지 않은 건 명백하다. 영화의 클라이맥스가 실현 가능한 많은 엔딩 중 하나에 불과하다고 느껴질 때, 그 스토리는 필연적으로 보이는 데 실패한다. 그럴 때 주인공은 살아남아야 마땅하기 때문에 살아남는 것이 아니라 시나리오 작가가 스튜디오 마케팅 부서의 목소리에 귀를 기울였기 때문에, 또는 작가가 우울증 치료제를 지나치게 많이 복용했기 때문에 살아남는다. 스토리가 그 지점에 도달해야 하므로 주인공이 비극적으로 숨을 거두는 게 아니라 시나리오 작가가 삶을 혐오하기 때문에, 또는 프랑스 사람이기 때문에 비극적으로 숨을 거둔다.

놀라움과 필연성은 공존할 수 있다. 대체로 놀라움은 '어떻게'에 대한 것이고, 필연성은 '무엇'에 대한 것이기 때문이다. 관객은 제임스 본드가 절벽에서 떨어지고도(무엇) 살아남을 것이라는 걸 안다. 그렇지만 그가 배낭에 낙하산을 갖고 있던 덕(어떻게)에 살아남을 것이라는 건 모른다. 〈욕망이라는 이름의 전차〉에서 스탠리와 스텔라 부부의 허름한 아파트에 온 언니 블랑쉬의 기고만장한 태도가 끔찍한 결말(무엇)을 불러올 것임을 안다. 그렇지만 스탠리가 블랑쉬를 지배하려 그녀에게 어떤 짓을 저지를지는(어떻게) 모른다.

당신이 창의력을 충분히 발휘하지 않으면 스토리는 관객에게 놀라움을 선사하는 데 실패한다. 당신이 스토리를 큰 소리로 들려주고 있다면(지금 그렇게 하고 있는 것 맞나?) 듣는 사람이 놀라지 않을 때가 언제인지 알게 될 것이다. 우선, 친구들은 당신의 말을 끊고는 이렇게 말할 것이다. "짐작 좀 해볼게. 이런 일이 생기는 거지?" 그러고는 당신이 엔딩을 들려주기도 전에 결말을 맞춰버릴지도 모른다. 혹은 당신이 먼저 지루해질 것이다. 베테랑 시나리오 작가 제프리 보엄이 말했듯, "내가 지루하면, 관객도 지루해할 것이다."

집필 준비를 할 때 당신이 원하던 형태에 스토리를 맞추려고 지나치게 힘을 주면, 그 스토리는 필연성을 잃는다. 스토리는 유기적인 존재다. 특정한 방향으로 자라고 싶어 한다. 가지들을 당신이 원하는 방향으로 휘어 자라게 만들 수는 없다. 스토리가 엉뚱한 방향으로 자라면, 그 스토리를 다른 화분으로 옮겨 심거나 빛이 들어오는 쪽으로 방향을 바꾸어야 한다. 달리 말해, 결말이 잘못됐다면 도입부에 변화를 줘야 한다. 도입부를 변화시키면 올바른 엔딩은 자연스레 따라 나타날 것이다.

운 LUCK

현실에는 운이 가득하다. 당신이 대학 시절에 반했던 여성이 20년이 흐른 후에 이웃집에 사는 것으로 밝혀지고, 우연히 두 사람은 모두 이혼한 상태라는 것은 행운이다. 휴대폰을 분실한 날, 하필 시내 엉뚱한 곳에서 차가 고장이 나는 것은 불운이다.

운은 필연성에 상처를 낸다. 따라서 운에 의존하는 플롯을 세우는 것은 위험한 일이다. 그렇지만 많은 이야기가 운에 의존한다. 예를 들어 〈카사블랑카〉에서 일자 룬드가 릭의 술집에 들어오는 것은 행운이다. "그녀는 세상의 많고 많은 술집 중에서 내 술집으로 걸어 들어왔다." 으음, 그래, 릭. 그런데 그렇게 하지 않으면 그 영화가 존재할 수 있겠어?

일반적으로 주인공에게는 불운만, 적대자나 장애물에는 행운만 주어야 한다. 예를 들어 〈시애틀의 잠 못 드는 밤〉과 같이, 두 연인이 서로 엇갈리도록 만들 수 있다. 주인공이 우연히 파트너 곁에 떨어지는데, 그 탓에 악당이 파트너를 죽이는 게 가능해지도록 설정할 수 있다. 악당에게는 늘 엄청난 행운을 줘도 된다. 주인공의 인생을 더 힘겹게 만들기 위해서 말이다.

주인공에게 행운처럼 보이는 무언가가 온다면 그건 행운이 아니라 그의 노력 덕분이다. 누군가가 마지막 순간에 주인공의 목숨을 구한다면, 그건 주인공이 이전에 도움을 요청했지만 거절했던 사람들이 생각을 바꿔 극적인 순간에 돌아왔기 때문이다. 악당은 모든 행운을 독점한다. 악당이 실수를 저지를 경우, 그건 주인공이 정신없이 맹공을 퍼붓는 바람에 냉정을 잃고 실수를 저지를 수밖에 없는 상황에 몰렸기 때문이다.

SF 장르에서 주인공이 하고자 하는 바를 이루지 못하는 이유로 공상 과학적인 이유를 제시하는 건 괜찮다. 그렇지만 주인공이 똑같이 그런 방법으로 문제를 해결해서는 안 된다. 주인공은 우리가 사는 현실 세계에서도 통용될 수 있는 영리한 해결책을 내놓아야 한다. 판타지 장르에서도 마찬가지다. 천하무적인 용에게 비밀 급소가 있다면, 우리에게 그 사실을 일찌감치 알려줘야 한다. 그런데 용이 탈출하게 만들려면 아무 때나 그에게 비밀의 방어 마법을 제공할 수 있다.

이야기가 전개될수록 운에 의지하는 것은 피해야 한다. 시나리오 1막에 우연을 넣는 것은 괜찮다. 잘 만들어진 여러 영화가 운에 의존한다. 〈어느 날 밤에 생긴 일〉에서의 우연은 신문기자 피터 원과 도망친 부잣집 딸 엘리 앤드루스를 뉴욕행 버스에 동승하게 만든다. 〈도망자〉에서는 리처드 킴블 박사가 종신형을 선고받고 복역하러 갈 때 죄수 호송 버스가 열차와 충돌하면서 탈출 기회가 생긴다. 〈쉘로우 그레이브〉에서는 미스터리한 세입자가 사망하면서 다른 룸메이트들에게 현금이 가득한 서류 가방이 남는다. 〈치킨 런〉에서 포로 수용소에 사는 암탉

들 앞에 미국 출신의 조종사 수탉이 하늘에서 떨어진다. 〈서바이벌 게임〉에서 중심 캐릭터들은 근친상간으로 태어난 지역 주민들을 우연히 마주한다. 그들이 쓰는 표현에 따르면, 그 후 문제들이 뒤따른다.

2막에는 사소한 우연 정도는 집어넣어도 좋다. 주인공과 악당이 우연히 맞닥뜨린다. 그런데 두 사람 다 동일한 대상을 찾는 중이다. 그래서 그들이 같은 장소에 있는 것은 놀랄 일이 아니다. 유일한 우연은 타이밍뿐이다.

로맨스 장르에서, 2막이 끝날 무렵에 누군가가 대화를 우연히 엿듣는 것은 사실상 장르의 전통이 됐다. 그들은 그 대화를 완전히 잘못 해석하고, 쑥쑥 커나가던 로맨스는 3막으로 들어갈 무렵이면 재앙이 되어버린다(〈웨딩 싱어〉나 〈슈렉〉을 보라).

3막에서는 이 지점까지 들려준 이야기로부터 모든 것이 유기적으로 술술 흘러나와야 한다. 이 시점에서 또 우연을 써먹으면 관객들은 사기당했다고 느낄 것이다.

6장

3막 구조라는
신화

지나치게 맹신할 필요가 없는 게 하나 있다.

시나리오 작법서에는 3막 구조(three-act structure)에 대한 내용이 많다. 드라마는 기본적으로 3막 구조로 구성된다는 아이디어의 유래는 아리스토텔레스까지 거슬러 올라간다. 도입부 또는 1막에서 작가는 주인공을 나무에 올려놓는다. 중간에서 또는 2막에서 주인공은 나무에서 벗어나려 애쓰지만 오히려 나무의 한참 높은 곳까지 올라가는 결과를 맞는다. 대단원 또는 3막에서 주인공은 나무에서 내려오거나 결국 떨어진다.

이 설명은 상당 부분 옳지만 그다지 많은 얘기를 들려주지는 않는다. 어떤 스토리를 도입부와 중간, 결말 없이 집필하는 건 꽤 어려운 일이다.

이 용어들은 유용하게 쓸 수 있는 약칭일 뿐이다. '1막'은 '영화가 시작되는 숏, 시작되는 신, 1번 릴, 전반부' 등을 대신해서 스토리가 시작되는 부분을 가리키는 편리한 용어다.

이 책의 집필 목적을 위해 정리하면 이렇다.

1막 = 도입부

2막 = 중간

3막 = 결말

어떤 인기 시나리오 작법서의 저자는 1막의 길이는 25쪽에서 35쪽 사이여야 하고, 2막은 90쪽쯤에서 끝나야 한다고 자신 있게 주장한다. 그의 주장에 따르면, 막이 끝날 때가 주인공이 처한 상황이 급격히 바뀌고 그가 품은 욕망이 변하면서 스토리의 흐름이 바뀌는 전환점이다. 그리고 60쪽쯤에 상황이 강렬해지는 변곡점도 있다.

이는 헛소리다.

많은 하이 콘셉트(플롯에서 강렬하고 쉽게 전달할 수 있는 아이디어를 강조하는 것—옮긴이)의 대량 생산형 스릴러가 막을 구분하기 어렵다. 전환점들은 펄쩍 뛰어올라 당신의 볼기를 물어뜯는다. 대부분의 영화에서 스토리는 4분의 1 지점 무렵에 전속력으로 치달을 것이고, 중간 부분에서 상황이 복잡해지며, 마지막 4분의 1 지점의 클라이맥스에서는 모든 것이 한군데로 모인다.

걸작이라 불리는 영화의 절반 정도만 정확히 3막으로 구분되는데, 그중 일부는 막이 바뀌는 지점이 정확히 어디인지를 가늠하려면 애를 먹는다. 〈하드 데이즈 나이트〉는 어느 지점에서 막이 분리되나? 〈올 댓 재즈〉는? 〈스파르타쿠스〉는? 〈포레스트 검프〉는? 〈아폴로 13〉은?

〈애니 홀〉은? 대략 대여섯 번의 주된 반전이 담겨 있고, 기막히게 잘 쓰인 〈와일드 씽〉은?

〈오즈의 마법사〉는 어떤가? 마법사들이 사악한 서쪽의 마녀를 쫓아가라며 도로시를 보낼 때 3막이 시작되나? 아니면 도로시가 캔자스에 있는 집에 돌아갈 때? 아니면 마법사가 사기꾼인 것으로 밝혀질 때? 그런 구분이 스토리에 무슨 영향을 주나? 대체 3막이 시작되는 지점에 대해 신경을 쓰는 사람이 누가 있나?

데이비드 토히가 시나리오를 쓴 〈도망자〉에서 2막은 리처드 킴블 박사가 죄수 호송 버스에서 탈출할 때 시작되나? 아니면 이어지는 추적에서 그가 탈출할 때 시작되나? 3막이 시작되는 지점은 어디인가? 그가 외팔이 남자를 발견할 때? 의학 컨벤션에서 찰스 니콜스 박사와 대면할 때? 아니면 사무엘 제라드 보안관이 킴블 박사의 무고를 깨닫기 시작할 때?

누가 그런데 신경을 쓰겠는가? 당신이 3막이 시작되는 지점이 어디인지를 결정할 수 있다고 치자. 그게 스토리가 작동하는 법을 이해하는 데 도움이 될까?

많은 스릴러가 짧은 1막에서 중심 캐릭터를 함정에 빠뜨린다. 그 함정은 갑작스러운 사건의 수준을 넘지 않는 경우가 많다. 속도를 높여가는 거대한 2막 내내 주인공은 쫓긴다. 〈에이리언〉에는 에이리언이 우주선에 타게 되는 과정을 잘 보여주는 1막이 있다. 비슷하게 〈프레데터〉의 1막에서는 특수 부대를 정글에 배치한다. 그리고 그때부터 인간 무리는 외계 생명체를 상대로 싸우면서 규모가 점점 줄어든다. 괴물이 주인공의 마지막 동지를 죽였을 때, 또는 주인공이 마침내 전세를 역전하기 시작할 때 3막이 시작된다고 말할 수 있다. 그런데 그러고 나면 두 번째 전환점을 보게 될 뿐이다. 당신은 전환점만 찾고 있으니까.

스토리는 도입부에서, 중간에서, 결말에서 실패할 수 있다. 그런데 당신이 실패한 지점이 어디인지를 안다고 해서 스토리 수정 작업을 잘할 수 있는 것은 아니다. 나는 3막 구조는 과대평가됐다고 믿는다. 중요한 건 좋은 스토리를 들려주는 것이고, 혹에 유익한 것을 전달하는 것이다.

스토리는 구조적으로 실패할 수도 있다. 예를 들어 〈어라이벌〉에서 주인공은 영화의 중간 부분에서 외계인에 대한 진실을 발견하고는 정글에 있는 거대한 비밀 사령부로 진입한다. 이후 흥미로운 일은 하나도 일어나지 않는다. 따라서 그 영화는 본질적으로 당신이 3막에 도달하기 전에 끝났다. 영화의 결말에서 엄청난 발견이 일어나는 식으로, 또는 결말에서 한층 더 충격적인 발견이 일어나는 식으로 스토리를 다시 썼다면 훨씬 더 나았을 것이다.

그런데 이것은 3막 구조의 문제가 아니다. 중간 부분에 지나치게 많은 것을 배치하고 결말까지 충분히 많은 것을 유보하지 않은 데 따른 문제다. 스토리가 순조롭게 이륙하기까지 지나치게 긴 시간이 걸리지 않는지, 또는 새 캐릭터들을 너무 빠르게 소개한 탓에 관객이 캐릭터들을 충분하게 알지 못하는 건 아닌지를 걱정하라. 중간 부분이 질질 끌리지는 않는지, 과도하게 복잡하지 않은지, 또는 당신이 준비한 장애물이 바닥이 났고 주인공이 적을 너무 빠르고 쉽게 물리치는 것은 아닌지 걱정하라. 엔딩이 서두르는 것처럼 느껴지지는 않는지, 또는 엔딩처럼 느껴지는 신을 하나 이상 넣은 건 아닌지 고민하라.

그렇지만 3막 구조를 지켜야 한다는 강박으로 걱정하지는 마라. 당신은 당신의 시나리오에는 5막 구조가 더 잘 먹힌다는 것을 알게 될지도 모른다. 셰익스피어에게는 그런 구조가 유효했다. 당신은 자연스럽게 4막으로 구분되는 실화를 가졌는지도 모른다. 그걸 3막 구조라는 프로크루스테스의 침대에 억지로 욱여넣는 것은 스토리를 망치는 짓일 뿐이다.

그냥 사람들의 흥미를 계속 붙들 수 있는 좋은 스토리를 들려줘라.

그렇지만 주의하라. 프로듀서에게 아웃라인을 제출하면, 그는 막이 전환되는 지점이 어디인지 알고 싶을 것이다. 그러면 그럴듯한 페이지 번호나 사건을 대충 골라 제시하고는 잘 구워삶아라.

플래시백

영화 학교(film school)에서 질겁하는 것 중 하나가 플래시백을 쓰는 것이다. 학교에서는 더는 플래시백을 쓰면 안 된다고 가르친다. 영화 전편이 거꾸로 전개되는 〈메멘토〉, 기다란 플래시백 시퀀스가 있는 1943년도 최고의 영화 〈카사블랑카〉, 영화의 대부분이 플래시백으로 구성된 1994년도 최고의 영화 〈펄프 픽션〉 등이 대성공을 거둔 이후에도 이런 두려움은 여전하다. 사실, 플래시백은 영화라는 매체가 가진 가장 강력한 도구 중 하나다. 문제는 플래시백을 저급한 방식으로 남용하는 경우가 가끔 있다는 점이다.

예를 들어 한 캐릭터가 제일 친한 친구의 장례식에 있다. 그 순간, 영화에서 두 사람이 함께했던 즐겁고 가슴 아픈 순간들이 싼 티 나게 화면에 재생된다. 이런 장면이 꼭 필요할까? 배우가 오로지 연기력으로 슬픔을 표현하리라고 믿어볼 수는 없는 걸까? 정보나 감정을 전달하려고 플래시백을 사용하지 마라. 배우가 울먹이는 동안 손에 쥘 수 있는 친구의 유품을 제공하거나, 강렬한 추도사를 제공하거나, 침묵이 그의 속내를 표현하게끔 놔둬라.

그렇지만 플래시백을 명쾌하고 조리 있는 방식으로 활용하는 것을 두려워하지는 마라. 플래시백은 많은 대사나 선형적인 스토리텔링이 전달할 수 없는 정보나 감정을 제공할 수 있다. 일반적으로 플래시백을 할 수 있는 건 중심 캐릭터뿐이다. 그 스토리가 100% 중심 캐릭터의 선형적 시점에서 전개되는 스토리는 아닐지라도, 어쨌든 그건 그 캐릭터의 스토리다. 만약 다른 캐릭터에게 플래시백을 허용하면 중심 캐릭터와의 동일시가 훼손될 수 있다. 하지만 모든 법칙이 다 그렇듯, 필요할 경우에는 이 법칙도 깨뜨릴 수 있다.

스토리를 글로 옮기기

시나리오로 쓰지 않고는 스토리를 개선하는 것이 더는 가능하지 않을 때, 바로 그때가 시나리오를 쓸 때다.

내가 제안한 것처럼 주변 사람들에게 스토리를 들려주고 또 들려줬다면, 스토리를 글로 적는 것은 특별할 것이 없다. 당신이 할 일이라고는 사람들에게 들려줬던 이야기를 글로 옮겨 적는 게 전부다. 화려하게 꾸미려고 애쓰지 마라. 당신이 떠들었던 내용을 그냥 적어라.

스토리를 들려주는 게 겁이 나거나 민망하다면, 피치를 글로 적을 때는 더 오락가락하게 될 것이다. 당신이 스토리를 글로 옮기고 그걸 사람들에게 보여주면 사람들은 코멘트할 것이고, 그러면 당신은 글을 수정할 것이다. 당신은 그걸 또 다른 사람들에게 보여주고, 코멘트를 받고, 수정할 것이다. 필요한 만큼 이 과정을 반복하라. 불행히도 사람들은 당신의 글을 두 번째 읽을 때에는 처음에 쏟은 에너지만큼 쓰지 않는다. 지겨우니까. 한 사람에게 보여주었던 최종 시나리오에서 바뀐 부분이 적어도 3분의 1 이상이 되지 않는 한, 고쳐 쓴 시나리오를 그에게 보여주지 마라.

당신에게는 이제 피치가 있다. 길이는 행간 여백을 주지 않고 출력했을 때 3~6쪽 정도일 것이다. 그보다 짧으면, 대단히 신중하게 작업하지 않았기 때문이다. 그보다 길면, 피치를 지나치게 상세하게 작성한 것이다.

7장

스텝
아웃라인

당신이 적은 피치는 종이에 옮긴 스토리다. 하지만 그 피치가 시나리오 집필 작업을 시작할 최상의 출발점은 아니다. 피치에서 활용하는 스토리텔링 기법은 시나리오를 집필하기 전에 제거해야 하는 경우가 많다. 예를 들어 당신은 일련의 신들을 묘사하려고 약칭을 사용한다. 로맨스가 커지고 있다는 것을 보여주려는 의도로 다음과 같은 말을 할지도 모른다. "그녀가 그와 더 많이 싸울수록, 그는 그녀에게 더 깊이 빠져든다."

피치에서 스토리의 순서를 뒤섞어 설명할 수도 있다. 남자 주인공이 여자 주인공을 구하려고 질주하고, 여자 주인공은 탈출하려고 몸부림치고 있는 경우, 당신은 피치에서 주인공의 스토리를 대부분 들려주고는 "그가 그런 일을 하는 동안, 그녀는 이런 상태가 되었다"라고 말하면서 여자 주인공의 스토리를 설명할 수도 있다.

영화에서는 스토리의 두 부분을 오가며 교차 편집할 것이다. 그렇지 않다면, 사소한 세부 사항을 그것이 중요해지는 지점이 되어서야 보여줄지도 모른다. "그런데, 두 사람이 계속 목에 걸고 있던 목걸이가 서로 딱 맞아떨어진다는 것을 이제야 알게 됐다. 두 사람은 남매였던 것이다!"

이제는 이 모든 속임수를 배제하고 모든 사건을 올바른 순서로 늘어놓아야 한다. 당신은 피치를 *비트 시트*(스토리의 모양새를 잡으려고 사용하는 아웃라인 형태—옮긴이)나 *아웃라인*으로 탈바꿈시켜야 한다.

비트 시트는 스토리를 40~60개 정도의 스텝 또는 비트로 쪼갠 것이다. 각 비트는 극적인 대립이나 정보를 담고 있다. 비트 하나는 2~3쪽 정도의 신으로 확장되는 게 보통으로, 그렇게 해서 총 시나리오는 100~120쪽 분량이 된다. 예를 들어 어느 비트에서 드러난 정보가 새로운 대립을 낳을 때, 긴 신에는 하나 이상의 비트가 포함되어 있을 수도 있다. 또한, 하나의 비트가 짧게 이어지는 신을 요구할 수도 있다.

시나리오 집필을 시작하기 전에 하고 싶은 일이 얼마나 많은가에 따라 아웃라인을 쓰고 싶어질 수도 있다. 아웃라인은 비트 시트를 한 단계 더 진전시킨 것이다. 논쟁 중인 두 사람을 따라가는 장면에서 하나의 비트가 가게 바깥에서 안으로 이동했다가 골목으로 빠져나가는 것만을 보여준다면, 아웃라인은 거기에 더해 제작진이 촬영하게 될 모든 장소를 구체적으로 명시한다. 아웃라인은 그 신이 실제로 일어나는 장소와 시간을 분명하게 보여주기 위해 시나리오 스타일의 슬러그 라인(신이 시작될 때 해당 신의 공간적 배경과 시간적 배경을 묘사하는 텍스트—옮긴이)을 이용한다. ex) (실내. 쇼클리의 방—낮)

다음은 해커영화를 위해 작성한 피치 한 문단이다.

아처는 팜탑 컴퓨터로 전력망에 컴퓨터 바이러스를 주입한다. 방화벽의 불빛이 격하게 깜빡거린다. 아처와 주마는 속임수를 써서 차고로 들어간다. 아처는 찾고 있던 물건을 발견한다. 탑승자와 대화할 수 있는 비디오 카메라 '눈'이 달린 카메라가 장착된 실험용 자율주행 브롱코다. 그는 운전하는 법을 모르지만, 자동차가 그를 위해 운전하게 만들 수는 있다. 아처는 브롱코의 컴퓨터를 해킹해서 차에 시동을 건다.

여기에는 자칫 넘어가기 쉬운 모호한 표현이 많다. "아처와 주마는 속임수를 써서 차고로 들어간다"는 5분짜리 시퀀스가 될 수도 있고 15초짜리 신이 될 수도 있다. 피치의 이 문단을 다음과 같은 비트 시트로 확장할 수 있다.

12. 아처는 팜탑 컴퓨터로 전력망에 컴퓨터 바이러스를 주입한다. 방화벽의 동력이 줄어들기 시작하고, 불빛들이 격하게 깜빡거린다.

13. 아처와 주마는 전기 문이 닫힌 채로 작동을 멈춘 까닭에 복도로 탈출하지만, 로아크와 마주친다. 아처는 웨스트 대령이 백업 보안 시스템을 부팅하라며 자신들을 지하로 파견했다고 로아크를 속인다.

14. 아처가 차고에서 실험용 자율주행 브롱코를 발견한다. 그는 자동차의 전자두뇌를 해킹하고 차에 들어가 시동을 건다.

아웃라인으로 확장하면 이런 일이 어디에서 일어나고 있고 그때는 하루 중 어느 시간인지를 알려줄 것이다.

12. 실내. 아처의 방-밤

아처가 팜탑을 이용해 전력망에 컴퓨터 바이러스를 주입한다. 전기 자물쇠가 꺼지자, 그와 주마는 거기에서 도망쳐 나온다.

13. 실내. 복도-밤

아처와 주마가 복도를 질주하다 로아크와 마주한다. 아처는 웨스트 대령이 자기들 두 사람한테 지하에 가서 백업 보안 시스템을 부팅하라고 명령했다며 로아크를 구워삶는다.

14. 실내. 차고-밤

아처가 실험용 자율주행 브롱코를 발견한다. 그는 자동차의 전자두뇌를 해킹하고 차에 들어가 시동을 건다.

비트 시트와 아웃라인은 무척 비슷해 보인다. 그러나 아웃라인을 작성할 때는 장소를, 그리고 낮인지 밤인지를 구체적으로 명시해야 한다. 그렇게 하다 보면 스토리에 깔린 논리에 뚫린 구멍이 드러날 수도 있다. 당신은 주인공이 파리로 날아가고 있을 때 그가 뉴욕에서 여자

친구를 만나도록 썼다는 걸 깨달을지도 모른다. 주인공이 깜깜한 밤에 지옥에서 온 것 같은 사냥개들에게 쫓기는 무시무시한 신 사이에 차량 관리국에 들르는 신이 있었다는 걸 깨달을지도 모른다. 차량 관리국은 밤에 열지 않는다. 이와 같은 '플롯의 구멍들'은 비트 시트에서는 깜짝 놀랄 정도로 놓치기 쉽지만, 아웃라인에서는 쉽게 잡아낼 수 있다.

물론 아웃라인이 언제나 반드시 필요한 것은 아니다. 나는 스텝 아웃라인을 바탕으로 시나리오를 쓰지만, 비트 시트를 바탕으로 쓰는 사람들도 있다. 그런데 나는 비트 시트로 작업하면 스텝 아웃라인으로 작업할 때보다 스토리에 구멍이 더 자주 생긴다는 사실을 알게 되었다.

이상하게도 트리트먼트라는 용어가 자주 사용된다. 계약서에서는 특히 더 그렇다. 그런데 이 단어의 명확한 정의는 없다. 내 책에서 쓰는 용어들은 이렇다. 어떤 프로듀서가 당신의 프로젝트를 사기 전에 트리트먼트를 달라고 요청하면 피치를 줘라. 그가 시나리오를 쓰라며 돈을 준다면 아웃라인을 줘라. 내가 사용하는 건 어디까지나 내 책에서 규정하는 용어다.

스텝 아웃라인 읽기

피치를 바탕으로 스텝 아웃라인을 개발할 때, 당신의 스토리 속 우여곡절과 반전들은 일직선으로 늘어선 단계로 탈바꿈한다. 이 과정에서, 각 단계와 신을 날카롭게 관찰할 기회가 생긴다.

이 비트는 제거해도 될까?

두 개의 비트 사이에 빠진 것이 있나?

이 신을 더 흥미롭거나 적절한 곳에 배치할 수 있을까?

이 시점에서 다른 일이 일어나면 어떻게 될까? 무엇이 그런 일에 해당할까?

명심하라. 당신에게 식상해 보이는 것은 그게 무엇이건, 관객에게는 다섯 배는 더 식상해 보일 것이다. 관객들은 적어도 당신만큼 영화를 많이 본 사람들이다. 그리고 그들은 당신의 영화에 당신만큼 꼼꼼한 주의를 기울이고 있지 않다. 어떤 것이 아주 조금이라도 예전에 본 것과 비슷하게 느껴진다면 관객들은 다른 차이점들은 무시한 채 둘은 똑같다고 생각해 버릴 것이다.

그다음은 무엇인가?

훅에 담긴 장점을 전달하기 위한 최상의 스토리가 완성되었다는 확신이 들면, 당신은 시나리오를 집필하는 단계로 갈 준비가 되었다.

축하한다!

당신에게 상세한 비트 시트가 있다면, 시나리오 집필은 스텝들을 액션과 대사가 있는 신들로 확장하는 간단한 문제에 불과하다고 생각할지도 모르겠다.

하하. 간단하다고? 피치를 스텝 아웃라인이나 비트 시트로 각색할 때와 마찬가지로 비트 시트에서 시나리오로 이동할 때, 이전까지는 좋아 보였던 일부 아이디어들이 다음 단계에 두자마자 제 역할을 못한다는 걸 알게 될 것이다. 특정 비트, 신 그리고 캐릭터들은 필요하지 않다는 것을, 그것을 싹둑싹둑 가위질할 수 있다는 것을 알게 될 것이다. 필요할 경우, 어느 시점에서건 작동하지 않는 것은 무엇이건 과감하게 버리고 더 설득력 있는 것을 내놓아야 한다. 시나리오를 집필하는 내내 비트 시트를 수정할 수도 있다.

머리를 잘 굴린 시나리오 집필에서, '최종'이란 존재하지 않는다. 모든 수정고는 초고다. 그걸 개선할 방법에 대한 아이디어가 동났을 때, 또는 제작진이 밖에 나가 당신의 영화를 촬영할 때가 되어서야 당신은 비로소 펜을 내려놓을 수 있다.

캐릭터
CHARACTERS

1장

설득력 있는
캐릭터 창조하기

설득력 있는 캐릭터를 구상하는 것은 시나리오를 집필하는 과정에서 만나는 가장 큰 난제다.

- 캐릭터들은 당신의 스토리에 등장하는 사건에 휩쓸린 사람들이다.
- 사실 그들은 당신이 스토리를 들려주려고 활용하는 재료일 뿐이다.

캐릭터가 하는 행동은 하나같이 그 캐릭터의 성격─그의 꿈, 공포, 결점─에서 자연스럽게 도출되어야 한다. 캐릭터들은 펄떡펄떡 살아 숨 쉬어야 한다. 그런데 그들은 스토리를 들려주기 위해서만 존재한다. 캐릭터들이 잠시라도 스토리를 진전시키고 있지 않다면 영화 진행 속도가 떨어진다.

당신이 요구하는 행동을 수행하지만 현실적인 인물로 보이지 않는 캐릭터는 밋밋하다거나 도구적이라는 평가를 받는다. 그런 캐릭터에는 숨결을 불어 넣어야 한다.

　반면, 살아 숨 쉬는 것처럼 생생하더라도 스토리를 진전시키지 못하는 캐릭터는 쓸모없다. 그런 캐릭터는 종종 신에 활력을 주고 심지어 당신의 시나리오에서 제대로 작동하는 유일한 요소처럼 보일 수도 있다. 그러나 그 캐릭터는 스토리의 진전을 가로막는다. 캐릭터만 있고 플롯은 없는 상태로 집필을 시작하는 건 지독히 어렵다. 그런데 플롯이 있다면, 플롯을 바탕으로 필요한 캐릭터들을 궁리하고 시나리오를 쓰면서 캐릭터에 생명력을 부여할 수 있다(TV 드라마에서는 이 과정이 거꾸로 진행되는 경우가 자주 있다. 시리즈를 개발 중인 사람이 기가 막힌 캐릭터들과 성공 가능성이 높아 보이는 상황들을 떠올린 뒤, 그것들과 관련이 있는 플롯을 하나둘씩 내놓는 것이다).

캐릭터 역설계

작가들은 다양한 경로를 통해 캐릭터를 발견하는데 어떤 경로로 발견했든, 캐릭터들이 제대로 효과를 낸다면 만사 오케이다. 내가 보기에는 대부분의 작가들이 괜찮은 캐릭터를 찾으려고 머릿속에서 이런저런 궁리를 하다가 만들어낸 캐릭터들로 무슨 스토리를 짜낼 수 있을지 살피는 듯하다. 직감이 뛰어나다면 이런 역설계 방법도 나쁘지 않다.

　훅이 무엇인지를 안다면, 당신은 스토리를 들려주는 데 필요한 캐릭터가 어떤 인물일지 고안해 낼 수 있다. 주인공의 적대자부터 시작하여 (이 캐릭터들의 구상을 이미 마쳤다면) 출연진을 구축해 나갈 수 있다. 훅, 그리고 구상한 캐릭터들로부터 새로운 캐릭터들이 생겨나고, 결국 필요한 모든 캐릭터가 확보된다.

이 접근방식은 시나리오 집필 방법 중에서는 이단적인 축에 속한다. 부자연스러운 느낌을 주기 때문이다. 사실이다. 그런데 스토리텔링 역시 부자연스럽기는 마찬가지다. 스토리는 인공적이다. 사람들이 인공적으로 지어내는 것이다. 나는 더 자연스러운 방법을 활용하는 작가도 실제로는 나와 똑같은 일을 하고 있을 거라 생각한다. 그들은 그저 그렇지 않은 척할 뿐이다. 그런데 이런 방법을 도구로 활용하려면, 그걸 명쾌하게 활용하는 법을 알아야 한다.

훅은 당신에게 주인공을 선물한다. 적대자나 악당도 마찬가지다. 이상적인 건 적대자가 여러 면에서 주인공을 반영하고 있는 케이스다. 그들은 동전의 양면일 수 있다. 배트맨과 조커는 둘 다 이상한 차림새로 법이 지배하는 세계의 바깥에서 나름의 목표를 추구하는, 분노에 차 있고 폭력적인 사내들이다. 어쩌다 보니 배트맨은 선을, 조커는 악을 위해 싸우는 것뿐이다. 그들은 반대인 존재일 수 있다. 예의는 바르지만 세파에 시달려 냉소적이고 직감은 좋은 보통 사람이, 쿨하고 계산적이며 도덕관념이 없는 상류층 악당과 싸우는 많은 액션 영화(〈다이하드〉, 〈누가 로저 래빗을 모함했나〉)에서처럼 말이다. 오셀로가 다혈질이라면, 이아고는 냉혹하고 교활하다.

주인공과 적대자가 당신이 다루는 주제의 상이한 측면들을 대표하는 경우가 이상적이다. 예를 들어 당신이 다루는 주제가 구원이라면, 주인공은 구원을 받고 악당은 구원을 받지 못한 채로 남는다. 당신의 주제가 의무라면, 주인공은 의무를 위해 본인을 희생할지도 모르고, 반면 악당은 다른 캐릭터들이 그가 원하는 일을 하게 만들 핑곗거리로

128

의무를 이용한다.

많은 시나리오에서 애정의 대상이나 단짝이 등장한다. 주인공이 머릿속으로 하는 생각을 우리가 이해할 수 있도록 설명해 줄 캐릭터가 이들 말고 누가 있겠는가? 다시 말하지만, 주인공과 그의 연인이나 단짝은 긴장 관계여야 한다. 한 사람이 육체적이라면, 다른 사람은 정신적이어야 한다. 한 사람이 고지식하면, 다른 사람은 거칠어야 한다. 한 사람이 무모할 정도로 용감하다면, 다른 사람은 자기 목숨을 적당히 아낄 줄 알아야 한다. 드라마 장르에서 상반된 존재들은 서로 끌린다. 관객들은 영화 내내 한뜻으로 움직이는 두 사람을 보고 싶어 하지 않는다. 따라서 최소한 영화가 끝나기 전까지는 두 사람이 잘 어울리지 않도록 만들어야 한다.

애정의 대상은 주인공이 사랑에 빠지는 인물이다. 영화 내내 주인공의 옆에 바짝 붙어 있는 제2의 주연일 수도 있다. 총격전이 벌어지는 와중에 작은 로맨스를 위해 투입된 사소한 캐릭터일 수도 있다(상업적인 이유에서 극장에서 상영되는 주인공 대부분은 남성이고, 따라서 애정의 대상은 여성인 게 보통이다. TV용 영화의 경우는 여성 시청자가 더 많으므로 주인공은 여성, 애정의 대상은 남성인 게 전형적이다). 상업영화 시나리오를 쓰고 있다면, 혹이 허용할 경우 애정의 대상을 등장시키는 게 일반적이다. 중심 캐릭터가 전원 남성이거나 전원 여성인 영화는 시장에서 불리하다. 그렇다고 해서 작품에 애정의 대상을 등장시키겠다는 이유로 스토리를 무리하게 비틀지 마라. 2차 세계대전이 배경인 잠수함 영화를 집필 중이라면, 잠수함에 여성을 태우기 위해 스토리를 엉키게 만들지 말라는 말이다.

애정의 대상이나 단짝은 주인공으로서는 장애물일 수 있고, 장애물이어야 할 때도 많다. 그들은 2장에서 봤듯, 가까이 있는 반대자 역할을 한다. 여러 방식으로 주제를 상기시키는 인물이어도 좋다. 위에서 봤던 것처럼, 당신이 다루는 주제가 구원이라면, 애정의 대상은 이미 구원을 받은 사람이거나 주인공이 구원을 받으려면 반드시 쟁취해야 할 대상일 수도 있다. 또는 주인공이 구원을 받기 위해서 포기해야만 하는 대상일 수도 있다.

주인공이 전혀 모르는 세계를 조사하거나 그런 세계에 진입하는 중이라면, 그 세계에 관하여 설명해 줄 해설자가 필요하다. 무슨 일이 벌어지고 있고 성공과 실패의 갈림길에 있는 일이 무엇이며 관련된 인물은 누가 있는지 주인공과 관객에게 알려줄 수 있는 인물 말이다. 그런 해설자는 애정의 대상이 될 수도 있고(〈빅 슬립〉, 〈위트니스〉), 그의 멘토가 될 수도 있다(〈스타워즈〉).

주인공이나 악당에게 사이드킥이 있을지도 모른다. 사이드킥은 주인공이나 악당을 축소한 버전일 때가 많다. 주인공이 용감하다면, 그의 사이드킥은 겁쟁이다. 악당이 위풍당당하다면, 그의 사이드킥은 옹졸하다. 아군인 사이드킥은 주인공이 내면에 꼭꼭 묻어두고 있는 인간적인 감정들을 표출한다. 못된 사이드킥은 우유부단할 수 있고, 심지어 악당을 배신할 수도 있다.

존재 가능한 모든 캐릭터의 유형을 리스트로 만들어 정리하는 것은 아무 의미도 없는 짓이다. 캐릭터는 유형이 아니다. 사이드킥이 애정의 대상이자 해설자가 될 수도 있지 않겠는가. 내가 주장하는 요점은, 훅으로부터 출발해서 역방향으로 작업할 수 있다는 것뿐이다. 그렇게 되면 당신의 모든 주요 캐릭터들은 (1)훅이나 주제로부터 생겨나고 (2) 어떤 식으로건 주인공이나 적대자, 히어로나 악당을 반영한 존재가 된다.

캐릭터를 화음을 구성하는 음(音)으로 생각하라. 주인공은 딸림음(5도에 해당하는 음이며, 지배적인 음이라고도 불린다─편집자)이다. 다른 주요 캐릭터들은 3음, 5음, 7음 등이다. 이 음들은 상이한 색조의 감정을 표현하지만, 모든 음은 조화롭게 어우러진다.

만약에 (그런 일이 있어서는 안 되지만) 스토리에 훅이 없다면, 캐릭터들은 주세에서 생겨날 것이다. 당신에게 표현하려는 주제가 없다면 당신은 망했다. 스토리를 깊게 고민하면, 캐릭터들을 빚어내는 가이드라인으로 활용할 수 있는 주제가 스토리에 담겨 있다는 걸 발견하게 된다. 당신한테 훅이나 주제가 없다면, 당신은 도대체 왜 시나리오를 쓰고 있는 건가(이 질문에 대한 대답이 "돈 때문에요"라면 ─ 어쨌든 세상에서 제일 끝내주는 대답이다─ 당신은 더더욱 주제를 찾아내려고 애를 써야 마땅하다)?

현실적으로 말해서, 당신에게 훅이 없다면 프로젝트를 밀고 나가는 원동력인 그 외의 요소가 캐릭터를 결정할 것이다. 당신이 쓰는 시나리오가 어떤 영화의 속편이라면, 시나리오의 문을 여는 캐릭터들은 1편에서 살아남은 캐릭터들이다. 많은 사랑을 받은 책이 원작이라면, 당신의 캐릭터들은 원작에서 비롯될 것이다. 그중 많은 캐릭터가 가위질당하거나 다른 캐릭터들과 합쳐지겠지만 말이다. 그런데 다른 소재로 작업 중이라고 해도, 조연 캐릭터들은 어떤 식으로든 스토리가 주장하는 요점 및 중심 캐릭터들과 확실하게 공명해야 한다.

역설계라는 용어는 언뜻 이상하게 들리지만 그렇게 특별한 기법은 아니다. 모든 캐릭터는 스토리를 진전시키는 역할을 해야 한다. 캐릭터들을 창조하고 난 다음에 그들을 훅과 주제를 연결할 방법을 찾아내는 대신, 훅을 바탕으로 캐릭터들을 창조하고, 사실적으로 만들어라.

그런데 명심하라. 역설계는 그저 도구일 뿐이라는 것을. 스토리보다 중요한 도구는 없다. 도구는 당신이 걸출한 스토리를 창작하기 위해 존재한다. 훅이나 주제와 아무 관련도 없어 보이는 캐릭터가 필요하다고 느낄 경우, 캐릭터를 창조한 후, 그가 스토리 안에서 제대로 효과를 내는지 확인해 보라. 그 캐릭터가 어떤 식으로건 훅이나 주제와 관련이 있다고 판명 날 수도 있다. 그런데 그 캐릭터가 제대로 효과를 내건 말건, 중요한 건 좋은 스토리를 만드는 것이다. 덩샤오핑의 명언은 영화에도 적용될 수 있다. "쥐만 잘 잡는다면 검은 고양이든 흰 고양이든 무슨 상관이겠는가."

<미이라> 역설계하기

당신이 <미이라>라는 제목의 시나리오를 쓰고 싶다고 치자. 그러니까, 당신은 특수효과가 잔뜩 있는 스워시버클러(칼싸움을 위주로 한 모험 영화 장르—옮긴이) 로맨틱 액션 어드벤처 영화를 만들고 싶다고 치자. 그런 시나리오를 쓰는 이유는 스튜디오가 사람들이 그런 영화를 원한다고 생각하기 때문이거나 (이게 스펙 시나리오일 경우) 당신이 그런 작품을 쓰고 싶기 때문이다. 그 영화의 훅은 아마도 다음과 같을 것이다.

고고학자들이 고대 이집트의 사악한 고위 사제의 미이라를 부지불식간에 깨우고 만다. 미이라가 오래전에 사망한 연인을 되살릴 방법을 찾는 동안, 배짱 좋은 전직 용병과 아름다운 이집트 학자는 미이라가 전능한 존재로 변해 세상을 파괴하는 것을 막아야 한다.

1999년 히트작 〈미이라〉는 보리스 칼로프의 1932년도 고전 영화 〈미이라〉를 놀라울 정도로 훌륭하게 리메이크했다. 시나리오 작가들이 그 스토리를 처음부터 무척 꼼꼼히 재구성한 결과, 그 작품은 순수 창작물로 간주해도 무방할 정도다.

앞에 소개한 훅은 곧바로 캐릭터 몇 명을 제공한다.

제일 중요한 캐릭터는 미이라인 임호텝(Imhotep)이다. 대역죄를 저지른 그는 '살아 있는 죽음'이 되는 저주를 받은 악당이다. 그는 되살아날 경우 초자연적인 힘을 가지게 될 괴물이다. 그렇지만 그가 죄를 저지른 이유는 파라오의 아내를 사랑했기 때문이다. 로맨틱하면서도 설득력이 있다. 고대에 가장 큰 죄악은 모시는 왕을 시해하는 것이고, 그래서 그는 그것으로 우리에게 첫 시퀀스를 제공한다.

그리고 파라오의 아내가 있다. 러닝 타임의 대부분 죽은 신세라서 자신에 대한 얘기는 많이 하지 못하지만 말이다.

그리고 주인공 릭 오코넬이 있다. 이 영화는 스워시버클러다. 그래서 로맨틱한 모험가가 필요하다. 자신감을 주체 못하며, 때로는 무모할 정도로 용감해야 한다. 그가 무슨 일로 고고학자 무리와 인연을 맺은 걸까? 고고학자들이 미이라로부터 자신들을 보호해 달라며 고용한 인물일 수도 있지만, 주인공이 자신이 놓은 덫에 걸리는 상황이 더 재미있기 때문에 그는 최초 발굴단의 일원이어야 한다. 물론 그는 그냥 가이드에 불과할 수도 있다. 그런데 그런 설정은 별로 재미있는 방법은 아니다. 그러니 그를 미이라가 묻혀 있는, 망자(亡者)들이 묻힌 비밀도시 하무나푸트라를 어떻게 찾아가는지 아는 남자로 만들자. 그는 왜 고고학자들을 돕는 걸까? 제일 흔한 이유는 돈 때문이다. 그런데 그가 돈에 휘둘리는 사람이어서는 안 된다. 주인공이니까. 고고학자들이 그의 목숨을 구해준다면 더 재미있을 것이다. 그렇다면 그를 전직 프랑스 외인부대 용병으로 만들자. 외인부대의 용병은 과거에서 벗어나려고 기를 쓰는 말썽쟁이라는 평판이 자자하니까. 용병인 그는 사람들이 그에게 총질하는 와중에 하무나푸트라를 찾아낼 수 있을까? 물론이다. 어쨌든, 그렇게 해서 우리의 두 번째 시퀀스가 생겼다.

남자 주인공이 몸을 주로 쓰는 캐릭터라면, 여자 주인공은 머리를 주로 쓰는 캐릭터인 게 좋다. 그래야 두 사람이 늘 으르렁대는 재미있는 설정이 될 뿐더러, 각자 상대방이 못 하는 일을 할 수 있기 때문이다. 당연히, 그녀는 이집트 상형문자를 해독하는 능력의 소유자여야 한다. 남자 주인공의 수염이 덥수룩할수록, 여자 주인공은 단정하고 예의 발라야 한다. 남자는 현실적인 인물이지만 통제 불능이다. 여자는 로맨틱하지만 자제력이 있다. 그렇다면 여자 주인공 이블린을 카이로에 있는 이집트 유물 박물관의 사서로 만들자!

제작사는 이 영화가 온 가족이 볼 수 있는 대작 모험물이 되기를 원한다. 그러므로 코믹함을 위해 사이드킥을 몇 명 투입하자. 첫 캐릭터는 이블린의 오빠 조나단이다. 릭과 이블린 둘 다 매우 용감한 캐릭터이므로, 조나단은 약간 겁쟁이인 게 좋다. 두 사람은 각자의 분야에서 나름의 성취를 거둔 사람들이므로, 조나단은 약간은 모자란 인물로 설정해도 괜찮다. 그렇지만 그는 영화의 결말까지 살아남아야 한다. 그는 착한 사이드킥이다.

이쯤 되면, 좋은 영화를 만드는 데 필요한 캐릭터가 충분하다. 1932년 작 〈미이라〉에 등장한 주요 캐스트의 규모도 딱 이 정도였다. 그런데 1999년도 〈미이라〉의 창작자들은 영화의 출연진과 규모가 훨씬 더 크기를 원했다. 그래서 그들은 몇 걸음 더 나아갔다.

미이라는 섬뜩하고 진지하다. 그런데 이 영화는 전 연령층의 관객을 겨냥한 대작이다. 그래서 악당에게는 코믹한 사이드킥이 필요하다. 주인공은 힘세고 용감하고 착하고 로맨틱한 모험가이고, 악당은 힘세고 용감하고 사악하고 로맨틱한 모험가다. 그러니 겁 많고 야비하고 욕심 많은 모험가 베니 가보를 만들어내자. 미이라가 거대한 악이라면, 베니는 상대적으로 작은 악이다. 미이라의 행동 동기는 열정이다. 베니의 행동 동기는 탐욕이다.

그는 미이라와 어떻게 엮이게 됐나? 미이라는 릭의 적대자이지만 릭이 고대 이집트어와 약간의 히브리어밖에 구사하지 못하는 악당과 직접 부딪히는 건 어려운 일이다. 그러니 베니는 릭의 인간 적수다. 두 사람의 인연은 멀리 외인부대 시절까지 거슬러 올라갈지도 모른다. 그렇게 해서 릭은 하무나푸트라에 와서 베니 곁에서 총질을 당하게 되고, 이것이 그가 발굴 현장에서 하는 일을 설명해 준다.

미이라에게 던질 미끼는 이것만으로는 충분치 않다. 미이라가 얼마나 막강하고 사악한 존재인지 보여줘야 한다. 그래서 미이라 때문에 끔찍한 운명에 시달리는 사람들이 있었으면 한다. 물론 우리는 그들이 미이라에게 당하기 전에 그들의 사연을 알아야 한다. 그래야 미이라가 그들을 죽일 때 관객이 그들에게 관심을 두게 되니까. 또한, 스워시버클러에서는 주인공이 되도록 많은 장애물과 적수를 상대하게 만들어야 한다.

경쟁하는 고고학자 무리를 등장시키자. 못된 캐릭터가 더는 필요치 않다. 그러니 그들은 도덕적으로는 중립이다. 그 캐릭터들을 하무나푸트라의 영웅들을 물리치려고 기를 쓰면서 미이라를 깨운 것에 절반쯤 책임이 있는, 무모한 미국인 카우보이 스타일의 도굴꾼 무리로 만들자. 그들은 미이라의 저주를 자초한 사람들이므로, 우리는 그들이 죽는다고 해도 지나치게 슬프지 않을 것이다.

내가 이런 식으로 어디로 향하는지 보이나? 이론적으로, 당신의 스토리에 등장하는 모든 캐릭터는 훅에서, 그리고 그 캐릭터보다 앞서서 태어난 원래 캐릭터들로부터 추출할 수 있다. 물론 당신에게는 순간마다 선택 대안이 있고, 주어진 캐릭터는 숱한 방법으로 추출할 수 있다. 악당이던 베니가 주인공들이 위기에서 벗어나게 도와주는 버전의 〈미이라〉를 만들지 못할 이유가 어디 있겠는가.

역설계는 강력한 도구다. 그렇지만 장인(匠人)이 쓰는 도구가 다 그렇듯, 이 도구도 사용하는 데 재능과 노력이 필요하다. 적절한 캐릭터를 창조하는 작업은 진심과 재능이 필요한 과정이다. 그렇지만 재능이 살짝 부족하다 하더라도 역설계는 당신이 필요한 캐릭터를 모두 갖췄고 필요 없는 캐릭터는 하나도 없는지 검토해 보는 데 유용한 기법이 될 수 있다.

2장

참신한
캐릭터 창조하기

당신은 진공상태에서 글을 쓰는 게 아니다. 당신의 시나리오를 읽는 사람들은 오늘 다른 시나리오를 다섯 편은 더 읽을 것이고, 앞으로도 많은 시나리오를 읽어야 한다. 그들은 그중 몇 편만 완독한다. 당신이 공들여 빚어낸 캐릭터들은, 믿거나 말거나, 그들의 눈에 놀라울 정도로 식상해 보인다.

당신은 그런 상황을 피하고 싶을 것이다. 당신의 캐릭터들이 읽는 이의 뇌리에 또렷하게 남기를 바랄 것이다. 캐릭터들이 참신하기를 원한다는 뜻이다.

〈레이더스〉에서 카렌 앨런이 연기하는 혈기 넘치는 캐릭터는 술 마시기 경기에서 거구의 티베트 남자를 이기는 장면으로 처음 등장한다. 그녀는 인디애나 존스의 애정의 대상이 될 것이다. 그렇지만 그 여자 캐릭터는 당신이 숱하게 봐온, 액션 영화에 등장해서 주인공이 구해주기 전까지 비명이나 질러대는 그런 애정의 대상이 아닌 것은 분명하다.

그녀는 재미있고, 터프하다. 산악 지대에서 술집을 경영하는 두주불사(斗酒不辭)의 술꾼이다. 그녀는 인디애나 존스를 만나자 그의 턱에 주먹을 날려 그를 뻗게 만든다.

이건 당시로써는 획기적인 설정이었다. 물론 그 이후 영화에 등장하는 모든 여자 주인공은 의무적으로 주인공의 턱에 주먹을 날려야만 하는 것처럼 보였다. 남자 배우들이 어째서 주인공을 맡으려고 뛰어드는지 궁금할 정도로 말이다.

조연 캐릭터가 약한 것보다는 강한 편이 좋다. 그래야 그들이 주인공에게 최대한의 곤경을 선사할 수 있으니까. 그들을 강한 캐릭터로 만들 수 없는 사정이 있다면, 뭔가 꿍꿍이가 있거나 미스터리한 인물로 만들어야 한다.

그렇다고 캐릭터들을 괴팍한 인물로 만들려고 애써서는 안 된다. 시나리오를 집필하는 데 따르는 여러 난제 중의 하나는 캐릭터를 현실의 사람과 다르지 않으면서도 참신하게 만드는 것이다.

캐릭터를 구상할 때는 그 캐릭터가 가진 모든 속성에 대해 질문을 던져야 한다. 당신이 처음 떠올린 아이디어는 최상의 것이 아닐 확률이 높다. 하나의 캐릭터를 만들고 나면, 그것에 약간 변주를 주었을 때 더 나은 것은 아닌지 고민하며 시간을 보내야 한다. 나이가 더 많으면 어떨까? 더 젊다면? 흑인이라면? 라틴계라면? 여성이면 어떨까? 독실한 가톨릭 신자라면? 항상 욕설을 내뱉지만 그게 왜 남들을 괴롭게 하는지 알지 못하는, 가벼운 투레트(Tourette) 증후군 환자이자 모르몬교도라면 어떨까?

상투적인 것을 거부하라. 물결을 거슬러 헤엄쳐라. 무엇에 관하여 고심하고 있다면, 그걸 다른 영화에서 본 적은 없는지 떠올려라. 다른 영화에서 봤다면, 그보다 나은 것을 떠올리려고 애써라. 그렇게 하지 못하더라도 어쨌든 시도는 해봐야 한다.

악마는 디테일에 있다

> "어떤 사람이 세 가지 상황에 행동하는 모습을 보면 그에 관한 많은 걸 알 수 있다. 비 오는 날, 수화물을 분실한 경우, 크리스마스트리의 전구가 엉켰을 때."
>
> ─무명씨

캐릭터를 창조하려고 의식적으로 기법을 쓰건 말건, 그 캐릭터들이 오로지 드라마에 필요한 기능만 충족하려고 존재하는 것 같다면, 캐릭터들은 평면적으로 보인다. 물론 캐릭터들은 드라마에 필요한 기능을 충족하기 위해서 존재한다. 그렇지만 캐릭터들은 스토리에 등장하는 사건들에 휘말린 실제 사람들처럼 보여야 한다. 캐릭터들이 순전히 기능적 도구로만 보인다면, 그들에게 관심을 갖는 관객은 아무도 없을 것이다.

밋밋함을 해결하는 것은 고된 작업이다. 당신에게 필요한 것이 두 가지 있다.

a. 캐릭터들에게 활기찬 숨결을 불어넣기
b. 그들을 배신하지 않으려고 고통을 감내하기

캐릭터에게 활기찬 숨결을 불어넣는다는 말은, 어떤 캐릭터를 그와 비슷한 사람들과 구분할 수 있게 만드는 고유한 면모를 부여하라는 뜻이다. 캐릭터를 구축하는 첫 단계는 캐릭터를 총체적인 사람으로 상상하는 것이다. 그는 생계를 위해 무슨 일을 하는가? 가족이 있는가? 사는 곳은 어디인가? 무엇을 두려워하는가? 무엇을 갈망하는가? 과거 꿈은 무엇이었고, 그렇게 되지 못한 것에 대해 지금은 어떤 기분을 느끼는가? 그의 인생에 발목을 잡는 것은 무엇인가?

이것들은 꼭 알아야 할 정보다. 캐릭터를 정의하는 정보이기 때문이다. 그런데 이것들은 캐릭터의 골격일 뿐이다. 캐릭터의 생명력은 디테일에 달려 있다.

당신이 미국 대통령 캐릭터를 작업하고 있다고 생각해 보자. 그는 어마어마한 야심의 소유자다. 호감의 대상일 것이다. 남부 출신일지 모르겠지만, 대학은 아이비리그로 진학해야만 한다. 이것은 그가 허우대만 그럴싸한 인물이 아니라 정말 영리한 인물이라는 점을 보여준다. 그는 바람을 피우고 있는지도 모른다. 현실의 정치인은 이런 사건을 일으키는 일이 비일비재하다.

불행히도, 위에 늘어놓은 정보에 해당하는 대통령 후보는 현실에도 널렸으며 겉으로 보이는 모습만을 묘사할 뿐이다. 그런 까닭에 아직도 이 캐릭터에는 활력이 없다. 우리는 이 인물에게 호감도, 비호감도 느끼지 못한다. 자, 그렇다면 여기서 그를 최상급 쉐프의 요리보다도 빅맥을 좋아하는 사람으로 만들어보자. 그리고 아름답고 영리하며 신중한 워싱턴 여성과 연애할 능력이 있음에도 신경질적이고 과체중인 인턴 여성과 바람을 피우는 사람으로 만들어보자. 이제 이 캐릭터는 인간적인 결점을 갖추었고 이에 따라 관객들은 그를 사랑하거나 미워할 수 있다.

리얼하게 느껴지는 캐릭터는, 관객이 캐릭터가 있는 자리에서 하는 일만 보고는 예측할 수 없는 *구체적이고 특이한* 디테일로부터 온다. 디테일은 그 캐릭터가 인간적인 현실에 발을 딛게 만든다. 당신에게 제과점 앞에서 정보원을 심문하는 두 형사 캐릭터가 있다고 치자. 그런데 그 정보원은 제과점 창문 너머로 보이는 과자에서 시선을 떼지 못한다. 결국 형사들이 그를 심문하기 위해 에클레어를 사줘야만 한다면? 그런 설정은 당신의 캐릭터들을 인간으로 만들어준다. 우리 중 대부분은 실제 정보원을 알지 못한다. 그렇지만 초콜릿 에클레어에 사족을 못 쓰는 사람은 주변에 많다.

그런데 어떤 캐릭터를 리얼하게 만드는 쉬운 수법 중 하나는, 그를 다소 자기 모순적인 상황 속에 두는 것이다. 당신에게 아버지의 사인인 폐암에 대해 신랄한 의사를 표명하는 캐릭터가 있다고 치자. 나중에 그녀는 누군가에게 담배 한 개비를 얻었다가 잠시 당황해하고는 거기에 불을 붙일 수도 있다. 리버럴한 사람이 권총을 갖고 있을 수도 있다. 보수적인 인물이 게이일지도 모른다. 그렇지만 이 수법을 남용하지는 마라. 이건 수법일 뿐이니까.

유령

주인공 곁에 종종 유령(*ghost*)이 생긴다. 유령은 주인공을 사로잡는 존재다. 주인공이 목표를 향해 나아가고, 목표에 도달하려는 것을 저지하기 충분할 정도로 그를 괴롭히는, 그의 과거와 관련된 무엇, 즉 캐릭터의 제일 중요한 디테일이다. 이 존재는 말 그대로 유령일 수도 있다. 이 용어는 아마도 햄릿의 아버지 유령에서 유래했을 것이다. 그 유령은 햄릿에게, 본성을 거슬러 클라우디우스 숙부를 죽여 자신의 복수를 하라고 요구한다. 그와 비슷하게, 배트맨의 부모는 강도에게 목숨을 잃었다. 그에 대한 복수심은 배트맨이 범죄자를 무찌르게 만드는 원동력이다. 루크 스카이워커의 아버지는 우리가 아는 한, 세상을 떠났다. 아버지처럼 스타 파일럿이 되겠다는 루크의 욕망은 루크가 타투인(Tatooine)에서 안달하게 만든다. 유령은 누군가를 불안하게 하는 다른 상처나 손실일 수도 있다. 〈사이코〉에서 노먼 베이츠는 엄격한 청교도 어머니의 잔소리와 자신의 성적 충동 사이에서 번민한다. 〈굿 윌 헌팅〉에서는 자신을 학대한 아버지를 향한 윌의 분노가 그의 수학적 재능을 발휘하거나 누군가를 사랑하는 일을 막는다. 〈카사블랑카〉에서 릭은 평생의 연인이 기차역에서 기다리는 그를 떠나는 바람에 받은 상처로 여전히 아프다. 이것이 그가 프랑스 해방을 위해 총을 밀수하는 대신 카사블랑카에서 술집을 운영하는 이유다.

해피엔딩의 경우, 주인공은 영화가 끝날 무렵에 유령을 떨쳐버린다. 그가 목표를 달성하면서 유령이 사라지거나, 목표를 성취하기 위해 먼저 유령을 떨쳐버리거나 둘 중 하나다. 해피엔딩이 아닌 경우, 그런 결말을 맞는 것은 주인공이 자신의 목표 달성을 막는 유령과의 싸움에서 졌기 때문이다.

3장

캐릭터가
살아 있다

캐릭터의 비밀스러운 삶

집필을 하다 보면 디테일 작업을 과도하게 할 수도 있다. 시나리오 작법을 가르치는 많은 강사가 당신의 캐릭터에 대해서는 당신이 관객보다 더 많이 알고 있어야 한다고 생각한다. 그들은 캐릭터 전원의 배경 사연(스크린에 등장한 사건들보다 이전에 일어난 일을 가리키는 영화계 전문 용어다)을 일일이 글로 옮겨야 한다고 생각한다. 그들이 진학한 학교는 어디인가, 전공은 무엇인가, 어머니의 직업은 무엇인가, 아침으로 무엇을 먹나 등. 이론적으로만 보면, 이는 캐릭터에 생명을 불어넣는 데 도움이 된다. 문제는 관객은 스크린에 실제로 등장한 것만 볼 수 있다는 점이다. 리더는 페이지에 적힌 내용만 알 수 있다. 시나리오에 정보가 없다면 우리가 그걸 어떻게 알 수 있겠나? 당신이 설정한 배경 사연이 캐릭터에 어떻게 자연스럽게 스며들게 만들 것인가?

그렇게 만들지 못한다면 그걸 어떻게 알게 하겠는가? 당신의 머릿속에 충격적이고 심오하며 풍부하고 입체적인 캐릭터가 있다. 당신은 캐릭터의 독특한 성격과 같이 미묘한 색조가 가미된, 놀랍도록 절제된 대사를 쓰고 있다.

불행히도 이는 오직 당신만 아는 사실이다. 심오하고 풍부한 삶을 사는 캐릭터들의 대사는 그냥 종이에 가만히 적혀 있을 뿐이므로, 관객은 그 캐릭터가 어떤 삶을 살고 있는지 알 수 있는 실마리가 하나도 없다. 캐릭터의 스크린 밖의 삶이나 배경은 스크린에 오른 캐릭터의 존재에 영향을 주는 정도를 제외하고는 존재할 이유가 하나도 없다.

개인적으로 나는 캐릭터의 말과 행동을 쓰는 동안 정보를 알게 되는 것을 좋아한다. 나는 그들이 이런저런 말을 하게 만든 다음 혼잣말한다. "와우, 게일이 저런 사람인지 미처 몰랐어. 대단한걸. 저걸 써먹을 수 있겠어!" 이는 내가 시나리오에 투입하기에 편리한 배경 사연을 캐릭터에게 바로 부여할 수 있다는 뜻이고, 내가 그 캐릭터에 대해 아는 건 시나리오에 존재하는 것뿐이라는 뜻이기도 하다.

단역 캐릭터에게 개성을 부여하기 위해 그 캐릭터가 스크린 밖에서 영위하는 삶에 대한 힌트를 자주 보여줄 수 있다. 신이 시작되기 직전에 그들이 하던 일에 대한 힌트를 제시하라. 형사가 가게 주인과 이야기를 하려고 한다면 예쁜 손님을 꾀려고 애쓰거나, 불량배에게 고함을 치거나, 전화기를 붙들고 납품업자와 흥정을 하는 가게 주인을 보여주며 신을 시작할 수도 있다. 그러면 우리는 그의 삶을 슬쩍 엿보게 되고, 신에 들어오는 캐릭터에게도 나름의 분위기를 부여할 수 있다.

뛰어난 SF 작가이자 판타지 작가인 로저 젤라즈니는 흥미로운 기술을 구사한다. 그는 스토리에는 넣지 않을 캐릭터 등장 신을 쓴다. 배경 사연을 전체가 아닌, 딱 한 신만 쓰는 것이다. 그 후, 스토리에서 해당 신을 거론한다. 그렇게 하면 관객은 그 캐릭터가 나름의 삶을 살아간다 는 느낌을 받는다. 〈마스크 오브 조로〉의 시나리오 작가 테리 로시오 도 그의 웹사이트(http://www.wordplayer.com)에서 똑같은 아이디어를 논의하면서 오리지널 〈스타워즈〉를 인용했다. 오비완 케노비는 루크에 게 다스 베이더가 "클론 전쟁에 참전해 너희 아버지와 싸웠다"라고 말 한다. 우리는 클론 전쟁이 무엇인지를 결코 듣지 못했지만 말이다(25년 쯤 후에 다섯 번째 에피소드가 나오기 전까지).

그런데 이것이 전체 배경 사연과 어떻게 다른지 주목하라. 이 기법 을 유효하게 만드는 것은 시나리오나 영화에서 누군가가 그 신을 거론 하는 순간이다. 이 수법을 지나치게 많이 쓰지는 마라. 그렇지만 캐릭 터가 스토리에서 벗어난 사건들을 거론하게 만드는 것은 그럴 만한 가 치가 있는 일이다. 모든 설정을 일일이 다 해명할 필요는 없다.

지나치게 살을 많이 붙이면 역효과가 나는 캐릭터들도 있다. 잘 만 든 스톡 캐릭터(특별한 맥락에서 빈번하게 등장하기 때문에 관객이 한눈에 알아보는 정형적인 캐릭터−옮긴이)는 관객 입장에서는 대단히 흥미롭다. 불친절한 매장 점원. 정신이 없는 노인. 사람들이 그들이 느끼는 불안 에 대해 정말로 알고 싶어 할까? 아니다. 사람들은 그들의 사연을 자세 히 알면 즐거워하지 못할 것이다.

그리고 악당이 있다. 〈로빈 훗〉에서 앨런 릭맨이 연기하는 노팅엄 주 장관을 보자. 관객은 그가 어떻게 하다가 지금 같은 사람이 됐는지 알고 싶을까? 그렇지 않다. 관객은 그가 순수하게 100% 악의 화신이

기를 원한다. 그에 대한 쓸데없는 부연설명은 그를 덜 매력적인 캐릭터로 만들 것이다. 만화에 나오는 악당과 스톡 캐릭터를 매력적으로 보이게 하는 것은 그들이 표출하는 열정이다. 관객은 사악한 서쪽 마녀나 제임스 본드가 상대하는 악당들(닥터 노, 골드핑거, 닥터 에른스트 블로펠드 등)을 마음껏 미워하는 것을 즐긴다. 그들은 자신 내면의 악한 근성을 긍정하고, 관객은 그런 그들의 모습에 재미를 느낀다. 악당의 인상이 강렬할수록 주인공이 넘어야 할 장애물은 커지고, 갈등은 고조되며, 드라마는 더욱 풍성해진다.

캐릭터를 배신하지 마라

캐릭터에 살을 붙일 때, 그들을 배신하지 않도록 주의하라.

캐릭터를 배신하는 일은 무엇일까? 타당한 동기가 없는 어떤 일을 억지로 하게 만드는 일이 바로 그것이다. 현실 세계를 사는 사람이라면 당신이 창조한 상황에서 당신이 캐릭터에게 시킨 짓을 하지 않을 것이다. 그런데 당신은 작가다. 그래서 글로 옮기기만 하면 캐릭터에게 무슨 일이든 시킬 수 있다.

그건 사기다.

캐릭터의 입장이 되어 생각해 보라. 이런 상황에서 나는 무슨 일을 할까?

거의 모든 공포 영화의 속편에서, 멍청한 인간들은 그들이 겪은 흔치 않은 경험에서 배운 것이 없는 듯하다. 만일 누군가가 우리 집에서 지옥으로 가는 출입문을 열었다면, 나는 충격을 받고 시간이 날 때마다

이 믿을 수 없는 현실에 관해 미친 듯이 자료를 뒤질 것이다. 그런데 이 캐릭터들은 그러지 않는다. 그저 살던 대로 살 뿐이다.

제발 그러지 마라.

〈터미네이터 2〉의 빼어난 점 하나는 감독 제임스 카메론이 여자 주인공 사라 코너를 배신하지 않았다는 것이다. 〈터미네이터 1〉에서 핵전쟁 후의 지옥 같은 미래에서 온 기계는 그녀를 살해하려고 기를 쓴다. 속편에서, 사라는 그런 사건을 겪은 실제 여성이 할 법한 일을 한다. 그녀는 미치광이 생존주의자로 변신해, 핵전쟁을 촉발하게 될 기계의 프로토타입을 연구하는 실험실을 날려버리려 한다. 그녀는 믿어주는 사람이 아무도 없어서 정신병원에 감금되기까지 한다. 실력이 떨어지는 작가라면 그녀를 1편에서 보여준 모습과 비슷한 웨이트리스로 집필했을 것이다. "그녀는 과거를 떨쳐버리려고 최선을 다했다."

결코 캐릭터들을 당신보다 덜 똑똑한 사람으로 만들지 마라. 당신이라면 하지 않을 일을 당신의 캐릭터가 왜 해야 하나? 당신의 캐릭터들도 영화를 볼 만큼 본 사람들이라는 걸 알지 않나? 그들은 집에 돌아가면 어떤 일이 벌어질지 알고 있다.

그들이 경찰에 신고하지 않는 이유는 무엇인가?

경찰이 지원을 요청하지 않는 이유는 무엇인가?

캐릭터들이 위험하거나 멍청한 짓을 하면 안 된다는 뜻이 아니다. 그들에게 그런 일을 해야 할 합당한 이유를 제공해야 한다는 뜻이다. 〈불가사리〉는 땅속에서 나와 사람을 잡아먹는 대형 생물에 고통받는 캘리포니아 사막의 작은 마을을 다룬 뛰어난 저예산 SF 스릴러다. 나는 캐릭터들이 뭔가 흉측한 일이 일어나고 있다는 것을 깨달은 순간부터 *지옥 같은 마을에서 벗어나려 고군분투한다*는 설정을 무척 좋아한다. "에이, 그건 그냥 바람이 불어서 그런 걸 거야"라는 대사도 없고, "그 소리를 낸 게 무엇인지 확인해 보자"라는 대사도 없다. 그들이 하는 일은 트럭에서 벗어나려고 기를 쓰는 것이 전부다. 그러면서 계획을 하나씩 실행에 옮기다가, *달리 선택할 길이 없자* 결국 생물과 싸움을 벌인다.

당신이 원하는 액션이 기이할수록, 캐릭터의 입장에서 그 액션을 취하는 것이 타당한 선택이 되도록 만드는 작업은 더욱더 고될 것이다.

〈내일을 향해 쏴라〉에서 부치 캐시디와 선댄스 키드는 절벽에서 강으로 뛰어내린다. 그렇게 하지 않으면 총에 맞아 죽거나 교수형을 당하게 될 테니까. 우리가 두 사람이 절벽에서 뛰어내리는 이유를 납득하는 데에는 전혀 문제가 없다. 〈브레이브 하트〉의 윌리엄 월리스는 함정일 가능성이 큰 곳으로 걸어간다. 그것이 평화를 위한 유일한 기회이기 때문이다.

캐릭터가 무슨 일을 하기를 바란다면, 그에게 적절한 동기를 부여하라. 아름다운 여성이 볼품없는 남자 주인공과 사랑에 빠지게 만들고 싶다면, 그에게 빠져야 할 이유를 제공하라. 아름다운 여성이 *당신과* 사랑에 빠지면 좋겠다는 이유만으로 그냥 그렇게 만들지는 마라. 강력한 동기여도 되고 완전히 괴팍하거나 특이한 동기여도 좋지만, 어쨌든 믿음직한 동기여야 한다. 캐릭터가 해줬으면 하는 일이, 우리가 캐릭터에 대해 아는 정보를 바탕으로 봤을 때 완전히 합리적인 선택이 되도록 스토리 구조를 짜고 캐릭터를 집필하라.

모든 캐릭터는 자기 나름의 영화 속 주인공

여기 비법이 있다. 우리는 현실에서 자신을 자기 인생이라는 영화의 주인공이라고 생각한다. 모든 캐릭터는 자기 나름의 영화 속 주인공이다. 2장에서처럼 당신은 중심 캐릭터가 추구하는 목표, 쟁취할 것, 잃게 될 것, 그리고 장애물이 있는지 확인해야 한다. 모든 중요한 캐릭터에게는 이런 요소가 필요하다. 그들의 목표는 주인공과 동지 아니면 적대자로 접촉하게 만든다. 악당 입장에서는 주인공이 그의 장애물이다. 애정의 대상은 주인공과 행복한 삶을 누린다는 목표를 갖고 있을 것이고, 그녀는 악당과 싸우려는 주인공의 욕구를 자신의 목표를 방해하는 장애물로 볼지도 모른다. 그녀는 가까이 있는 반대자가 된다. 그렇지 않으면 그녀는 악당의 사악한 음모에서 살아남는다는, 주인공과 같은 목표를 갖고 주인공의 동지가 된다. 당신은 비중이 덜한 캐릭터의 목표와 장애물을 상세히 작업하는 데에는 시간을 덜 쓸 것이다. 그렇지만 그 캐릭터들도 확실히 그런 것들이 있어야 한다. 목표와 장애물이 그들을 설득력 있는 존재로 만든다.

아웃라인을 중요한 캐릭터의 입장에서 읽어야 한다(나중에는 시나리오도 같은 식으로 읽어보라). 그 캐릭터의 관점에서만 읽도록 하라. 시나리오가 그 캐릭터에게 요구한 일은 무시하고 그 행동을 오직 그 캐릭터의 관점에서만 살펴보라. 그 캐릭터의 입장에서 이해가 되지 않는데도 실행하도록 설계된 짓이 있나? 그렇다면, 그 캐릭터가 다른 일을 하게 하거나 그런 일을 할 다른 동기를 주어야 한다.

다시 말하지만, 나는 여기서 역방향으로 작업하고 있다. 캐릭터는 스토리에서 생겨난다. 캐릭터의 행동 동기는 당신이 캐릭터가 해야 할 일을 결정한 후에 등장한다. 그것이 시나리오 집필이 현실과 다른 점이다. 시나리오를 집필할 때는 스토리가 전부다. 모든 것이 그곳으로부터 나온다.

4장

당신의 영화를 위한
캐스팅

스타와 배우

스타 비히클—인기 스타가 출연하는 대작 영화—의 시나리오를 쓸 때는 스타들이 해도 되는 일과 해서는 안 되는 일에 대한 불문율을 위반하지 않도록 조심해야 한다. 다음은 시나리오 작가 윌리엄 골드먼이 구분한 스타(star)와 배우(actor)의 차이점이다. 스타는 비슷한 역할을 연달아 연기하더라도 관객에게 그 자체로 어필할 수 있는 사람이다. 스타들은 관객이 그를 보려고 기꺼이 돈을 지불할 매력적인 페르소나를 연마해 왔다. 반대로 배우에게 관객들은 서로 다른 다양한 역할들을 연기하는 모습을 기대한다.

예를 들어 해리슨 포드는 장성한 보이스카우트를 연기하기 전 몇 년간은 용감하고 나서기 좋아하는 인물을 연기했다. 로버트 레드포드가 몇십 년간 주로 맡은 역할은 보기보다는 영리하지만 탁월하지는 않은, 자신이 감당하기엔 벅찬 상황에 놓인, 기본적으로 예의 바르지만 회피하지 못할 때가 되어서야 어쩔 도리 없이 싸움에 뛰어드는 인물이었다. 멜 깁슨은 호감 가는 말썽꾼이자 약간 정신이 나간 인물을, 그리고 내면에 어마어마한 고통을 숨기고 있는 인물을 자주 연기했다.

이와는 대조적으로 더스틴 호프만과 로버트 드 니로, 로버트 듀발은 거의 항상 다른, 심하게 다른 캐릭터를 자주 연기한다.

스타 각각의 페르소나는 각기 다르지만, 그런 페르소나에도 약간의 일관성이 있다. 예를 들어 스타가 연기하는 캐릭터는 패배하지 않는다. 목숨을 잃을지도 모르지만 무릎을 꿇는 일은 결코 없다. 추잡한 캐릭터일 수도 있지만, 그럴 경우는 스스로 구원을 찾을 것이다. 나쁜 짓을 할 수도 있지만, 쩨쩨하게 구는 법은 결코 없다.

캐릭터 가상 캐스팅

캐릭터에 일관성을 부여하는 한 가지 방법은 시나리오를 쓴 이후에 그 캐릭터를 연기할 스타를 머릿속에서 캐스팅해 보는 것이다. 당신이 선택한 스타가 집필한 배역을 연기하는 모습을 상상해 보라. 그러면 그 스타에게 결코 어울리지 않을 행동과 대사를 썼다는 걸 깨닫는 일이 자주 있을 것이다. 그럴 때 당신은 직접 집필한 그 신을 바꿔야만 한다.

캐릭터에 알맞은 배우를 캐스팅하고 있는지 확인하라. 나는 언젠가 해리슨 포드가 '출연하는' 스페이스 오페라를 쓴 적이 있다. 주인공은 다른 곳에서 더 잘살 수 있는데도 내면의 품격 때문에 저항군의 편에 서서 자살 행위나 다름없는 짓을 해야만 하는 처지에 놓인 추한 형사이자 허약한 남자였다. 우리는 그 캐릭터가 어느 방향으로 가야 할지 감조차 잡을 수 없었다. 왠지 모르게 대사들도 지나치게 신파적이었다.

나는 더 잘 알았어야 했다. 해리슨 포드는 추하거나 약한 인물을 절대 연기하지 않는다. 그가 〈왓 라이즈 비니스〉에서 악인을 연기한 건 맞지만, 약한 인물은 결코 아니었다. 그 문제는 내가 그 역할에 해리슨 포드보다 더 그늘진 스크린 페르소나를 가진 −우리와 비슷한 사람이지만 반드시 믿음이 가는 사람인 것은 아닌− 커트 러셀을 '다시 캐스팅'하자 저절로 고쳐졌다. 러셀을 염두에 두고 시나리오를 수정하자, 대사들이 저절로 날카로워졌다. 캐릭터가 마음을 열었다. 캐릭터가 어떻게 행동할지도 가늠이 되기 시작했다.

당연한 말이지만, 당신의 실제 친구나 적수, 어떤 반응을 보일지를 아는 사람을 '캐스팅'할 수도 있다.

당신이 그 영화의 캐스팅을 어떻게 했는지는 아무한테도 말하지 마라. 대사가 스스로 떠들게 놔둬라. 집필을 제대로 했다면, 시나리오를 읽는 사람은 누구나 그 역할을 연기하기를 바라는 배우가 누구인지 알게 될 것이다.

영화 학교에서는 당신의 영화를 위해 캐스팅을 해보라는 말을 하지 않는다. 그랬다가는 당신의 독창성이 말살될지 모른다는 두려움이 있기 때문일 거라 짐작한다. 당신의 영화를 위한 캐스팅을 해보는 것은 위대한 예술을 창작하기 위해 구사하는 기법이 아니라, 공예품을 만들기 위한 기술에 가깝다. 그런데 내가 보기에, 펄떡거리는 직감보다는 공예 기술을 익혀 위대한 예술에 도달하는 편이 더 쉬운 것 같다. 피카소는 세상을 보는 새로운 방식을 고안하기 전까지 전통 회화를 공부했다. 그가 그런 기초 공부를 하지 않았다면 입체파 회화를 창안할 수 없었을 것이다. 피카소는 자기 모델의 코와 같은 면에 눈 두 개를 그리기 시작했고 오랜 시간이 흐른 후에 가끔 완벽하게 사실적인 초상화를 그리곤 했다. 순전히 자신이 하는 일이 무엇인지를 지인들에게 상기시키기 위해서였다. 스타의 거푸집에 어떤 역할을 녹여 넣는 법을 일단 터득하면, 원할 때 언제든 그 거푸집을 깰 수 있다.

하지만 어떤 캐릭터를 흥미롭거나 호감이 가는 캐릭터로 만들기 위해 캐스팅에 의존해서는 안 된다는 걸 명심하라. 당신의 시나리오를 읽는 리더인 우리는, 시나리오를 읽기 시작할 때 해리슨 포드를 염두에 두지 않는다. 우리는 주인공 캐릭터에 관심을 두면서 시나리오를 읽기 시작하지는 않을 것이다. 당신은 설령 무명 배우가 그 캐릭터를 연기하더라도 우리가 그 캐릭터에 관심을 두게끔 만들어야 한다.

당신이 보기에 카리스마가 없다고 생각되는 스타를 '캐스팅'하려고 시도해 보라. 그래도 주인공에게 여전히 관심이 가나? 그렇다면 당신은 일을 썩 잘한 것이다. 그렇지 않다면, 당신에게는 아직도 작업이 남아 있다.

그렇지만 명심하라. 주인공은 설득력이 있어야 하지만 반드시 호감이 가는 인물일 필요는 없다는 사실을.

5장

개발 부서 임원의
속뜻 해석하기

몇 년간, 나는 시나리오 속의 진짜 문제점을 보지 못한 개발 부서 임원들이 캐릭터와 관련하여 비판하는 것을 거듭해서 들었다. 그들이 주로 말하는 내용은 다음과 같다.

1. "대사가 밋밋해."
2. "주인공이 어떤 사람인지 잘 모르겠어."
3. "주인공이 마음에 안 들어."
4. "에피소드의 나열이야."

이런 비판은 쓸모도 없고 심지어 위험할 수도 있다. 이런 말만 늘어놓는다고 진짜 문제가 해결되지 않으니까. 그들이 이렇게 말할 때 모든 문제는 캐릭터에 있다.

"대사가 밋밋해."

가장 위험한 코멘트다. 형편없는 대사의 특징은 많다. 그중 하나가 밋밋함이다. 재미없고, 무기력하고, 특색이 없는 대사. 그런데 페이지를 찢으면서 튀어나오는 짧고 명료한 대사는 좋은 대사의 한 가지 특징에 불과하고, 특정 캐릭터와 특정 시나리오에만 적절하다. 당신이 메그 라이언을 위해 〈해리가 샐리를 만났을 때〉나 〈유브 갓 메일〉 같은 종류의 시나리오를 쓰고 있다면, 당신의 대사는 산뜻하고 똑 부러지며 통통 튀어 다녀야 한다. 그런데 클린트 이스트우드를 위해 〈황야의 무법자〉나 〈용서받지 못한 자〉 같은 종류의 시나리오를 쓰고 있다면, 당신의 대사는 짤막하고 미니멀한 분위기를 풍겨야 한다. 그런데 짤막한 대사는 밋밋한 대사라는 비난을 받기 쉽다. 개발 부서 임원은 당신의 시나리오를 한밤중에 침대에서 읽고 있기 때문이다. 눈에는 잠기운이 가득하고 침대 옆 테이블에는 시나리오가 잔뜩 쌓여 있으며 남자친구는 열받게도 옆에서 코를 곤다. 그녀는 당신이 쓴 대사를 읽는 데 그리 많은 에너지를 쏟지 않는다. 그래서 대사가 딱히 와닿지 않을 경우, 그녀는 그 대사를 밋밋하다고 생각해 버린다. 그러나 바라건대, 훌륭한 배우가 그 대사에 열정과 재능을 쏟아붓고 대사들 사이에 침묵을 적절히 가미한다면, 당신의 '밋밋한' 대사는 실제로는 훌륭한 대사가 될 것이다.

그런데 여기에서 문제는, 당신이 만든 캐릭터들이 당신이 잘 보여야 할 사람들에게 별 감흥을 불러일으키지 못한다는 것이다. 캐릭터가 어디에서 비롯됐는지 모르고 그들에게 관심도 없다면, 그들이 말에도 신경을 쓰지 않게 될 거고 대사는 밋밋하게 보일 것이다. 캐릭터에 관심을 갖게 되면, 우리는 인간적인 감정을 품고 그 캐릭터의 대사를 대하게 된다. 당신이 할 일은 하나다. 캐릭터를 수정하라. 그러면 대사도 저절로 바뀔 것이다.

"주인공이 어떤 사람인지 잘 모르겠어."

이론적으로 보면, 세상 사람 모두가 다재다능하고 호감 가는 주인공을 원한다. 당신의 주인공이 좋은 인상을 주지 못하면 이런 얘기를 자주 듣게 될 것이다. "주인공이 어떤 사람인지 잘 모르겠어요." 이 이야기 뒤에는 그 문제를 해결하는 구체적인 신을 내놓으라는 요구가 빈번하게 따라붙는다. 전형적인 코멘트는 이렇다. "우리는 주인공의 배경에 대해 아는 게 하나도 없어요."

불행히도, 그 캐릭터의 배경에 대해 알 수 있도록 시나리오를 수정하면, 사람들은 다른 이유를 대면서 그 시나리오를 거절한다. 눈치 빠른 시나리오 작가라면, "이 캐릭터의 과거에 대해 더 많이 알고 싶어요"라는 말 속에 숨겨진 진짜 뜻은 "당신 캐릭터가 이해가 안 돼요"임을 알 테다.

캐릭터에 살을 붙이려는 멍청한 시도를 보여주는 좋은 사례를 보고 싶으면 〈그렘린〉을 보라. 영화에서, 피비 케이츠는 본인이 크리스마스를 싫어하는 건 아버지가 크리스마스에 돌아가셨기 때문이라고 설명한다. 작지만 사납기 그지없는 쫑긋한 귀의 괴물들이 난장판을 벌이는 와중에 말이다. 그 난장판 속에서 그녀가 크리스마스를 좋아하는지 아닌지 누가 관심을 갖겠는가?

반대 사례로는 TV 시리즈 〈뱀파이어 해결사〉가 있다.

버피

꼭두각시를 보면 소름이 돋아. 8살 때부터 그래.

윌로우

무슨 일이 있었는데?

버피

꼭두각시를 봤는데 소름이 돋았어.
대단한 사건 같은 건 딱히 없었어.

당신의 영화는 캐릭터들이 그들의 과거 문제를 해결하는 내용에 대한 것일지도 모른다. 그런데 대부분의 히트작은, 그리고 모든 위대한 영화의 적어도 절반은 주인공에게 대수롭지 않은 과거를 부여하거나 그런 과거를 전혀 부여하지 않는다.

예를 들어 〈도망자〉에서 리처드 킴블 박사는 배경 사연이 없다. 그의 아내는 스크린 위에서 살해당했고, 그는 영화의 나머지 시간을 범인을 밝히려 애쓰면서 보낸다. 그런데도 그의 과거에 대해 알아야 한다고 생각하는 사람은 아무도 없다. 그가 스크린에서 펼치는 액션이 그 어떤 배경 사연이 할 수 있는 것보다 그에 대해 더 많은 이야기를 전해주기 때문이다. 그는 무고한 행인의 목숨을 구하려고 거듭해서 자신의 목숨과 자유를 건다. 우리가 더 알아야 할 게 무엇이 있는가?

〈셰인〉의 주인공 셰인은 어떤 인물인가? 우리는 아는 게 그리 많지 않지만, 알고 싶지도 않다. 우리는 무법자들이 무고한 사람들을 괴롭히는 광경을 보고 그가 어떤 반응을 보이는지를 알고, 그런 일이 벌어지면 그가 어떤 일을 하는지를 두 눈으로 확인한다.

캐릭터가 하는 모든 일이 그가 어떤 사람인지를 보여주는지 확인하라. 그렇게 하면 당신에게 고무 오리를 달라고 요청하는 사람은 아무도 없을 것이다.

고무 오리

배경 사연의 고무 오리 이론에 대해 잠시 알아보자.

고무 오리(Rubber Ducky)는 패디 차예프스키가 만든 용어로, 갈등이 소강상태에 접어들었을 때 주인공이나 악당이 자신이 현재와 같은 사람이 된 건 3살 때 어머니가 고무 오리를 빼앗았기 때문이라고 설명하는 것을 가리킨다. 작가가 수일을 써서 빚은 강렬한 독백이 담긴 이 신은 항상 잘 연기되고 근사한 조명이 드리워지는 멋진 신이다.

캐릭터의 과거는 스토리에 중요한 요소일 수 있다. 배트맨은 어렸을 때 부모님이 노상강도로부터 살해당한 사건에 사로잡혀 있다. 그것이 그가 라텍스 차림으로 노상강도들을 무자비하게 두들겨 패는 걸 좋아하는 이유다. 〈터미네이터〉에서 주인공의 과거는 사실은 미래이고, 인류 전체의 지옥 같은 미래다. 그것이 영화 전 편에 걸친 캐릭터의 이해관계를 설정한다. 이런 영화들에서는 주인공의 과거에 대해 알아야 한다. 당신은 그 과거가 가져야 마땅한 비중을 부여하기 위해 꾸준히 그 과거로 돌아가야 한다. 실제로 〈배트맨〉과 〈터미네이터〉 모두 메인 스토리로 진입하기 전에 주인공의 배경 사연을 보여주는 것부터 시작한다.

그런데 주인공의 배경 사연을 스토리의 일부로 통합하지 않은 채, 순전히 주인공에게 감정적인 깊이만을 더 부여하려 애쓰는 데 몰두할 경우, 당신은 무서운 오리(dread ducky)를 깨우는 위험을 감수하는 셈이 된다.

캐릭터의 느낌을 빚는 가장 강력한 방법은, 그 캐릭터가 스크린 위에서 우리에게 행동하고 말하도록 만드는 것이다. 그 캐릭터의 성격이 페이지를 찢고 곧바로 튀어나오지 않으면, 리더는 그 캐릭터가 밋밋하다고 느낄 것이다. 개발 부서 임원은 주인공의 과거에 대해 더 많이 알려달라고 요청할 것이다. 그러면 당신은 고무 오리를 투입하고픈 충동에 무릎을 꿇게 될 것이다. 그후 영화 제작에 들어가면, 배우들은 그 고무 오리 신에 애착을 품게 될 것이다. 자신의 연기력을 유감없이 발휘할 수 있는 신이기 때문이다. 그래서 오리는 영화에 그대로 남게 된다.

오리는 캐릭터를 싸구려로 만든다. 〈스타게이트〉에서 커트 러셀이 연기하는 잭 오닐 캐릭터는 자살 충동에 시달린다. 어린 아들이 그가 집에 남겨둔 권총을 갖고 놀다 사고로 목숨을 잃었기 때문이다. 오닐은 관객들이 자신의 불쾌한 캐릭터에 조금이라도 더 관심을 두게 만들려고 제임스 스페이더가 연기하는 다니엘 잭슨 캐릭터에게 짧은 독백을 한다. 오닐이 자살 충동을 느낀다는 설정은 영화에 중요하다. 그렇지만 그걸 왜 느끼는지는 중요하지 않다. 오닐이 다니엘 잭슨을 경멸한다는 걸 고려하면, 그가 자신이 느끼는 죄책감과 수치심에 대한 속내를 잭슨에게 털어놓을 성싶지는 않다. 이 상황의 정서적인 진실은, 다니엘 잭슨은 오닐이 그렇게까지 죽고 싶어 하는 이유를 전혀 모른다는 것이다. 이 정보를 전달하지 않는 것이 영화에는 정서적으로 더 충실한 선택으로 보인다. 그런데 커트 러셀이 자신이 연기하는 캐릭터가 그렇게 망나니가 된 데에 그럴듯한 이유가 있다는 걸 관객에게 알려주고 싶었다고 하더라도 나는 전혀 놀라지 않을 것이다. 배우들은 관객들이 자신이 연기하는 캐릭터에 공감하기를 원하니까.

오리가 절대로 모습을 나타내지 않는 좋은 사례가 〈텔마와 루이스〉다. 영화가 전개되는 동안, 루이스가 텍사스에서 뭔가 끔찍한 일을 당했다는 게 뚜렷해진다. 그 사건이 두 여성이 멕시코 국경을 향해 먼 길을 떠나게 된 이유다. 우리는 그녀가 텍사스에서 성폭행을 당했던 게 분명하다는 것을, 그런데 법정이 그녀의 진술을 믿어주지 않았다는 것을 깨닫기 시작한다. 그런데 영화에서 루이스는 그 사건에 대한 명백한 이야기는 단 한마디도 하지 않는다. 그리고 그런 설정은 그녀의 배경 사연을 더욱 강렬하게 만든다.

개발 부서 임원들이 오리를 넣으라고 요청한다면, 그 시나리오가 그들에게 먹히지 않는 것이다. 그들에게 오리를 주지 마라. 대신, 당신의 신들이 그 캐릭터를 보여주도록 만드는 데 집중하라. 시나리오를 한 신 한 신 꼼꼼하게 검토하고, 주인공이 행동할 때마다 그 행동이 그가 어떤 사람인지를 잘 보여주는지 확인하라. 그가 자신의 행동에 대해 느끼는 감정이 시나리오에 잘 드러나는지 확인하고, 그에게 그런 행동을 하는 참신한 방법을, 다른 사람이라면 하지 않을 방법을 제공하라.

우리가 어떤 캐릭터에 대해 알게 되는 방법은 두 가지뿐이다.

- 전해 들은 말: 어떤 사람이 자신에 대해 하는 말, 그리고 남들이 그 사람에 대해 우리에게 하는 말.
- 직접 관찰: 우리가 본 그들이 하는 행동, 우리가 본 그들이 하는 대화도 여기에 포함된다.

행동은 말보다 더 큰 위력을 지녔다. 누군가가 그는 좋은 남자라고 말했는데, 그가 딸에게 욕설을 퍼붓는 모습이 시나리오에 등장한다면, 우리는 그가 좋은 사람이라는 말을 믿지 못한다.

"주인공이 호감형이 아냐."

개발 부서 임원은 이렇게 묻는 걸 좋아한다. "우리는 왜 그 주인공을 좋아하는 걸까?" 이 질문은 우리가 그렇게 만들지 않으면 안 된다는 느낌을 풍긴다.

작가들은 그에 대한 반응으로, 개발 부서 임원들의 구미를 맞추기 위해 '개 쓰다듬는' 신을 투입하는 걸 좋아한다. 개 쓰다듬는 신이 그렇게 불리는 건 주인공이 떠돌이 개를, 고아가 된 아이를, 소수자를, 반려 이구아나 등을 다정하게 대하기 때문이다. 이건 그가 산전수전 다 겪은 험상궂게 생긴 개자식이지만 내면은 따스하다는 것을 보여주는 설정이다. 어떤 신이 실제 플롯의 일부가 아닐 때, 그 신은 개 쓰다듬는 신이 된다. 당신의 주인공이 상냥하지 않지만, 그 신 덕에 관객은 그의 부드럽고 인간적인 측면을 보게 된다.

주인공이 인간적이고 연약한 모습을 드러내기를 원한다면, 그런 면

모는 스토리에 드러나야 한다. 주인공은 실제로 플롯의 일부분인 사람들과 함께 인간적이고 다정한 방식으로 행동해야 한다. 그렇지 않으면 그 신은 군더더기처럼 느껴지고, 관객에게 먹히지 않는다.

그런데 관객이 반드시 주인공을 좋아해야 하는 것은 아니다. 주인공에게 매력을 느끼지 못한 개발 부서 임원은 툭하면 주인공이 호감형이 아니라고 투덜거리는데, 사실 이 말은 주인공이 따분하다는 뜻이다. 우리가 주인공을 보는 일에 매력을 느끼는 한, 주인공이 반드시 호감형일 필요는 없다.

예를 들어 〈올 댓 재즈〉를 보라. 조 기디언은 호감 가는 사내가 아니다. 사실 그는 꽤나 밥맛없는 인간이다. 그런데 그는 자신이 그런 인간이라는 사실을 솔직히 인정한다. 관객은 그가 착한 사람이라서 그에게 관심이 있는 게 아니다. 춤에 열정적인 사람이고 자신의 뮤즈를 위해서라면 모든 것을 희생할 사람이라서, 그리고 솔직한 사람이라서 관심이 있는 것이다.

캐릭터에게 관객의 관심을 끌 만한 꿈을 부여하라. 그러면 관객은 그 캐릭터에게 관심을 갖게 될 것이다.

도로시는 우중충한 캔자스에서 비참하게 지낸다. 작은 개, 토토만이 그녀를 행복하게 해준다. 이런 설정만으로는 그녀를 측은하게 생각하기가 다소 어렵다. 그녀는 그저 자기가 사는 현실에 만족하지 못하고 있을 뿐이다. 그런데 그녀는 '무지개 너머'에서의 삶을 꿈꾼다. 관객은 그녀의 갈망에 공감할 수 있으면서도 그녀의 불행한 삶에 깊이 이입할 필요는 없다.

주인공의 꿈이 반드시 우리 자신이 되고 싶은 무엇이어야 하는 건 아니다. 1970년대 영화 〈뜨거운 오후〉에서 알 파치노가 연기한 캐릭터는 게이 연인의 성전환 수술 비용을 마련하려고 은행을 턴다. 다소 일반적이지 않은 꿈이지만, 그 꿈이 그를 움직이는 원동력이라는 걸 관객은 이해한다.

주인공에게 관심을 갖게 되는 또 다른 이유는 주인공이 심각한 문제를 안고 있어서일 수도 있다. 〈뜨거운 것이 좋아〉에서 토니 커티스와 잭 레몬이 연기하는 캐릭터들은 의도치 않게 성 밸런타인데이 학살의 목격자가 되고, 갱단은 그들을 제거하려 한다.

심지어 안티 히어로의 강렬함은 '호감 가능성'이라는 장애물을 통과하게 한다. 1950년대의 고전 영화 〈사냥꾼의 밤〉에서 중심 캐릭터는 살인을 서슴지 않는 전도사다. 〈모비 딕〉의 주인공 에이허브도 악당이다. 우리가 그에게 관심을 두는 것은 자기 자신과 주변 모든 사람을 지옥으로 끌고 가고 싶은 강박에 내몰리는 그가, 최악의 순간에 처한 우리와 다를 게 없는 사람이기 때문이다. 〈택시 드라이버〉에서 트래비스는 바닥 인생을 살아가는 평범한 남자에서 자살 충동을 느끼는 위험천만한 미치광이로 변신한다. 우리는 그를 좋아하지 않지만 그에게 관심을 가진다. 우리 역시 그와 같은 상황에서는 똑같이 지옥으로 끌려들어가게 될 것이기 때문이다.

〈라스베가스를 떠나며〉에서처럼 주인공이 구원받을 가망이 없는 인물이라면 무슨 일을 해야 할까? 그를 되도록 독특하고 인간적이며 진실하고 매력적인 인물로 만든 다음, 호감형 배우가 그를 연기하게 해라. 많은 배우가 비호감 캐릭터를 연기하는 걸 좋아한다. 그 이유는 이렇다.

- 연기 슬럼프에서 벗어날 수 있기 때문이고,
- 그런 연기가 더 어려운 연기라고 생각하기 때문이며,
- 자기 자신이 마음에 들지 않기 때문이다.

꿈, 문제, 강렬함 가운데 무엇이건 호감을 대체할 수 있다. 주인공이 자기 연민에 빠져서는 절대 안 된다. 주된 요점은 주인공이 꼭 호감일 필요는 없다는 것이다. 그저 관객이 주인공에게 일어나는 일에 관심을 갖게 만들면 된다.

이게 중요한 캐릭터라면 누구에게나 적용되는 진리라는 데에 주목하라. 각각의 캐릭터에게 관심이 생길 만한 무엇인가를 부여하라. 어마어마한 분노, 고통, 슬픔, 격분, 저지하지 못할 삶의 욕망, 엄청난 야망, 끔찍한 문제—이 중 하나는 우리가 그 캐릭터에게 관심을 가지게 한다.

〈카사블랑카〉에서 다음 단역 캐릭터들은 우리의 관심을 끈다.

a. 페라리 씨: 유쾌할 정도로 뻔뻔한 사기꾼이니까.
b. 루이스: 엇비슷한 정도로 뻔뻔한 바람둥이에다 유쾌한 위선자이고 냉소적이면서 낭만적인 인물이므로.
c. 우가르테: 살아남으려고 기를 쓰는 겁에 질린 생쥐니까.
d. 샘: 위험한 곳에서 먹고살려고 애를 쓰는 소박한 사람이므로.
e. 슈트라세 소령: 우리가 관심을 둔 모든 사람을 해치고 싶어 하는 완고하고 위험하며 무시무시한 나치니까.

우리는 이들 중 일부는 미워하고, 일부는 좋아하며, 일부는 경멸한다. 결점, 문제, 꿈, 목표. 이 모든 것은 우리가 당신의 캐릭터에 관심을 가지게 만든다.

"에피소드의 나열이야."

이상하게 들리겠지만 이건 플롯에 대한 비판이 아니다. 캐릭터에 대한 비판이다. 무슨 말인지 헷갈리는가?

이것이 플롯에 대한 비판이라 해도 충분히 헷갈릴 것이다. 결국 영화는 시퀀스로 구성되고, 시퀀스는 에피소드로 구성된다. 특히 로드무비에서 플롯은 연달아 등장하는 별개의 세트 피스(최대 효과를 얻기 위해 정교하거나 관습적인 패턴으로 배치된 독립적인 부분–옮긴이)들로 구성된다.

이 비판은 그 영화가 서로 잘 어우러지지 못하는 에피소드들로 이뤄졌다는 뜻이다. 그 시나리오에는 필연성이 부족하다. 한 에피소드가 자연스럽게 다음 에피소드로 이어지지 않는다.

그런데 문제는 에피소드가 아니다. 그것들을 하나로 묶어주는 극적인 뼈대가 없다는 것이다. 주인공은 목표를 고수하지 못한 채로 이 에피소드에서 저 에피소드로 끌려다니는 신세가 된다. 목표에 도달하려는 주인공의 욕망, 그리고 그 과정에서 보이는 그의 감정적인 반응은 일련의 에피소드라는 뼛조각을 하나로 붙드는 힘줄을 제공한다.

조금 덜 화려한 언어로 구사하자면, 에피소드를 하나로 묶는 것은 주인공 캐릭터다. 주인공 캐릭터는 주로 아래와 같이 이루어진다.

166

a. 캐릭터의 목표

b. 캐릭터가 그 목표에 대해 느끼는 감정

c. 캐릭터가 그 목표에 집착하게 만든 배경 사연

이것들이 뚜렷하지 않으면, 또는 플롯에서 진행되고 있는 사건과 확실히 연결되지 않으면, 그 시나리오는 에피소드의 연속이라는 비판을 받을 것이다. 그러나 이것들이 명료하면, 주인공이 캐릭터들을 따로 연달아 만나면서 사건을 겪은 후에 다시는 그들을 만나지 못하는 로드 무비를 쓸 수 있고, 그 시나리오는 에피소드의 연속으로 느껴지지 않을 것이다. 〈델마와 루이스〉를 보라. 두 여자 주인공은 하나의 모험에서 다음 모험으로 넘어가면서 우리가 다시는 볼 수 없는 사람들을 만난다. 멍청하지만 철저하게 유쾌한 영화 〈헤드(잭 니콜슨이 젊은 시절에 시나리오를 쓴 작품이다!)〉를 보라. 그 영화는 몽키스를 어떤 모험에서 그 모험과 거의 관련이 없는 다음 모험으로 데려간다. 그런데 우리는 그 밴드를 따라간다. 그들을 좋아하고 그들에게 일어나는 일에 관심이 있기 때문이다.

사람들이 캐릭터에 관심을 쏟게 만들어라. 그러면 당신의 시나리오는 에피소드의 나열이라는 말을 들을 일이 결코 없을 것이다.

6장

캐릭터의 이름

나는 캐릭터 이름을 짓는 문제에 까다로운 편이다. 어떤 캐릭터에 처음 이름을 짓는 것은 캐릭터에 살점을 입히는 것이다. 이름을 지어주면 시나리오 내내 그 이름을 수백 번은 쓰게 될 것이다. 그러므로 작명 작업을 중요하게 생각해야 한다.

현실적인 이름 짓기

일반적으로 이름은 믿음이 갈 정도로 충분히 현실적이어야 한다. 별명이 아닌 한, 어떤 현대 미국인의 이름이 다이달로스(그리스신화의 등장인물—편집자)인 건 약간 과하다.

이름은 우리에게 뭔가를 말해준다. 밥(Bob)은 평범한 남자다. 조이(Joey)는 평범한 노동계급 남자다. 에릭(Erik)은 강렬하다. 이름이 다코타(Dakota)인 소녀는 뭔가 섹시하고 대담한 인상을 준다(적어도 여피족의 5살짜리 딸의 이름으로 유행하기 전까지는 그랬다). 핀스터 씨(MR. Finster)는 아이들이 이름으로 라임을 지을 수 있게 하는 친절한 잡화점 주인이다.

당신이 캐릭터를 이름으로 부르는가, 성(姓)으로 부르는가는 우리에게 많은 것을 알려준다. 우리는 성을 부르고 지내는 사람보다 이름을 부르는 사람에게 더 친밀감을 느낀다. 당신은 주인공이 이름으로 불리기를 원할 게 거의 확실하다. 제일 친한 친구들과 동료들이 그 주인공을 성으로 부르지 않는 한 말이다("멀더?"(TV 시리즈 〈엑스 파일〉의 여주인공 스컬리는 동료인 폭스 멀더를 이 호칭으로 부른다-옮긴이.))

다음은 편리하게 쓸 수 있는 규칙이다. 주인공이 친구와 대화하다가 어떤 사람을 부르는 호칭이 무엇이건, 그 호칭은 당신이 앞서 언급한 그 캐릭터의 대사에서 사용한 이름이어야 한다. 그러므로《리처드 3세》를 각색 중인 당신은 글로스터 공작 리처드를 "리처드"라고 부를 것이고, 그의 형인 클라렌스 공작 조지는 "조지"라고 부를 것이다. 리처드 3세가 고용한 살인자 중 한 명의 관점에서 시나리오를 쓴다면, 리처드는 "리처드 공작"이, 조지는 "조지 공작"이 될 것이다. 시점이 그들의 부왕인 에드워드 왕이라면, 그들을 부르는 호칭은 "리처드"와 "조지"일 것이다.

시나리오가 전개되는 동안 우리가 계속 알아볼 수 있을지 확신이 서지 않는 조연 캐릭터가 있다면, 그 캐릭터의 이름에 작위나 직함을 붙일 수도 있다. 워머 학장, 해리 왕자, 힐 판사, 닥터 노 등.

모든 캐릭터에 이름을 붙일 필요는 없다. 조연 캐릭터에게는 이름보다 '외톨이'처럼 그 캐릭터를 묘사하는 별명을 붙이는 것이 더 유용할 수도 있다. 그렇게 하면 리더는 나중에 그 캐릭터를 놓치지 않고, 알려고 하지 않아도 된다는 걸 안다.

한편 캐릭터 이름을 결코 '기생충 #1', '기생충 #2', '도둑' 등으로 짓지 마라. 이건 그냥 게으른 짓이다. 이름을 '뚱보 도둑'과 '코웃음 치는 도둑'으로 지어라. 그렇게 하면 리더의 머리에 이미지가 떠오른다.

때로는 일부러 캐릭터에 이름을 붙이지 않아 리더가 그 캐릭터를 대수롭지 않게 여기도록 만드는 수법을 쓸 수도 있다. 그리고 나중에, '외톨이'가 놀랍게도 여주인공과 데이트를 시작하면, 그 캐릭터는 우리가 그의 이름이 '닉'이라는 걸 알기 전까지 몇 줄 동안 '외톨이 닉'이라고 표기해 주어야 한다. 당신의 시나리오에는 '짙은 눈동자의 사나이'라고 불리다가 나중에 '체르니 박사'로 밝혀지는 캐릭터가 등장할지도 모른다. 그렇게 되면 리더는 독자와 똑같은 느낌을 받는다. "짙은 눈동자의 사나이라는 사람은 도대체 누구야?(이 절묘한 기법을 구사할 경우에는 동일한 캐릭터를 두 가지 상이한 이름으로 불러서 리더를 혼란에 빠뜨리지 않도록 조심하라)"

이런 관행은 제작을 위해 시나리오를 분할하는 작업을 맡은 프로덕션 매니저들에게 위궤양을 선사한다. 그런데 당신은 촬영용이 아닌 판매용 시나리오를 쓰고 있는 것이고, 어쨌든 그 사람들은 위궤양에 시달리는 데 따르는 대가를 받는다.

여성 캐릭터에게 남자 이름을 붙여주는 걸 피하라. 소녀의 이름을 조이(〈도슨스 크릭〉)나 찰리(〈롱 키스 굿나잇〉)로 붙이면 재미있다는 것을 안다. 그런데 샘(Sam)이 사실은 사만다(Samantha)의 약칭인 시나리오를 읽을 때는 이름을 기억하기가 쉽지 않다. 그리고 리더를 혼란에 빠뜨리는 요소는 무엇이건 당신의 시나리오에 상처를 낸다. 여성 캐릭터를 당차고 멋지게 만들기 위해 꼭 남자 이름을 붙여야 하는 건 아니다. 〈터미네이터 2〉의 사라 코너는 남자들을 찍어누를 수 있는 캐릭터지만 그녀의 이름은 평범한 여자 이름인 '사라'다.

동일한 이유에서 남자 캐릭터 이름을 킴이나 레슬리로 짓는 것도 피하라.

읽거나 발음하기 어려운 이름은 쓰지 마라. 그걸 읽을 때마다 꾸준히 산만해지니까. 르웰린(Llewlyn)이라는 이름은 아웃이다. 중세 웨일스가 배경인 사극을 쓰고 있는 게 아니라면. 내가 시나리오를 읽던 중에 맞닥뜨린 'KJESTI KYRKJEBO'라는 이름도 그렇다. 나는 지금도 이 이름을 어떻게 발음해야 하는지 모른다.

외국인 이름 짓기

내가 해당 외국어를 모르더라도, 누군가 멋대로 이름을 지어낸다면 그 사실을 눈치챌 수 있다. *우리가 관객은 모를 것이라고 생각하는 많은 것을 사실 그들은 알고 있다.* 관객들은 어떤 이름이 이상하다는 느낌을 받곤 한다. 설령 낯선 나라의 이름조차도 그렇다. 실제 있는 이름을 쓰는 게 더 안전하다. 그 나라의 정부가 발행한 정부 연감을 뒤져서 잘 알려지지 않은 장관의 이름을 가져오거나, 《브리태니커 백과사전》에서 그 나라의 역사에 등장하는 이름을 살펴보라. 어떤 사람에게서는 이름을, 다른 사람에게서는 성(姓)을 가져와라. 짜잔. 새 이름이 탄생했다. 분명히 말하는데, 간디(Gandhi) 같은 유명한 성을 사용하지는 마라.

외국인의 이름을 짓는 더 기발한 방법은 그 나라의 지도를 가져와서 거기 적힌 지명을 사용하거나, 외국어 단어를 사용하는 것이다. 아루샤(Arusha)가 마사이족이 사용하는 인명이 아니라 마사이족이 다스리는 영토의 지명이라는 것을, 또는 시카리(Shikari)가 '사냥꾼'이라는 뜻의 산스크리트어라는 것을 아는 사람은 거의 없다.

판타지 이름 짓기

믿거나 말거나, SF나 판타지를 쓸 때는 철저하게 고안해서 만들어 낸 이름만으로 모든 걸 해결하지 못한다. 모토크(Morthock)와 간다스(Gandath)는 늘 가짜 이름처럼 들린다. 그것도 J. R. R. 톨킨의 《반지의 제왕》에 바탕을 둔 가짜 이름처럼 들린다. 그렇다면 톨킨은 어떻게 이름을 고안했을까? 이름 지어주는 소프트웨어를 이용해서 아무렇게나 지은 게 아니다. 그는 노골적으로 이름을 훔쳤다. 간달프, 김리, 글로인을 비롯한 많은 이름은 중세시대 노르웨이와 잉글랜드 문학에서 곧장 가져왔다. 갈라드리엘 같은 이름은 그가 창안한 언어인 하이 엘프어(語)에서 가져온 요소를 활용해 지었다. 톨킨은 케임브리지 대학의 학자였다. 그는 가상의 언어를 고안하면서 오랜 세월을 보냈다(이것이 그가 가진 '비밀 악덕'이었다). 그가 그 언어를 고안하느라 보낸 오랜 세월을 정당화하려고 《반지의 제왕》을 썼다는 주장도 있다.

당신이 톨킨과 같은 전문 언어학자라면, 당신도 백지 상태에서 새로운 이름을 지을 수 있다. 만약 그렇지 않다면 판타지에 등장하는 이름들은 아프리카와 북미 원주민, 티베트 같은, 사용 인구가 그다지 많지 않은 언어에서 골라라.

　SF에 등장시킬 이름의 경우, 인간의 이름은 외국어 규칙을, 외계인의 이름은 판타지 규칙을 따라야 한다. 인간의 이름은 앞으로 수백 년간 그리 많이 바뀌지는 않을 것이다.

문학작품에서 따온 이름은 조심하라

당신의 시나리오를 읽는 리더들은 대개 당신처럼 교육을 잘 받은 사람들이고, 그래서 당신이 지은 이름의 출처가 어디인지를 곧바로 알아차릴 것이다. 당신이 어떤 캐릭터에게 야누스(Janus)라는 이름을 붙였다면, 그들은 그가 두 얼굴을 가진 인물로 판명되더라도 전혀 놀라지 않을 것이다. 그가 그런 인물이라면 그들은 당신에게 짜증을 낼 것이다(너무 뻔하잖아요). 그가 그런 인물이 아니라면, 그래도 그들은 당신에게 짜증을 낼 것이다(그럴 거면 왜 이런 식으로 이름을 지은 거죠?). 어느 쪽이 됐건, 그들은 당신에게 짜증을 낸다.

　학식이 그다지 뛰어나지 못한 리더들은 당신이 무슨 일을 한 것인지 감도 잡지 못하면서 야누스는 그저 멍청한 이름이라고 생각할 것이다. 사람들이 제대로 이해할 거라는 확신이 들지 않는다면 시나리오에 넣지 말아야 한다. 시나리오를 쓰는 1차 목표는 오로지 리더의 눈에 들기 위해서이다. 그러니 리더가 당신이 쓴 글을 읽으면서 어떤 반응을 할지 모르겠다면, 그런 식으로 쓰지 마라.

　리더의 머릿속에서 상영되고 있는 영화의 경험 밖으로 리더를 내동댕이치는 요소는 무엇이건 시나리오에 넣지 말아야 한다. 문학에 대한 언급은 리더의 시선을 영화 자체로부터 돌려 산만하게 만든다. 여러 이점이 있기 때문에 시나리오를 쓰는 동안만이라도 어떤 캐릭터에 문학적인 이름을 지어줘야 한다면, 누군가에게 읽으라며 시나리오를 건네기 전에 확실하게 그 이름을 바꾸는 작업을 하라.

7장

캐릭터 소개

중심 캐릭터들을 충분히 천천히 소개해서, 다음 캐릭터를 소개하기 전에 리더가 각각의 캐릭터를 확실하게 파악하게 만들도록 신경 써라. 한 신(scene)당 한 명만 소개하는 것이 가장 이상적이다. 예를 들어 영화가 시작될 때는 주인공 한 명만 소개한다. 당신의 스토리가 형사인 주인공과 파트너가 대대적인 사건으로 비화할 평범한 감시 임무를 부여받는 것으로 시작한다고 가정해 보자. 주인공과 그의 파트너, 그리고 두 사람의 상사를 한꺼번에 보여주고 임무를 소개하면서 영화를 시작하는 대신, 주인공만 단독으로 보여줄 방법을 찾아야 한다. 이후 그를 파트너와 묶어주고, 그런 다음에 두 사람이 상사의 사무실로 들어가는 식으로 써야 한다.

우리가 아파트에서 홀로 깨어나는 주인공을 그토록 뻔질나게 보게 되는 이유가 바로 이것이다. 남자의 집은 그에 대하여 많은 것을 알려준다. 사랑스러운 아내와 귀여운 아이가 있는 교외의 행복한 집이건,

통풍 파이프가 보이는 지저분하고 허름한 원룸이건 상관없다.

〈리썰 웨폰〉에서 멜 깁슨이 연기하는 릭스가 처음 등장할 때, 트레일러에 혼자 있는 그는 총으로 자기 머리를 날려버릴까 고민하고 있다. 이것은 순전히 그 캐릭터만을 위한 신이다. 이 신은 플롯과는 상관없을지 몰라도 스토리를 밀고 나간다. 우리는 릭스가 자살 충동을 느낀다는 것을 알 필요가 있기 때문이다. 이 장면은 화끈한 액션을 펼치는 릭스를 보여준 후에 등장할 수도 있었지만 온전히 릭스만을 보여주기 위한 이상적인 방법이었다.

주인공부터 소개할 필요는 없다. 〈스타워즈〉는 첫 릴(10분)을 불운한 두 로봇 R2-D2와 C-3PO가 공격받는 우주선에서 탈출했다가 행성 표면에서 고철상에게 붙잡힌 후, 마침내 주인공 루크 스카이워커를 만나는 걸 보여주는 데 쓴다. 그동안 우리는 애정의 대상인 레이아 공주와 악당 다스 베이더를 이미 만났다. 스릴러와 액션 어드벤처에서는 무시무시한 짓을 자행하는 악당부터 소개하는 경우가 매우 많다. 그다음 악당에 맞서 싸울 주인공이 등장한다.

사람들이 당신의 캐릭터를 제대로 이해하지 못하는 것 같으면 캐릭터를 소개하는 방법을 고심해 보라. 그들이 지나치게 많은 사건이 벌어지는 와중에 등장한다면, 우리는 그 혼란에서 쉽게 벗어나지 못한다.

고쳐 써라

시나리오를 쓸 때 가장 어려운 것이 캐릭터다(훅도, 플롯도, 액션도, 대사도 마찬가지지만). 당신은 우리가 당신의 캐릭터에 대해 알아야 할 모든 것을 짧은 신 몇 개로 보여줘야 한다. 그들은 누구이고, 그들이 원하는 것은 무엇이며, 그걸 얻으려고 무엇을 할 준비가 되어 있는가?

비법은 시나리오 집필의 다른 모든 측면이 그런 것처럼, 고쳐 쓰는 것이다. 각각의 캐릭터 시점에서 시나리오를 완독해 보라. 어떻게 하면 캐릭터를 더 참신하고 독창적으로 만들 수 있을지 자문해 보라. 한 캐릭터가 다른 캐릭터보다 극적인 기능을 더 잘 수행할 수 있을지를 자문해 보라.

캐릭터 통합을 시도하라. 관객은 캐릭터들과 더 많은 시간을 보낼수록 그들에게 더 많은 관심을 쏟는다. 드라마를 훼손하지 않고 캐릭터들을 통합할 수 있다면, 그렇게 해야 마땅하다. 1막의 대부분에 등장하는 캐릭터가 하나 있고, 2막과 3막에만 등장하는 다른 캐릭터가 있다면, 그 둘을 하나의 캐릭터로 합칠 수 있지 않을까?

캐릭터 하나를 도려내면 스토리가 더 타이트해질까? 〈새로운 탄생〉에서 케빈 코스트너는 돌연사하는 바람에 대학 시절의 옛 친구들을 한자리에 모이게 해주는 남자인 알렉스를 연기했다. 그 영화는 그의 출세작이었다. 영화의 러프 컷(편집하지 않은 촬영 필름)에 그가 등장하는 신들을 담은 테이프가 LA에 돌아다녔고, 그는 갑자기 화제로 떠올랐다. 그 영화를 봤는데 그를 본 기억이 없다고? 그건 그가 등장하는 신이 몽땅 잘렸기 때문이다. 〈새로운 탄생〉은 세상을 떠난 사내를 다룬 영화가 아니었다. 그의 장례식을 위해 모인 친구들을 다룬 영화였다.

자, 시나리오를 다시 통독하자. 각각의 신이 플롯을 이끌 뿐 아니라, 캐릭터들에 대한 통찰을 가능하게 해주는 방식으로 나아가는지 확인하라. 두 사람은 평범한 방식으로 서로에게 이야기할 수도 있고, 플롯이 전개되는 동안 자신에 대한 많은 이야기를 우리에게 알려주는 방식을 택할 수도 있다. 각각의 행동과 대사를 활용하여 캐릭터에 되도록 많은 빛을 비추도록 하라.

그런 작업을 꼼꼼히 한다면, 캐릭터들의 말과 행동 전부가 플롯을 진전시키고 그들의 성격을 드러내게끔 만들 수 있을 것이다.

그것이 똑똑한 시나리오 집필이다.

PART

4

액션
ACTION

1장

본격적인
시나리오 쓰기

이제 당신은 페이지를 채울 준비가 됐다. 당신은 2장에서 피치를 개별 단계나 스토리 비트로 쪼갰을 때 이미 글 쓰기를 시작한 셈이다. 이제 당신은 각각의 단계나 비트를 하나 이상의 신으로 확장해야 한다.

피치 단계에서 시나리오 단계로 향하는 것은, 무슨 사건이 일어나고 있는지 스토리를 들려주는 단계에서 *리더의 머릿속에서 영화를 상상할 수 있게* 만들어진 전문 집필 단계로 나아가는 일이다. 스토리를 들려주는 법에 대해서는 사람들이 거의 다 안다. 시나리오를 쓰는 것도 간단하게 보인다. 사람들이 말과 행동을 글로 옮기기만 하면 된다. 그런데 시나리오를 쓰는 것은 숙달하기 무척 어려운 집필 형태다.

신(scene)은 액션과 대사로 구성된다. 액션은 사람과 사물의 움직임이고, 대사는 사람들이 말하는 내용이다. 이 장은 액션에 집중할 것이고, 다음 장은 대사에 집중할 것이다.

투명하게 써라

우수한 시나리오의 특징은 *投明하다*는 것이다. 시나리오를 읽는 사람이 시나리오를 읽는다는 느낌을 받지 못해야 한다. 시나리오가 아닌, 영화를 보는 것 같은 기분이 들어야 한다. 내가 시나리오 집필과 관련하여 들은 생애 최고의 찬사는 아내에게서 특정한 신이 어떤 영화에 있었냐는 질문을 받았을 때였다. 그런데 그건 영화가 아니었다. 그건 내가 쓴 시나리오의 한 장면을 아내가 읽은 것이었다. 그런데도 아내는 자신이 읽은 시나리오를 영상의 형태로 기억하고 있었다. 그녀가 본 것은 페이지에 적힌 단어들에 불과했는데도 말이다. 투명하게 시나리오를 집필하는 수법의 대부분은 액션에 달려 있다.

당신은 시나리오를 집필할 때 그것을 읽는 리더들이 마치 영화를 보고 있다고 느낄 정도로 절묘하게 써야 한다. '페이지에서 영화가 직접 튀어나오는' 집필. 리더들은 당신이 그 액션을 묘사하려고 사용했던 문장은 기억하지 못하며 자신들이 읽은 단어는 완전히 잊는다. 그저 캐릭터가 한 얘기와 일어난 사건들만 기억한다.

투명함으로 향하는 첫 단계는 액션에 대한 묘사를 깔끔하고 간단하며 정확하게 하는 것이다. 문장은 짧고 산뜻해야 한다. 묘사는 디테일에 집착하지 않고 많은 것을 표현해야 한다. 되도록 적은 단어로 많은 얘기를 해야 한다. 짧고 서술적이며 *시각적인* 문장을 사용하라.

당신은 그림을 그리는 게 아니다. 어떤 신을 스케치하려는 것이다.

당신이 구사하는 단어들이 사람들의 마음에 어떤 이미지를 그려낼지 끊임없이 고민해야 한다.

토미는 증기 밸브를 조정하려고 미친 듯이 작업하고, 그동안 낸시
는 계속 망을 본다.

이 문장은 투샷(two-shot)에 어울리게 집필됐다. 두 캐릭터가 동시
에 한 프레임에 잡힌다. 두 캐릭터가 한 문장에 있으므로 내가 봤을 때
그들은 지금 한 화면에 함께 등장하고 있다. 카메라가 가까이 다가가면
더 설득력이 생긴다.

토미는 증기 밸브를 조정하려고 미친 듯이 작업한다.

낸시는 계속 망을 본다.

두 문장 사이의 하얀 여백이 두 액션을 구분한다. 그런데 '계속 망을
본다'는 그녀가 하는 일을 우리에게 들려주는 것이지, 보여주는 것이
아니다. '계속 망을 본다'라는 문장은 시각적 이미지를 그리 많이 제공
하지 않는다. 보여줘라. 말로 하지 말고. 이 액션을 글로 옮기는 절묘
한 방식은 이 액션을 별개의 두 순간으로 쪼개는 것이다.

토미
녹슨 증기 밸브를 잠그려고 미친 듯이 렌치를 돌린다.

낸시
초조한 기색으로 더러운 창문 너머를 응시한다.

'녹슨 증기 밸브'라는 단어는 마치 밸브에 슨 녹이 읽는 이의 눈에 보이는 듯한 효과를 준다.

보고 들을 수 있는 것만 써라

투명함에 도달하는 비법은 우리가 보고 듣기 원하는 것을 *정확히* 쓰고, 우리가 보고 들을 수 있는 것만 쓰는 것이다.

시나리오 도입부는 우리에게 시각적으로 신을 보여주지 않으면서 묘사만 하는 경우가 잦다. 보여줘라. 말로 하지 말고. 다음은 말로 하는 문장의 예시다.

> **실내. 오브라이언의 집－주방－낮**
>
> 오브라이언 가족은 산타크루즈 외곽의 작은 방갈로인 새집으로 막 이사 왔지만, 그 이사는 그리 도움이 되지 않았다. 그들은 며칠간 서로의 신경만 긁었다.

이는 소설이라면 괜찮은 문장이지만, 시나리오에서는 그렇지 않다. 그들이 서로의 신경을 긁었다는 걸 우리가 어떻게 알겠는가? 이 집이 산타크루즈 외곽이라는 걸 우리가 어떻게 알겠는가?

관객들이 실제로 스크린에서 보게 될 것은 주방, 아마도 몇 사람이 있는 주방일 것이다. 스크린에 무엇을 올려서 그들이 그 집에 얼마나 오래 있었는지, 그 집이 어떤 종류의 집인지, 그들이 어떻게 서로의 신경을 긁어왔는지 보여줄 수 있을까?

초보 작가 중 많은 이가 집필 중인 신이 어떤 것인지 스스로 떠올리려고 이런 종류의 문장을 액션 부분에 쓰곤 한다. 그런데 이것은 나쁜 버릇이다. 그렇게 넣은 문장을 나중에 삭제한다고 하더라도 말이다. 그런 문장을 쓰는 데 시간을 쏟게 되면 당사자로 하여금 그 신을 쓰느라 엄청난 공을 들였다는 착각을 하게 한다. 실제로 리더에게 전달된 것은 아무것도 없는데 말이다. 이는 마치 시나리오에는 등장하지 않는 캐릭터의 장황한 배경 사연을 창작하는 것과 같다. 당신이 보거나 들을 수 있는 대상이 아니라면 스크린에도 등장하지 않을 것이다.

영리한 시나리오 작가라면 모든 정보를 시각적인, 그리고 청각적인 방식으로 전달할 줄 알아야 한다.

실외. 오브라이언의 집-낮

시든 잔디가 깔려 있고 제대로 자라지 못한 야자수 두 그루가 있는 작은 벽돌 방갈로. 멀리 푸르른 산들이 아련하게 보인다. 어디선가 갈매기들이 끼룩거린다.

실내. 오브라이언의 집-주방-낮

전선이 삐져나와 있는 박스 몇 개가 카운터 옆에 널브러져 있다. 설거지하는 데 사흘은 족히 걸릴 지저분한 접시들을 위한 공간을 마련하기 위해서다. 바닥에는 박스가 더 많다. 수도꼭지에서 물이 똑똑

떨어지고 있다. 아만다가 들이닥쳐 접시들을 싱크대에 밀어 넣자,
달그락거리는 소리가 난다.

캐서린(O.S.)

아만다!

아만다

하고 있잖아요!

캐서린(O.S.)

아만-다!

아만다가 마지막 접시 무더기를 요란한 소리를 내며 싱크대에 넣고
는 옆에 있는 식당으로 달려간다.

아만다

이 집이 싫어요! 싫다고요! 우리는 왜 그 집을 떠나야 했던 거죠?

그녀는 다른 쪽 끝으로 달려간다. 정문이 삐걱거리는 소리를 내며
열렸다가 쾅 하고 닫힌다.

캐서린이 털썩 주저앉는다. 피우던 담배를 싱크대에 던져 넣는다.
혼잣말을 한다.

캐서린

나도 여기가 싫어, 얘야. 그래도 당분간 여기서 살아야 해.

앞선 문장보다는 상당히 길다. 그렇지만 여기에 있는 모든 문장은 스크린으로 옮길 수 있다. 이 문장을 읽으면 그들이 이 집에 막 이사 왔지만 이 집을 좋아하지는 않는다는 것과 그 이유에 대해서 꽤 잘 알 수 있게 된다.

어떤 문장이 무엇을 보여주거나 알려주고 있는지 궁금한 경우, '우리가 보는 것은 무엇인가?'와 '우리는 그것을 어떻게 아는가?'를 자문해 보라.

다른 신 묘사를 보자.

전투는 잔혹하다. 병력 규모 면에서 밀리는 사람들은 여전히 보유하고 있는 소형 대포와 장갑차로 격렬하게 싸우며 버텼다.

10여 명의 병력이 대여섯 대의 탱크를 물리쳤다. 결국, 그들은 휴대 장약과 클레이모어 지뢰를 소지하고는 탱크를 향해 몸을 날린다.

첫 문단은 영화가 아니라 문학에서 쓰여야 한다. 자료 영상을 활용하건 새로 찍은 필름을 활용하건 혹은 둘 다 활용하건, 각각의 스토리 비트를 리더가 보고 들을 수 있는 개별적인 사건으로 쪼개야 한다. 스크린에 옮겨질 수 있는 것은 무엇인가? 스토리를 개별적인 순간들로 쪼개라(실제로 뛰어난 문학작품은 엄청난 사건들을 우리가 이해할 수 있는 작은 순간들로 쪼개는 경우가 자주 있다).

두 번째 문단은 약간 낫다. 그러나 여전히 한 신이나 순간이 아니라 액션을 묘사하고 있다. 이런 비트를 바탕으로 신을 쓸 때, 당신은 많은 액션의 자리를 단일 액션이 차지한다는 것을 깨닫게 될 것이다. 달리 말해, 당신의 스토리는 많은 병력이 많은 탱크를 해치운다고 말하고 있지만, 실제 스크린에서는 탱크 한 대를 제거하는 데 초점을 맞추는 편이 더 설득력 있다는 것이다.

다음은 어떻게 하면 스크린 위에서 탱크 한 대를 때려눕힐 수 있는지 보여준다.

유리

클레이모어 지뢰를 움켜쥔다.

이반

절대 성공 못 해! 그러지 마!

유리

시도를 해봐야겠어!

이반

미친 짓이야!

유리는 그를 무시하고 퓨즈를 뽑은 다음,

선두에 선 탱크를 향해 돌이 깔린 30m를 쏜살같이 달려간다.

쾅! 포탄이 터지면서 그가 뒤로 내동댕이쳐진다. 유리가 멍한 표정으로 비틀거린다.

독일군

겨냥을 한다. **탕!**

유리

휘청거리며 빙빙 돈다. 또 다른 총알이 그를 관통한다. 그가 한쪽 무릎을 꿇는다.

그는 어떻게든 일어서려고 기를 쓴다.

죽어가는 유리가 선두에 선 탱크를 향해 비틀거리며 다가간다. 탱크에 가까워진 그가 탱크 바퀴에 클레이모어를 던지기 시작한다.

쾅! 또 다른 포탄이 폭발하고-

-유리는 사라졌다.

이반

망연자실해서 응시한다.

이반

젠장.

선두에 선 탱크

앞으로 굴러온다….

유리가 던진 클레이모어 지뢰 쪽으로.

엄청난 폭발이 일어난다.

연기가 걷히자, 선두 탱크의 오른쪽 바퀴가 망가져 날아간 게 보인다. 탱크가 덜덜거리며 회전한다. 오른쪽 바퀴들이 하릴없이 빙빙 돌고 있다. 이 탱크는 고향 베를린으로 가지 못하는 베어마흐트 (Wehrmacht, 2차 대전 시기의 독일 국방군—옮긴이)의 한 조각이다.

(아차. 마지막 문장은 미안하다. 살다 보면 지나치게 흥분하게 되기도 하지 않던가)

귀에 들리는 소리는 굵은 글씨로 강조하라. 소음. 비명. 고함… 그 것들은 페이지에서 곧장 튀어나와야 한다.

잔인한 전투 전체를 보여줄 필요가 없다는 점을 주목하라. 10여 명의 병력이 탱크 대여섯 대를 해치우는 것을 보여줄 필요는 없다. 심지어 관객은 두 번째 탱크가 박살이 나는 것을 보지 않아도 된다. 관객은 다 이해한다.

영화는 개인적인 매체다. 소설은 평원을 휩쓸며 가로지르는 숱하게 많은 병력에 대해 떠들 수 있지만, 영화에서는 몇몇 캐릭터에 초점을 맞추기 전에 평원을 휩쓸며 가로지르는 병력을 보여주는 설정숏을 수백 개 넘게 만들 수는 없을 것이다. 끽해야 네다섯 개 정도일 것이다. 엑스트라 수천 명을 동원한 신들을 촬영하는 게 많은 돈이 드는 일이라서 그런 것만은 아니다. 어쨌든 요즘에는 CG를 조금만 쓰면 군대가 '짠!'하고 생겨난다. 책과 달리 영화는 우리에게 추상적인 관념을 보여주지 않기 때문이다. 영화는 일어나고 있는 일들을 담은 이미지를 보여준다. 관객은 전투용 도끼로 난도질당하는 군인 100명을 보는 것보다 난도질당하는 병사 한 명을 보는 것에 더 관심을 기울인다. 책은 우리가 100명에 관심을 두게 만들 수 있겠지만, 영화에서 그 장면은 우리가 한 번도 본 적이 없는 엑스트라 수백 명이 나오는 장면이 될 것이고, 따라서 그 장면에 감정 이입을 하지 않을 것이다.

캐릭터에도 같은 원리가 적용된다. 나는 다음과 같이 소개된 캐릭터를 많이 봤다.

샐리는 40대다. 현재 통통하고 무척 쾌활한 그녀는 대학에 다닐 때 스타 육상선수였다. 그녀는 유머 감각이 뛰어나다. 그렇지만 그녀를 지나치게 자극하지 마라. 그랬다가는 그녀가 화를 낼 테니까.

관객은 스크린에서 통통한 40대 여성을 보게 될 것이다. 그녀가 육상 스타였다는 부분은 잘못 배치된 배경 사연이다. 마지막 두 문장은 순전히 좋은 인상을 주려고 집어넣은 불필요한 문장이다. 관객은 그들을 웃게 만드는 그녀의 행동과 말을 보고 듣기 전까지 그녀의 유머 감각에 대해 알 수 없다.

샐리가 어떤 사람인지를 알려주려면 그녀의 행동과 말을 우리에게 보여줘야 한다. 그녀가 무척 쾌활한 사람이라는 걸 보여주고 싶다면, 그녀는 무척 쾌활한 인상이라는 것을 우리에게 알려줄 수 있어야 한다. 한눈에 봐도 무척 쾌활한 인상인 사람들이 있는데, 그건 우리가 볼 수 있는 대상이다. 사소한 차이지만, 샐리가 어떤 사람인지에 대한 감을 주는 것과 그녀에 대한 *시각적인* 감을 주는 것은 다른 일이다. 그런 작업을 위해 쓰는 더 나은 방법은 첫 신에서 그녀가 무척 쾌활한 사람임을 보여주는 것이다.

잭이 들어온다. 샐리가 활짝 웃는다.

샐리
어머! 이게 누구야!

그가 스툴에 앉자 그녀는 커피 한 잔을 따라준다.

그녀가 육상 스타였다는 걸 알려주고 싶으면, 액자에 담겨 벽에 걸린 육상 메달을 보여주면 된다. 아니면 다른 캐릭터가 이렇게 묻게 만들어도 된다. "어떻게 된 거야, 샐리? 당신은 1마일을 4분에 주파하던 사람이잖아!" 그녀가 어느 비 오는 밤에 러닝을 하러 낡은 육상화를 신게 만들어도 된다. 이것들은 하나같이 우리가 실제로 보거나 들을 수 있는 것들이다.

듣거나 볼 수 있는 것만 글로 적는다는 규칙을 자신에게 정말로 엄격히 적용하면 도움이 된다. 그렇게 하지 않을 경우, 듣거나 볼 수 없는 것이 문장 이곳저곳에 슬그머니 끼어드는 경향이 있다. 그렇게 끼어들었다는 것이 위의 사례처럼 반드시 명백하게 보이는 것은 아니다.

토미는 한숨을 쉬면서 앞서 나눈 대화를 떠올린다.

아차! 우리가 볼 수 있는 거라고는 한숨을 쉬는 토미뿐이다.

뒷부분을 쳐내고 '토미는 한숨을 쉰다'라는 문장만 남겨도 된다. 그렇게 하더라도 신의 나머지 부분들을 통해 토미가 한숨을 쉬는 이유를 뚜렷하게 보여줄 수 있다면 말이다. 그들이 먼저 나눈 대화 때문에 한숨을 쉬고 있다는 걸 우리에게 구체적으로 알려주고 싶다면, 우리가 보고 들을 수 있는 방식으로 그 정보를 제공해야 한다. 명백한 방법은 대사로 알려주는 것이다.

토미가 한숨을 쉰다.

사라

왜 그래?

토미

닐한테 들은 얘기 때문에.

당신이 '그녀는 울고 싶지만, 그러면 마스카라가 번질까 걱정이 된다' 같은 문장을 썼다고 치자. 아차! 이건 머릿속으로 한 생각이다. 이걸 촬영할 방법은 전혀 없다.

머리를 잘 굴려서 시나리오를 집필한다는 말의 뜻은 *내면의 경험을 외부로 드러내는 표식들을 찾아낼 수 있다는 것이다.* 당신이 관객에게 알려주고 싶은 것을 어떤 제스처, 표현, 단어, 일련의 이미지로 명확하게 표현할 수 있을까? 그녀가 마스카라가 번지지 않도록 눈물을 닦으려 애쓰지만 화장이 더 엉망이 되는 모습을 보여주면 될까? 아니면 티슈로 눈을 톡톡 두드리는 모습을? 아니면 그저 눈물을 참으려고 기를 쓰는 모습을? 울고 싶지만 그렇게 하지 못할 때 여자들은 어떻게 하나? 숨을 거칠게 몰아쉬는가? 관객에게 어떤 캐릭터의 내면을 보여줄 외부적인 제스처를 알아내거나 발견하는 것이 당신의 할 일이다.

물론 절묘한 예외는 있다. 이 사례를 보라.

짐과 밥이 스포츠를 화제로 수다를 떨 때 톰이 들어온다.

좋지 않다. 카메라가 짐과 밥을 잡고 있다면, 그들의 대사에 집중해야 하기 때문이다.

짐

…에이, 헌트 스틸먼은 캣피시 헌터 이후로 어슬레틱스 최고의 신
인 투수야.

밥

그래. 그렇지만 그는- 어, 야, 안녕, 톰.

그런데 그들이 북적거리는 술집의 뒤쪽에서 이야기하고 있고, 이
신의 시점이 톰의 시점이라고 치자.

실내. 술집-밤

톰이 문을 밀어서 연다. 주위를 둘러본다.

뒤쪽에서 짐과 밥이 수다를 떨고 있다. 밥이 톰에게 손을 흔든다.

여기서 당신은 대사를 한 줄도 쓰지 않았다. 우리가 실제로 스크린
에서 보는 것은 술집 뒤쪽에서 대화를 나누는 두 사람이 전부이기 때문
이다. 우리는 그들이 주고받는 대사를 들을 수 없다.

보거나 들을 수 있는 어떤 것을 문자 *그대로* 전달하지 않는 액션으
로 당신의 속내를 잘 전달할 수도 있다. 보거나 들을 수 있는 어떤 것을
축약한 액션일 경우에 말이다.

토미가 한숨을 쉰다. 또?

관객의 눈에는 토미가 한숨을 쉬는 것이 보인다. 그렇지만 그가 예전에도 한숨을 쉬었고, 또 한숨을 쉬는 것인지는 알 길이 없다.

딜런은 그림을 훑어보며 미소를 짓는다. 근사해.

물론 우리는 딜런이 '근사해!'라고 생각하는지 모른다. 그 표현은 '느긋하게, 약간은 의기양양한 미소를 지으며'라는 말을 줄인 것이다.
때때로 배우들에게 사소한 지시를 내리는 것만으로도 속내를 잘 전달할 수 있다.

잭은 울먹이면서 계속 문을 두드리지만, 우리는 그게 그의 진심이 담긴 행동이 아니라는 것을 눈치챈다.

네이선은 자기도 모르게 미소를 짓는다.

조가 무슨 말을 하기 시작한다. 얼굴을 찡그린다.
무엇이 그를 괴롭히지만, 그게 어떤 것인지를 딱 꼬집을 수 없다.

이 문장에서 우리가 보거나 들을 수 있는 것을 구체적으로 묘사하지는 않지만, 우리에게 시각적 이미지를 제공하기는 한다. 우리는 이 순간들이 어떻게 보일지 안다. 우리의 심안에 들어오는 어떤 이미지를 내놓는 한, 그런 식으로 작업해도 무방하다.

> 잭은 울먹이면서 계속 문을 두드리지만,
> 우리는 그게 순전히 쇼라는 걸 눈치채기 시작한다.

밑줄을 그을 부분은 선택하기 나름이다. 살짝 얼버무린 표현은 스크린에서 효과를 낼 무엇인가를 전달할 수 있지만, 정확한 언어로 종이에 적는 건 쉽지 않다. 당신은 리더가 '저걸 어떻게 스크린에 구현할 수 있지?'라며 의심하기 전까지 그런 속임수를 몇 번 쓸 수 있다.

때로는 과장된 표현을 쓰면서 넘어갈 수도 있다. 당신은 내가 몇 페이지 앞에 든 사례에서 속임수를 썼다는 걸 깨닫게 될 것이다.

> 탱크가 덜덜거리며 회전한다. 오른쪽 바퀴들이 아무 의미 없이 빙빙 돌고 있다. 이 탱크는 고향 베를린으로 가지 못하는 베어마흐트의 한 조각이다.

마지막 문장은 순전히 과장된 표현이다. 이건 스크린에 구현되지 못한다. 그저 우리에게 긴장을 약간 풀면서 흡족해 하라고 말하는 것뿐이다. 내 생각이지만 이런 문장을 쓰는 게 허용되는 이유는 사운드트랙이 이 정서를 정확하게 전달할 것이기 때문이고, 관객은 잔인하리만치 자기만족적인 감정을 느끼게 될 것이기 때문이다. 그런데 시나리오에서 이런 수법을 한두 번 이상 쓰면, 리더는 당신이 영화를 보여주는 대신 스토리를 들려주고 있음을 눈치채게 될 것이다.

2장

안 그런 척하면서
카메라를 연출하는 방법

감독을 조종하라

시나리오를 읽으면 영화를 보는 것 같은 느낌을 받기를 원한다고 해서 노골적으로 카메라 연출을 하는 것은 좋지 않다. 예를 들어보자.

> **바닥을 걸어가는 두 발 클로즈업**
> 두 발이 문 뒤로 사라질 때까지 우리는 그것을 따라 이동한다.

시나리오를 제작용으로 수정한 원고에서 이런 문장을 봤을지도 모른다. 감독이 자신이 쓴 메모를 시나리오에 넣어달라고 작가에게 요청했을 때, 또는 감독이 작가였을 때 이런 문장이 나온다. 당신은 이런 문장을 연출자가 자신이 원하는 방식으로 촬영하게 할 정도로 영향력이 있는 작가—제작자가 집필한 TV용 대본에서 봤을지도 모르겠다. 예를 들어 제임스 카메론의 시나리오를 보면, '우리는 벽 아래로 크레인 다운(CRANE DOWN)한다' '얼음 아래에서 빛을 발하며 고동치는 물체를 보려고 틸팅 다운(TILTING DOWN)한다'와 같은 문장을 볼 수 있다. 이 시나리오들은 누군가에게 팔려는 용도로 집필된 게 아니다. 이들은 이미 판매가 완료됐다. 카메론은 리더뿐 아니라 그가 함께 일할 스태프들을 염두에 두고 시나리오를 쓴다.

명시적인 카메라 움직임을 시나리오에 넣으면 리더는 카메라를 통해 배우들과 함께 영화 현장에 있는 느낌을 받을 수 있다. 어떤 신을 보는 대신, 그 신을 촬영하는 제작진을 보게 되는 것이다. 그러면서 리더가 내면에 품고 있던 영화에 대한 비전이 위태로워진다. 영화관에서 어떤 신을 볼 때 '두 발의 클로즈업… 트래킹 숏'을 생각하는 관객은 없다. 당신이 그런 생각을 하게 된다면, 그 영화는 깊은 곤경에 빠진다.

한편 때로는 구체적인 시각효과를 주고 싶을 때가 있다. 누군가의 발이 바닥을 가로질러 걷는 모습을 보여주는 것으로 신을 시작하고 싶다고 하자. 당신은 그게 누구의 발인지는 알려주고 싶지 않을 수도 있다. 그저 누군가의 발을 클로즈업하는 것이 좋아서 그럴 수도 있다. 내가 그걸 어찌 알겠는가? 그렇다면, 두 발을 지켜보게 만드는 것으로 신을 시작할 절묘한 방법이 있어야 한다. 그렇지 않나?

해법은 우리가 봤으면 하는 것만 보여주는 것이다.

발
바닥을 가로질러 문 뒤로 사라진다.

나는 이것을 *가상 클로즈업*(virtual close-up)이라고 생각한다. 리더는 당신이 봤으면 하는 것만 보게 된다.

감독들은 당신이 시나리오에 집어넣은 카메라에 대한 명시적 지시는 무시하는 경향을 보인다. 그런데 당신이 의도하는 방식대로 영화를 상상하게끔 할 수 있다면, 감독은 자기도 모르게 당신이 원하는 방식으로 영화를 촬영할 것이다.

당신은 어느 정도는 카메라를 가상 연출할 필요가 있다. 그렇게 하시 못하면, 액션 신의 시각적인 임팩트를 전달하지 못할 것이다. 다음은 몇 가지 액션이다.

조는 몸을 날려 바닥을 구르면서 45구경을 발사한다. 스티브가 배에 총을 맞아 뒤에 있는 창문을 깨고 나가면서 유리가 산산이 조각난다. 그는 자동차 지붕에 떨어질 때까지 추락한다. 그런 후, 대(大)자로 뻗는다.

이 문단의 첫 번째 문제는 딱딱한 내용을 담은 덩어리진 문단은 읽기 힘들다는 것이다(맞다. 첫 문장에 연달아 이어지는 내용이 '덩어리진 문단'이다). 명심하라. 리더는 아침 9시 30분에 열릴 스태프 미팅에서 무언가 한마디라도 하기 위해 기를 쓰면서 한밤중에 한 무더기의 시나리오를 벼락치기로 읽고 있다는 것을. 리더의 눈에 이 문장은 다음과 같이 보일 것이다.

조는 몸을 날려 바닥을 구르면서 45구경을 발사한다. 스티브가 어

쩌고저쩌고 어쩌고저쩌고 어쩌고저쩌고 어쩌고저쩌고 어쩌고저쩌
고 어쩌고저쩌고 어쩌고저쩌고 어쩌고저쩌고 어쩌고저쩌고 어쩌고
저쩌고.

당신이 머릿속으로 치밀하게 계획한 신을 리더가 볼 수 있도록 낚
아야 한다. 액션 시퀀스를 개개의 *가상 숏*들로 쪼개라. 음향효과를 넣
는 걸 두려워 마라.

조는 몸을 날려 바닥을 구르면서 45구경을 발사한다.
그가 구르는 동안 **탕! 탕! 탕!**

스티브는 배에 총을 맞고,
그가 뒤에 있는 창문을 깨고 나가자 유리가 산산이 조각나면서

…떨어지고…

…떨어지고…

쾅!
스티브가 자동차 지붕에 떨어지면서 괴상한 모습으로 대(大)자로 뻗
는다.

내가 글을 제대로 썼다면, 지금 당신은 스티브가 슬로모션으로 떨

어지는 걸 '봤다'.

좋다. 그게 바로 내가 원한 것이다.

여백을 사용하라

여백은 당신의 친구다. 명심하라. 당신은 1쪽에 러닝 타임 1분을 담으려 애써야 한다는 것을. 4분의 1쪽짜리 액션은 스크린 타임 15초에 해당한다. 스크린에서의 시간에 비해 종이 위 면적이 작다면, 당신은 신을 보여주고 있는 게 아니라 묘사하고 있을 가능성이 높다.

액션을 쪼개는 방법에 따라 당신은 가상의 촬영감독을 꽤 엄격하게 다룰 수 있다. 일반적인 법칙을 얘기하자면, 두 가지 사건을 두 개의 상이한 가상 숏에 넣고 싶다면, 그것들은 다른 문단에 있어야 한다. 그것들이 동일한 가상 숏에 있기를 원한다면, 문장은 2개여도 동일한 문단에 속할 것이다.

다음은 와이드 숏의 한 장면이다.

토미는 증기 밸브를 조정하려고 미친 듯이 작업한다. 낸시는 초조한 기색으로 창밖을 응시한다.

다음은 퀵 숏 두 장면이다.

토미는 녹슨 증기 밸브를 잠그려고 미친 듯이 렌치를 돌린다.

낸시는 초조한 기색으로 창밖을 응시한다.

더 긴 숏 두 장면이다.

토미
증기 밸브를 잠그려고 미친 듯이 렌치를 돌린다.

낸시
초조한 기색으로 창밖을 응시한다.

사용한 단어들은 정확히 똑같다. 그러나 여백과 볼드체는 카메라에 상이한 렌즈를 장착한 것처럼 상이한 가상 프레이밍을 빚는다. 당신이 달성하려고 노력하는 효과에 따라, 이 중 하나가 당신의 신에 최상의 선택이 될 것이다.

보여줘라. 말로 하지 말고(이 얘기를 나는 앞으로도 끊임없이 반복할 작정이다).

그렇지만 주목하라. 카메라에 직접 지시하는 문장을 써서는 안 된다. 그것이 절묘한 방식으로건 가상의 방식으로건 스토리를 들려주고 있는 게 아니라면 말이다. 카메라를 가상 연출하지 않으면서 액션 신의 짜릿함을 전달하는 건 어려운 일이겠지만, 대사, 그리고 신에서 벌어지고 있는 일을 전달하기 위해 드물게 사용하는 삽입어구 이상의 것은 필요하지 않다. 그러므로 당신은 대사 신에, 설령 가상으로라도, 카메라 연출을 지시하지 않는 편이 좋다.

몽타주

몽타주(montage)는 편집을 가리키는 프랑스어다. 이 단어는 어느 장소에서 벌어진 많은 일을, 또는 시간의 경과를, 또는 사귀기 시작한 초기에 좋은 시간을 보내는 두 연인을 보여주려고 편집한, 보통은 대사가 없는 일련의 이미지를 가리킨다.

다음은 몽타주의 샘플이다.

실외. 정원—낮(몽타주)

두 소녀가 줄넘기하고 있다.

실크해트를 쓴 남자가 외발자전거를 타고 있다.

악마가 계단을 걸어 내려오면서 경쾌한 곡조의 휘파람을 불고 있다.

불행히도 '몽타주'라고 적어 넣는 것은 당신이 영화적 장치를 사용하고 있다는 것을 리더가 알아차리게 한다. 달리 말해 당신은 **몽타주**라는 단어를 사용함으로써 영화를 감상하는 경험에서 리더를 밀어내고 그가 지금 시나리오를 읽고 있다는 사실을 상기시킨다. 당신이 몽타주라는 단어를 써서 하는 말은 이것이다. "여기에 몇 가지 이미지가 있고, 우리는 나중에 그것들을 함께 편집할 겁니다."

'나중에'라는 건 없다. 시나리오는 그 영화를 실시간으로 보는 경험이어야 한다. 몽타주라고 말하지 마라. 그냥 당신이 직접 그 순간을 편집하라. 몽타주를 *하라*.

실외. 정원-낮

두 소녀가 분수 근처에서 줄넘기한다.

실크해트를 쓴 남자가 외발자전거의 균형을 잡으며 묘기를 부린다.

악마가 돌계단을 걸어 내려오면서,
경쾌한 곡조를 휘파람으로 불며 우산을 빙글빙글 돌린다.

그렇다. 살짝 속임수를 써서 앞선 사례에 없었던 우산을 돌린다는 내용을 덧붙였다. 그런데 몽타주는 당신의 글쓰기를 제약하는 경향이 있다. 당신은 부지불식간에 모든 중요한 항목들이 거의 비슷한 길이가 되게 만들려고 애쓰고 있다는 걸 깨닫게 된다.
리스트에 대해서는 잊어라. 어떤 숏은 길고, 어떤 건 짧다. 악마가 등장하는 숏을 대사가 딸린 작은 신으로 발전시키고 싶으면 어떻게 해야 할까?

실외. 정원-낮

두 소녀가 분수 근처에서 줄넘기한다.

실크해트를 쓴 남자가 외발자전거의 균형을 잡으며 묘기를 부린다.

악마가 돌계단을 걸어 내려오면서,
경쾌한 곡조를 휘파람으로 불며 우산을 빙글빙글 돌린다.
그는 노부인을 지나치면서 험악한 눈길을 던지고는 모자를 슬쩍 올
려 인사를 한다.

악마
부인…

노부인이 그를 피해 난간 쪽으로 뒷걸음질을 치다 난간 너머로 떨어
져 나지막한 비명과 함께 사라진다.

몽타주라고 한정한다면 이런 걸 구현할 수 없다.

3장

시나리오에 넣을 것과 넣지 말아야 할 것

불필요한 섹스와 폭력

불필요한 섹스와 폭력은 시나리오에 담지 마라. 영화에 어울리지 않으니까. '불필요한'은 그 섹스와 폭력이 순전히 자극을 위해 거기에 있는 경우이다. 그것들은 당신이 들려주고 있는 스토리의 일부가 아니다. 우리가 섹스하는 캐릭터들을 보거나 맞고 있는 누군가를 보는 순간, 당신의 스토리는 그 자리에서 멈춰 숨을 거둔다.

스토리의 일부라면 섹스 신이 필요한 경우도 있다. 캐릭터들이 그런 행동을 하는 이유가 스토리에 중요하다면 말이다. 그 섹스는 사랑해서 하는 행위일까? 단순한 욕정 때문일까? 아니면 마지못해 섹스를 하는 걸까? 그들은 첫 경험을 하는 10대들일까?

이와 비슷하게 스토리의 일부라면 폭력 신도 필요하다. 〈카포네〉에서 카포네가 다른 부하들 앞에서 부하 한 명의 두개골을 방망이로 서슴

206

없이 내리치는 신은 스토리에 중요하다. 섹스와 폭력이 스토리의 일부라면 그걸 보여줘야 한다. 문제는 그걸 어느 정도로 생생하게 다루어야하느냐다. 일어나고 있는 일을 정확하게 보여주기를 원하는가, 아니면그냥 그런 일이 벌어지고 있다는 암시만 주기를 원하는가?

이 문제에 관해서는 '덜한 게 좋은 것'이 보통이다. 스토리를 들려주기 위해서는 되도록 적게 보여줘야 한다. 상상력이 디테일을 채우도록놔둬라. 당신의 영화를 보는 경험에서 리더가 번쩍 깨어나기를 원하지않는다면.

비현실적인 폭력일수록 받아들이기 쉽다. 좀비가 형광등 아래에서백화점 산타를 목 졸라 죽이는 장면을 써내도 아무도 뭐라 하지 않는다. 그런데 현실적인 폭력은, 특히 약자(여성, 아이, 반려동물)에게 가해지는 폭력은 리더와 관객을 영화 밖으로 끄집어낸다. 따라서 예를 들어당신이 가정폭력을 행사하는, 그래서 나중에 응분의 벌을 받게 될 남편을 등장시킨다면, 그가 아내를 구타하는 모습을 스크린에서 적나라하게 보여줄 필요는 없다. 대신, 옆방 침대에 있는 딸의 시점을 사용할 수있다. 딸은 깨어나서 시끄러운 소리를 듣고, 우리는 그게 무슨 소리인지를 안다. 이와 비슷하게 겁탈당하는 모습을 스크린에서 보여주는 건피해야 하는 게 보통이다. 유일한 예외는 〈불타는 침대〉나 〈피고인〉처럼 성폭력이 영화의 주제인 경우가 될 것이다. 그런데 당신이 쓰는 작품에는 미세한 경계선을 넘지 않는 내용을 담아야 하고, 따라서 그 신이 지켜보기에 지나치게 불쾌하지 않도록 명확하게 확인하고 주의를기울여야 할 것이다.

스크린에서 아이나 반려동물에게 (으름장을 놓는 것과는 반대로) 폭력을 가하는 사람을 보여주는 일은 절대 하지 말아야 한다. 개인적으로, 나는 읽고 있는 시나리오에서 누군가가 반려동물을 죽이는 장면이 등장하면 곧바로 시나리오를 덮는다. 그건 정서적 충격을 주기 위한 천박하고 역겨운 방법이다. 꼭 그래야겠다면 스크린 밖에서 악당이 개에게 총질하게 만들고 나중에 개의 사체를 보여줘라. 그건 괜찮다. 그런데 나는 반려동물이 살아남은 걸 보는 쪽이 더 기쁠 것이다.

폭력 자체보다는 극단적인 폭력이 남긴 여파를 보여주는 것이 더 세련되고 감정적으로도 더 효과적인 게 보통이다. 절제된 표현으로 잘 알려진 고급스러운 영화 〈코난-바바리안〉에서 우리는 틸사 둠이 어린 코난의 어머니의 머리를 치는 장면은 보지 못한다. 관객은 어머니의 손을 잡은 어린 코난의 얼굴을 본다. 칼이 휘둘러지면 어머니의 손이 코난의 손에서 떨어진다. 어린 코난은 아이 특유의 어리둥절한 표정으로 어머니를 올려다본다.

시나리오에서 노래와 음악

당신은 시나리오를 출판하려고 쓰는 게 아니다. 그러므로 시나리오에 노래 가사를 집어넣기 위해 어떤 노래에 대한 권리를 확보할 필요가 없다. 저작권의 관점에서, 당신이 어떤 유명한 노래가 특정 신에 무척 잘 어울린다는 사실을 우리에게 알려주는 걸, 그리고 가사 전부를 페이지에 옮기는 걸 그 무엇도 막지 못한다. 그런데 그건 좋은 아이디어가 되기에 쉽지 않다. 당신이 특정 음악을 듣고 감동을 받아 영화에 삽입하고 싶어 한다고 해서 리더 역시 그런 것은 아니다. 하지만 음악의 특정 스타일을 제시하는 정도라면 괜찮다.

어디선가, 망가진 라디오에서 서프 뮤직(60년대 미국의 대중음악)이 흘러나온다.

또는,

요람에는 밝은 노란색 테이프 레코더 말고는 아무것도 없는데, 테이프 레코더에서는 여전히 으스스한 바니 송이 흘러나온다.

그런데 어떤 노래가 흐르고 있다는 걸 리더가 기억하지 못할 수도 있다. 종이에 적은 신의 배경에 어떤 노래를 재생시킬 수는 없는 노릇이니 말이다.

한편 어떤 신의 *전경*에 노래를 배치할 수도 있다. 나는 우디 거스리의 노래 〈Pretty Boy Floyd〉의 가사 전부를 드라이브 신에 넣은 적이 있다. 그 시나리오는 찰스 '프리티 보이' 플로이드(1930년대 미국의 악명 높은 은행 강도─옮긴이)를 다룬 작품이었는데, 그 신에서 프리티 보이는 라디오에서 자신을 다룬 노래가 나오는 걸 듣고 있었다. 그 신의 요점은 그가 자신이 유명해지고 있다는 걸 알았다는 것이었는데, 다음과 같이 말하는 것만으로는 그걸 전달하는 데 충분치 않을 것이다.

우디 거스리가 라디오에 나와 〈Pretty Boy Floyd〉를 부른다.

리더는 〈Pretty Boy Floyd〉라는 노래를 모를 수도 있다. 그래서 그 신과 관련한 내 목표는 리더를 위해 노래 전체를 재생하는 거였다.

절대로 해서 안 되는 일이 시나리오에서 영화 음악에 대해, 그러니까 어떤 신의 기저에 그 신의 정서적 충격을 강하게 전달하기 위해 어떤 곡을 작곡해야 할지 알려주는 것이다. 특정 지점에서 음악이 정점에 달한다는 이야기는 절대로 하지 마라. 물론 음악은 그 신의 감정을 강조한다. 그게 영화 음악이 하는 일이니까. 하지만 당신의 신이 로맨틱하지 않다면, 멋진 음악이 흐르고 있다고 얘기해 봐야 그게 그 신을 돋보이게 해주지 못한다.

4장

신 편집

아웃라인 스텝들이나 스토리 비트들을 신으로 개작할 때, 신을 어디에서 시작하고 끝내야 하는지 고민하게 된다.

간단한 대답은 이렇다. 되도록 늦게 신에 들어가서 하고자 하는 요점을 명확하게 밝힌 다음에 되도록 빨리 신에서 빠져나와라.

제일 간단한 수준의 예를 들자면, 등장인물이 문으로 들어오는 모습을 보여주지 마라.

실내. 맥스의 사무실-낮

칼이 문을 열고, 맥스의 책상 쪽으로 성큼성큼 걸어온다.

맥스
칼?

칼이 종이 한 장을 책상에 거칠게 내려놓는다.

칼

도대체 이게 무슨 짓입니까?

이 신을 되도록 늦게 시작하라.

실내. 맥스의 사무실―낮

칼이 맥스의 책상에 종이 한 장을 거칠게 내려놓는다.

칼

도대체 이게 무슨 짓입니까?

그러고서, 대사 한두 쪽을 주고받은 다음, 맥스가 "잘못될 일이 뭐가 있겠어?"라는 데 동의하며 끝맺고, 일이 잘못되는 장면으로 직행하라. 두 사람이 악수하고 칼이 문으로 나가는 것까지 보여주지 마라.

각 신을 길게 쓴 다음에 그 신이 보여주려는 요점을 놓치는 일 없이 그 신의 시작과 끝을 얼마나 잘라낼 수 있는지 확인해 보는 것이 유용한 수법이다.

신을 끝낼 적절한 지점을 찾는 방법 중 하나는 이렇게 물어보는 것이다. "갈등은 어디에서 시작하고 어디에서 끝나는가?" 위에 든 예에서, 말다툼은 칼이 종이를 내려놓기 전까지 시작될 수 없다. 그러니 그 지점이 당신이 신을 시작해야 하는 지점이다. 두 캐릭터가 일단 합의에 도달하면 더는 갈등이 없다. 그러니 이제는 떠나야 할 시간이다.

(만화책은, 특히 뛰어난 만화책은 어떤 신의 핵심만 보여주는 일에 탁월하다. 이야기 한 편이 16~32쪽밖에 없기 때문이다. 그래픽 노블 형식으로 전집 출판된 프랭크 밀러의 〈다크 나이트 리턴즈〉나 닐 게이먼의 〈샌드맨〉 시리즈를 살펴보라.)

이 법칙에는 두 가지 주된 예외가 있다. 첫째, 관객이 나중에 알아야 할 배경 정보를 전달하기 위해 어떤 신의 도입부를 활용할 경우, 필요한 것보다 신을 더 일찍 시작해도 된다.

예를 들어 〈왓 라이즈 비니스〉에서 미셸 파이퍼와 해리슨 포드가 등장하는 극적인 신의 배경은 포드의 실험실이다. 여기에서 그는 쥐를 무의식 상태에 빠뜨리지 않고 마비시키는 약을 사용하고 있다. 그 약물은 나중에 사악한 방식으로 다시 등장할 것이다. 당신은 관객에게 그 약물에 대해 노골적으로 경고하고 싶지는 않다. 그 약물을 소개하는 데 신 전체를 할애하지 않으면서 그 약물의 효과만큼은 관객에게 알려주고 싶다. 따라서 그 신의 정점에서, 미셸은 쥐에게 사용된 약에 대한 짤막한 설명('해설(exposition)')을 듣는다. 그런 다음 우리는 그 신에 적절히 빠져든다.

둘째, 두 개의 스텝이나 비트를 커버하도록 신을 확장해도 된다. 네 쪽짜리 대사 신은 한 가지 정보가 폭로되는 것으로 끝을 맺는 의견 대립을 담고 있을 수 있다("내가 바람을 피웠어, 마릴린"). 그리고 이 폭로는 다른 대립을 촉발한다("그 얘기는 듣고 싶지 않아!" "아니, 들어야 해!"). 그리고 이 대립은 다른 폭로로 끝이 난다("이봐, 자기가 바람피우는 거 알아,

달링. 그래서 내가 당신한테 독을 먹인 거야"). 그런 경우, 당신은 여전히 주장하고자 하는 바를 보여주자마자 첫 비트에서 빠져나와야 한다. 그러고는 되도록 빨리 두 번째 비트로 넘어갈 방법을 찾아야 한다.

영화는 압축을 요구한다. 영화는 제일 좋은 부분과 최악의 부분을 담길 원하고, 지루한 부분은 제외하기를 원한다. 소설과 달리 영화는 지루한 부분을 많이 담을 형편이 되지 않는 매체다.

이 법칙은 느린 전개를 담으면 안 된다는 뜻이 아니다. 어떤 비트가 전달하기를 원하는 내용을 담으려면 긴 신이 필요할 때가 가끔 있다. 비트가 "로렌스와 베두인족이 끝없이 이글거리는 네푸드 사막을 건너면서 참지 못할 열기에 시달린다"라면, 그 여정이 얼마나 혹독한지 보여주는 데 10분이 걸려도 된다. 그 신을 "로렌스와 베두인족이 출발한다"보다 늦게 시작해서는 안 되고, "그들이 오아시스에 도착한다"보다 일찍 끝내서도 안 된다.

이와 비슷하게, 잉마르 베리만의 영화는 지극히 길고 고통스러운 신들을 담고 있지만 고통은 그 영화의 주제다. 그래서 그는 그것을 짧게 축약할 수가 없다. 가위질하면 그 신들은 오히려 덜 효과적인 신이 된다.

불필요하게 느린 신이 있다면 가위질이 필요하다. 그렇게 하지 않으면 사람들이 "화면은 끝내줬어"라는 소감만이 남는 영화를 만들게 될 것이다.

5장

페이싱

페이싱은 어느 영화에서나 중요하다. 액션 어드벤처 영화와 스릴러에서는 특히 더 중요하지만 말이다. 페이싱은 사건이 전개되는 속도를 가리킨다. 페이싱을 잘한 영화에서, 사건들은 1막에서 천천히 전개되다가 2막에서 속도를 붙이고 3막에서는 가능한 한 최고속도로 펼쳐진다('가능한 한'은 문자 그대로의 의미다. 드라마 장르의 3막은 액션 영화의 1막보다 느릴 것이다).

페이싱은 타이밍의 문제가 아니다. 느린 신이 빠른 신 뒤에 이어져서는 안 된다는 뜻은 아니다. 10분마다 왜미('콰쾅!'이라는 뜻의 'wham'에서 파생된 단어로, 말 그대로 폭발, 추격, 노골적인 섹스 신 같은 순간을 가리킨다)가 등장하는 조엘 실버의 액션 스펙터클에서조차, 각각의 왜미가 등장한 후에는 관객이 조금 전에 본 내용을 소화할 수 있도록 하기 위한 약간의 숨 돌릴 틈이 있다. 예를 들어 신작 본드 영화는 엄청난 액션 시퀀스로 시작한 후, M이 본드에게 새 임무를 설명하고 Q가 새 장난감을 건네주는 본부의 조용한 신이 이어진다.

〈터미네이터〉에서 아널드 슈왈츠제네거가 연기한 터미네이터가 경찰서를 덮치자 간신히 탈출한 사라 코너와 카일 리스는 지하 배수로로 피신한다. 이때 카일은 사라에게 터미네이터가 그녀를 죽이려는 이유를, 그리고 아직 태어나지 않은 그녀의 아들이 자신에게 어떤 의미인지 설명한다.

그런데 영화가 후반부로 갈수록 숨 돌릴 틈은 짧아지고 왜미는 거창해진다. 좋은 영화에 담긴 각각의 신의 강렬한 정도를 차트로 그려보면, 일련의 파도들이 점점 규모가 커지고 기울기는 가팔라지는 것을, 그러다 결말에 가장 큰 파도가 오는 것을 보게 될 것이다.

그러므로 페이싱은 그저 타이밍의 함수가 아니다. 스토리가 전개되는 동안 신을 짧게, 더 짧게 만들고 사건들을 빠르게, 더 빠르게 만드는 것만으로는 속도를 높일 수 없다. 신은 더욱더 강렬해야 한다. 그렇지 않으면 스토리는 흐름이 뚝뚝 끊어진다. 리더들이 당신의 페이싱이 엉망이라고 투덜거린다면, 그건 당신이 후반 신들을 너무 길게 작업했다는 뜻일 수도 있고, 신 중 일부가 리더에게 충분히 강렬하게 각인되는데 실패했다는 뜻일 수도 있다. 파도가 충분히 높지 않았던 것이다. 이 문제는 단순히 신을 가위질한다고 해결되지 않는다. 실제 폭탄이든 감정적인 폭탄이든, 더 많은 폭탄이 터지게 만들어라. 3막 신이 너무 짧아서 효과를 내지 못한다면, 필요한 것은 추가로 가위질하기보다는 오히려 그걸 길게 늘이는 작업일 수도 있다.

시계

당신의 시나리오가 스릴러나 액션 영화라면, 시계를 넣어도 괜찮다. 시계란 주인공이 그걸 넘기지 않으려고 질주하는 데드라인이다. 전형적인 사례가 〈하이 눈〉이다. 윌 케인 보안관은 그를 죽이려는 악당들이 정오 기차를 타고 도착하기 전 그가 복무하던 서부의 작은 마을의 사람들을 동원해야 한다. 영화의 어떤 장면을 보든 시계들이 실시간으로 째깍거린다. 〈아웃브레이크〉에서 특정 시점까지 바이러스를 박멸하지 못하면 미국의 소도시는 폭격을 당해 잿더미가 될 것이다. 〈파이널 디씨전〉에서 무고한 승객이 가득 탄 점보제트기는 특정 시점이 되면 창공에서 폭발할 것이고, 그렇게 되지 않으면 탑승한 테러리스트들이 동부 해안 전체에 치명적인 독을 투하할 것이다. 〈더 록〉에서 악당들은 화요일까지 돈을 받지 못하면 샌프란시스코에 독가스를 퍼뜨릴 것이다.

시계가 꼭 필요한 것은 아니다. 시계가 없어도 극도로 서스펜스 넘치는 스릴러를 찾아내는 건 어렵지 않다. 그냥 무작위로 뽑아보자. 〈원초적 본능〉, 〈적과의 동침〉, 〈와일드 씽〉, 〈위험한 독신녀〉, 〈이창〉, 〈가스등〉, 〈암살단〉, 〈암호명 콘도르〉, 〈컨버세이션〉, 〈욕망〉, 〈필사의 추적〉, 〈세븐〉, 〈차이나타운〉, 〈보디 히트〉, 〈톱니바퀴의 칼날〉, 〈위트니스〉.

액션스릴러의 하위 장르에도 시계가 필수인 것은 아니다. 〈도망자〉, 〈컨스피러시〉, 〈리썰 웨폰〉, 〈롱키스 굿나잇〉. 시계가 있는 영화는 단 한 편도 없다.

서스펜스 넘치는 스릴러와 액션 스릴러에 담긴 것은 팽팽하게 조여지는 올가미가 전부다. 주인공을 더 큰 위험으로 몰아넣는 올가미이든, 주인공이 미스터리를 푸는 쪽에 더 가깝게 몰아가는 올가미이든, 양쪽 모두에 해당하든 상관없이 말이다. 예를 들어 연쇄 살인마 영화 〈양들의 침묵〉, 〈세븐〉에는 시계가 없지만, 형사는 악당이 다음 희생자를 살해하는 걸 막으려고 노력한다. 그것은 시계가 아니다. 우리는 살인자가 다음에 누구를 살해할지, 또는 언제 살해를 자행할지 모르기 때문이다. 〈북북서로 진로를 돌려라〉와 〈도망자〉 같은 무고한 사람이 등장하는 스릴러에서는 경찰에 붙잡히기 전에 자신의 무죄를 입증하려고 필사적으로 기를 쓰는 인물을 주인공으로 삼는다.

누군가가 스토리에 시계를 넣어보라고 한다면, 그건 당신이 스토리가 전개되는 동안 서스펜스를 단계적으로 상승하게 만들지 못했다는 뜻일 수도 있다. 영화의 결말로 가는 동안 페이싱이 충분히 빠르지 않으며 당신이 스토리의 올가미를 팽팽하게 조이지 못했을 수도 있다. 이 경우, 단순히 시계를 제공한다고 해서 서스펜스가 저절로 넘치지는 않을 것이다. 시계는 캐릭터들이 분발하게 할 동력을 제공하는 것이지, 시계가 당신을 위해 모든 스토리적 요소를 알아서 제공해 주지는 않는다. 당신은 여전히 서스펜스를, 위험을, 미스터리를 만들어야 한다.

달리 말해, 시계를 도입할 자연스러운 이유를 만들어낼 수 있다면 주인공의 과업을 명료하게 가다듬을 수 있다.

당신에게 시계가 있다면 정기적으로 속도를 높이는 것도 좋다. 당신에게 주어진 시간은 6시간이 아니라 30분임을 명심하라.

6장

시점

시점(POV, point of view): 어떤 것을 고려하거나 평가하는 위치; 관점(STANDPOINT)

시점 숏 또는 POV 숏은 어떤 캐릭터가 보고 있는 대상을 정확하게 보여주는 숏이다. 카메라는 그 캐릭터가 보고 있는 것을 촬영한다.

실외. 수영장 옆-낮

사브리나가 잔뜩 모인 손님들을 통과한다.

실외. 수영장 옆-낮(토니의 시점)

손님들이 서성거린다. 사브리나의 흔적은 보이지 않는다.

실외. 수영장 옆-낮

사브리나가 군중 속에서 빠져나온다.
파이를 담은 철제 통이 햇빛을 받아 환히 빛난다.

토니
그녀를 보고, 고함을 친다

사브리나
크림 파이를 던진다.

어떤 숏을 개나 괴물, 또는 날아가는 크림 파이의 시점에서 찍어도 된다.

시점 캐릭터(point-of-view character)는 우리가 그 인물의 오감을 통해 영화가 전개되는 것을 감상하게 되는 캐릭터다. 우리는 그 인물이 듣는 소리만 들을 수 있고, 그 인물이 아는 내용만 알 수 있다.

그런데 관객이 늘 그의 눈을 통해서만 보는 것은 아니다. 그렇게 하면 화면이 짜증 날 정도로 빠르게 바뀔 것이다. 또한 관객에게 잘못된 인상을 심어줄 수도 있다. 어떤 대화를 떠올릴 때, 나는 그 대화에 참여한 나 자신에 대한 이미지가 있다. 따라서 어떤 신이 내 시점을 택할 경우, 거기에는 내가 바라보는 사람의 숏뿐 아니라 나 자신을 담은 숏도 들어 있을 것이다. 하지만 그렇다면 내가 알지 못하는 일은 영화에서 하나도 드러나지 않을 것이다.

모든 영화에 시점 캐릭터가 한 명만 있는 건 아니다. 많은 영화에서 스토리는 서로 접촉하지 않는 장소와 캐릭터 사이를 훌쩍 점프하여 오간다. 영화에서 하나의 시점만 고수하는 것은 강력한 도구가 될 수 있다. 그렇게 하면 우리를 스스로 중심 캐릭터와 동일시하는 데 도움을 주면서, 그의 개인적인 사연으로 끌어들인다.

시점을 제일 명백하게 활용하는 사례는 탐정 스토리다. 관객이 탐정이 아는 것만 안다면, 관객은 미스터리를 파헤치려고 애쓰는 그의 경험에 끌려들어 가게 된다. 관객이 그 시점에서 벌어지는 모든 일을 안다면 알쏭달쏭하지 않을 것이다. 〈파이트 클럽〉과 〈야곱의 사다리〉, 〈식스 센스〉는 하나같이 한복판에 미스터리를 품고 있다. 주인공이 발견한 해답은 이 영화들을 무척 강렬한 영화로 만들어주는 '반전'이다. 우리가 중심 캐릭터가 아는 것보다 많은 것을 안다면 ―그의 주위에 있는 사람들이 아는 것을 안다면― 영화가 선사하는 놀라움은 크게 줄어든다.

중심 캐릭터가 평범한 인물이 아닐 경우, 단일 시점을 유지하는 것은 매우 유용하다. 예를 들어 〈시계태엽 오렌지〉는 난폭한 젊은 사이코패스, 알렉스의 시점으로 전개된다. 알렉스의 시점 밖에서 벌어지는 일은 영화에 거의 등장하지 않는다. 알렉스가 거느린 패거리가 반란을 일으킬 때, 그 일은 알렉스는 물론이고 우리에게도 놀랍게 다가온다. 알렉스가 우리에게 자신의 사연을 들려주는 삐딱한 보이스오버와 몇 가지 촬영 트릭이 어우러지면서, 관객은 그 사악한 캐릭터에게 공감하게 된다.

고전 무성영화 〈칼리가리 박사의 밀실〉도 우리를 기이한 시점에 배치한다. 우리는 영화를 거의 다 보고서야 중심 캐릭터가 미치광이라는 것을 깨닫는다. 우리가 그의 시점을 통해 사건들을 보았기 때문이다. 그런데 이 영화가 무서운 점은 그의 시점이 지독하게 왜곡되어 있기 때문이다.

영화는 보는 그대로 곧이곧대로 이해되는 매체. 정신적인 상태를 스크린에 재현하는 방법은 없다. 조현병 환자의 머릿속을 촬영하려고 무슨 일을 할 것인가? 우울증은? 조증(躁症)은? 〈헤드〉의 몽키스는 LSD에 따른 환각 체험을 필름에 재현하려고 시도한다. 몽키스는 초현실적인 무모한 짓들을 한다. 모든 것이 논리적이지 못하고 일종의 시적인 느낌을 풍긴다. 영화는 우리가 실제로 촬영할 수 없는 대상과 시각적으로 유사한 것을 창조해야 한다. 당신이 관객을 편집증에 시달리는 인물과 동일시하도록, 편집증에 사로잡힌 그 인물의 시점에서 사건들을 바라보게 만들고 싶다고 치자. 모든 사람이 주인공을 괴롭히는 것 같은 느낌을 필름에 담을 수는 없다. 그렇지만 왜 그런지 이유를 내놓지 않으면서도 영화에서 일어나는 사건을 위협적으로 보이게끔 만들 수는 있다.

빌이 골목을 걸어 내려간다. 대형 쓰레기통 옆을 지나간다. 그 뒤에 있는 어둠 속에서 무엇인가가 움직이고 있는 걸까?

… 아니다, 착시일 뿐이다.

그는 땀을 뻘뻘 흘리면서 걷는 속도를 높인다.

또는,

웨이트리스

좋은 시간 보내세요.

그녀가 그에게 이상한 느낌으로 윙크를 한다. 그녀는 그가 모르는 무언가를 알고 있는 듯하다.

이 기법은 구사하기 까다롭다. 리더에게 단순히 당신이 헷갈려서 이렇게 쓴 게 아니라, 리더 자신에게 의도적으로 뭔가를 보여주려고 이렇게 썼다는 확신을 줘야 하기 때문이다. 때로는 관객에게 귀띔해 줄 필요가 있다.

린다

당신은 왜 항상 누군가가 당신을 괴롭히고 있다고 생각하는 거예요?

케빈

나는 편집증에 걸린 게 아니에요!

포일

시점 캐릭터가 중심 캐릭터여야 하는 것은 아니다. 당신의 스토리에 제일 핵심적인 캐릭터는 우리가 그의 머릿속에 절대로 들어갈 수 없는 평범하지 않은 사람일 수도 있다. 따라서 영화는 그와 다른 평범한 캐릭터인 포일(어떤 사람과 대조적인 성격이면서도 서로 잘 어울리는 사람—옮긴이), 또는 관객을 위한 대역의 시점을 취한다.

〈카드로 만든 집〉과 〈레인맨〉은 자폐증을 가진 캐릭터를 중심으로 전개되는 영화들이다. 〈카드로 만든 집〉은 자폐증을 가진 딸 샐리의 내면세계를 보여주려 애썼다. 그런데 〈레인맨〉은 그 영화보다 더 성공적이었다. 부분적인 이유는 서번트증후군 환자 레이먼드의 머릿속으로 들어가려고 하지 않았기 때문이다. 카메라는 자폐증 환자의 겉모습만을 —더 정확히 말하면, 배우가 펼치는 자폐증 환자 연기를— 보여줄 수 있다. 〈레인맨〉에서 시점 캐릭터는 자폐증 환자의 동생 찰리 배빗이다. 그의 머릿속은 관객이 들어갈 수 있는 곳이다.

케네스 브래너의 웅장한 공포 영화 〈프랑켄슈타인〉에서 피조물이 소작농의 오두막을 은신처로 삼고 그곳에서 말하고 읽는 법을 배우는 동안, 정서적 시점은 빅토르 폰 프랑켄슈타인으로부터 떠난다. 피조물이 고초를 겪는 동안, 관객은 그에게 공감할 수 있다. 그런데 피신처에서 쫓겨나면서 폰 프랑켄슈타인에게 복수를 다짐한 피조물은 복수의 화신이 되어서 폰 프랑켄슈타인이 사랑하는 사람들을 죽인다. 그러자 관객은 더는 그에게 공감하지 못한다. 피조물이 폰 프랑켄슈타인을 붙잡아 왜 자기를 만들었느냐고 물을 때, 그 장면은 이 비극의 나머지 부분이 그런 것처럼 폰 프랑켄슈타인의 시점에서 펼쳐진다.

컴퓨터와 외계인, 미치광이, 하나님, 악마, 돌고래의 마음. 정말로 설득력 있는 시각적 메타포를 내놓을 수 없는 한, 당신은 우리가 이해할 수 있는 평범한 캐릭터의 시점을 통해 그들의 스토리를 걸러내야 한다.

정서적 시점

시점은 미묘하다. 영화가 중심 캐릭터의 시점을 벗어나면서도 그 캐릭터의 정서적 시점은 그대로 유지하는 경우가 자주 있다. 정서적 시점에는 다음과 같은 것들이 포함된다.

  a. 그 캐릭터가 보는 대상—말 그대로 그의 시점
  b. 그 캐릭터가 보지 못하지만 그런 일이 있었다는 것을 결국에는 알게 될 대상
  c. 그 캐릭터에 직접 영향을 주는 존재

b의 예를 들면 중심 캐릭터가 일련의 살인사건을 수사하는 형사인 스릴러에서는 살인자가 살인을 자행하는 모습을 보여주고 싶은 경우가 많을 것이다. 우리가 보는 살인자의 행각이 형사가 *결국 잘 알게 될* 사건인 한, 영화는 말 그대로 형사의 시점에서 전개되는 것은 아니지만 형사의 정서적 시점을 유지하는 셈이다. 따라서 우리는 (예를 들어 〈원초적 본능〉의 도입부에서처럼) 살인이 일어나는 것을 볼 수 있고, 형사가 나타나 범행 현장을 조사하게 만들 수 있다. 관객은 형사가 보지 못했던 것을 미리 봤더라도 형사가 아는 것을 안다고 할 수 있다.

c의 예를 들면 스토킹을 당하는 여성이 주인공인 영화에서, 우리는 스토커가 준비작업—예를 들어 그녀가 피신한 곳이 어디인지를 찾아 그녀를 보러 가는 것—을 하는 모습을 보게 될지 모른다. 그가 하는 짓은 그녀에게 직접적으로 영향을 끼치고, 그래서 우리는 카메라가 그녀

가 모르는 대상을 보고 있어도, 그리고 그녀가 결코 그렇다는 걸 알지 못할 대상을 보고 있더라도 그녀와 계속 동일시한다. 말 그대로 이 영화의 시점은 스토커에게 있지만, *정서적* 시점은 그녀에게 있다.

b에서 형사가 결코 밝혀내지 못할 무엇인가를 보여줄 경우, 또는 c에서 스토커가 여성에게 영향을 주지 않는 무슨 짓을 할 경우, 주인공의 정서적 시점은 무너지게 될 것이다. 예를 들어 스토커가 꼬마 몇 명과 같이 아이스크림을 먹으려고 휴식을 취할 경우, 그 영화의 정서적 시점은 그의 시점이 된다.

관객이 자신을 b의 형사나 c의 피해자 여성과 동일시하기를 원한다고 해도, 문자 그대로 그들의 시점만 고수할 필요는 없다. 그렇지만 정서적 시점을 무너뜨리는 신을 쓰지는 마라. 우리가 그녀가 아는 것만 알아야 할 필요는 없다. 그렇지만 우리가 절대로 알게 되지 못할 것을, 그리고 그녀와 아무런 상관도 없는 것을 보여줘서는 안 된다. 그렇게 하지 않을 경우 그 영화는 그녀의 영화가 되는 일을 중단한다.

말 그대로의 시점보다 정서적 시점을 고수하면 그렇게 하지 않았을 때보다 더 많은 서스펜스를 빚을 수 있다. 예를 들어 〈현기증〉에서 우리는 영화의 중간쯤에서 주디 바튼의 비밀을 알게 된다. 스코티 퍼거슨은 마지막 릴이 될 때까지 그걸 알지 못한다. 우리는 그에게 벌어지는 일이 무엇인지 알고 있기 때문에 −말 그대로의 시점을 통해서만 스토리를 봤을 때보다 그를 더 두려워하게 된다− 더 큰 서스펜스를 경험한다. 하지만 *정서적* 시점은 부서지지 않았고, 그래서 우리는 스코티를 향한 강한 정서적 애착을 그대로 유지한다.

시점 집필

동일한 대사를 담은 신이라도 두 가지 상이한 시점을 통해 다른 방식으로 집필할 수 있다. 예를 들어 보자.

캐리는 얼굴을 찡그린다.

이 문장은 캐리의 표정만 보여준다. 정서적 시점은 중립적이거나 이걸 보고 있는 어떤 다른 캐릭터의 것이다. 다음을 보자.

캐리는 얼굴을 찡그리며 불안해한다.

이 문장은 필름에 담을 수 없는 캐리의 마음 깊은 곳까지 보여줄 수는 없어도, 그녀의 감정을 느끼기에 딱 충분한 만큼 우리를 그녀의 마음속으로 데려간다.

캐리가 방 안에서 오가는 대화를 밖에서 우연히 듣다가 방으로 들어가는 신을 쓴다고 치자. 이 신을 그녀의 시점에서 쓴다면, 그녀가 대화를 방 밖에서 우연히 듣는 신으로 시작하라. 방에 있는 누군가의 시점에서 글을 쓴다면, 방에서 신을 시작해서 그녀가 들어오게 만들어라. 어느 쪽이든 그녀는 대화를 우연히 들었지만, 첫 번째 버전에서는 관객이 그녀에게 이입하는 반면, 두 번째에서는 그렇지 않다.

버전 1:

실내. 아버지의 집-캐리의 방-낮

캐리가 경계하는 기색으로 깨어난다.

사라(O.C.)
당신이 쓴 이 《와이어드》 기사 막 읽었어.

닉(O.C.)
아, 그래? 젠장, 내가 그걸 아무렇게나 놔뒀나 보네.

캐리가 열중하는 모습으로 일어나 앉는다.

실내. 아버지의 집 거실-낮

캐리가 머리를 쑥 내민다.

사라가 뒷주머니에서 종이를 꺼내 펼치고 있다. 닉은 커피 테이블에서 크로스워드 퍼즐을 풀고 있다.

버전 2:

228

실내. 아버지의 집 거실—늦은 오후

사라가 들어온다. 닉은 커피테이블에서 크로스 워드 퍼즐을 풀고
있다. 그녀가 뒷주머니에서 접힌 종이를 꺼낸다.

사라
당신이 쓴 이 《와이어드》 기사 막 읽었어.

닉
아, 그래? 젠장, 내가 그걸 아무렇게나 놔뒀나 보네.

그가 올려다본다. 캐리가 문간에서 두 사람을 지켜보고 있다.

이 신의 나머지 대사는 두 버전에서 정확히 동일할 것이다. 시점이
일단 확고해지면, 그 시점은 당신이 시점을 변화시키는 무슨 일을 하기
전까지는 신에 계속 유지될 것이다.

시점이 없거나 뒤섞인 시점

걸작이라 평가받는 많은 영화가 철저하게 관음적이다. 당신을 어느 캐
릭터의 마음속으로 데려가지 않고, 어떤 캐릭터가 아는 모든 내용을 알
려주지 않는다. 〈와일드 씽〉은 그것을 보여주는 탁월한 사례다. 처음
에 관객은 이 영화를 맷 딜런이 맡은 선생님의 시점에서 본다. 그다음

에는 일부 장면을 형사의 시점에서 본다. 그런데 나중에 관객은 그들이 아는 모든 것을 알지는 못했다는 게 밝혀진다. 그리고 마지막에 모든 스토리가 전적으로 또 다른 캐릭터의 동기에 의해 짜여졌다는 것을 알게 된다. 캐릭터의 교묘한 책략이 영화 대부분의 시간 동안 관객의 이해를 막은 것이다. 〈와일드 씽〉은 관음적 스릴러로 작동한다. 관객은 후끈한 에로티시즘을 보려고 극장에 왔을지도 모르지만(영화는 실제로 그런 걸 보여준다!), 이 영화의 진짜 목적은 관객을 교활하게 조종하는 것이다. 달리 말해, 관객은 질질 끌려다니는 신세가 되는 스릴을 느끼려고 입장료를 낸다.

단일 시점으로는 성취할 수 없는 특정 효과를 위한 도구로 뒤섞인 시점을 활용할 수 있다. 그런데 당신이 관객을 상대로 게임을 벌인다면, 당신의 영화가 정서적으로 냉담해지는 위험을 감수해야 한다는 것을 인식하라. 영화적으로건 정서적으로건, 어떤 캐릭터의 눈을 통해 세상을 보게 만들어야 관객을 감동하게 만들 수 있다.

7장

스타일

피치를 통해 스토리를 들려줄 때, 당신이 사용하는 단어와 문장은 영화에서 중요하지 않다. 스토리의 흐름만이 유일하게 스크린에 올라간다. 그런데 충분히 머리를 잘 굴려서 시나리오를 집필했다면, 당신의 대사도 심지어 당신의 액션도 스크린에 올라갈 것이다. 피치에서 시나리오로 향할 때 당신은 당신 영화의 스타일을 창조할 기회를 얻는다.

일관된 방식으로 신(scene)을 보여줄 때 영화는 스타일이 생긴다. 신들이 대체로 짧고 신들 사이의 컷들이 돌발적일 때, 그 영화는 뚝뚝 끊어지는 스타일을 갖게 된다. 풍경이 멋들어지고 배우들의 감정이 거창하며 자연스럽고, 캐릭터들이 방해받지 않으면서 장기간 이야기를 주고받을 경우, 그 영화는 오페라 같은 스타일이 된다. 각각의 신이 외부 설정 숏과 함께 소개된 다음 일련의 미디엄 클로즈업으로 이동할 경우, 그 영화는 TV 스타일이라는 혹평을 받는다. TV 스타일은 화면이 작은

TV에 알맞다. 대형 스크린에서 볼 경우 싼 티가 날 것이다.

이런 스타일 전부를 시나리오를 통해 절묘하게 전달할 수 있다.

나는 지금 문체 얘기를 하는 게 아니다. 네푸드 사막을 느릿느릿 가로지르는 원정을 보여주고 있든 세탁실에서 몸을 섞는 두 사람을 보여주고 있든, 액션은 거의 항상 산뜻하고 간결하며 시각적인 문장으로 이루어져야 한다. 심지어 모든 캐릭터가 무척 문학적인 인물들로 사려 깊고 장황한 문장만 구사하는 응접실 드라마를 쓴다 하더라도, 액션을 쓸 때는 여전히 형용사와 부사, 종속절을 피해야 한다.

폴리

의심의 여지 없이 선생님, 선생님께서는 선생님이 느꼈어야 할 감정을 오해하셨어요. 저는 선생님께서 더는 우리 가족을 센세이션이나 스캔들에 노출하게 만드는 일 없이 떠나셨다면 그걸 지극한 예의를 차리는 표시로 받아들였을 거예요.

그녀는 그의 눈을 마주 보지 않는다.

로버트는 그녀를 쳐다본다. 한숨을 쉰다.

로버트

불쾌하게 해드렸다면 유감입니다. 좋은 하루 보내세요, 부인.

그는 몸을 돌린다. 간다. 집사가 그에게 모자를 건넨다. 그는 모자

를 놓친다. 집사는 모자가 땅에 떨어지기 전에 낚아채 아무 감정도
드러내지 않고 그걸 다시 그에게 건넨다.

로버트(계속)

(목이 멘 목소리로)

정말로 친절하시군요. 선생님.

여기에 등장한 대사는 모두 짧고 고상한 고어(古語)로 쓰였다. 캐릭
터들이 구사하는 대사는 그들이 헨리 제임스(19세기에 활동한 미국 소설
가 – 편집자)의 소설을 지나치게 탐독했다는 걸 드러내지만 말이다.

당신 영화의 스타일은 현란한 산문이 아니라 스토리가 펼쳐지는 것
을 보여주는 방식에 의해 규정된다. 상이한 장소에서 대화를 계속 이어
나가는 두 커플을 다룬다고 치자. 전체 대화를 한 신으로 보여주고 그
다음에 다른 신으로 넘어갈 것인가? 두 개의 대사 신을 서로의 대척점
으로 활용하면서 두 신 사이를 오가도록 편집할 것인가? 두 대화를 한
숏에서 같은 레스토랑을 배경으로 이뤄지게 연출하면서, 한 커플이 다
른 커플이 얘기하는 동안 기적처럼 입을 다물게 만들고는 얘기하는 사
람에게 초점을 맞추는 식으로 만들 것인가? 커플들이 각각의 대화를
계속 이어가는 동안 카메라 앞으로 오락가락하게 만들고, 그래서 우리
는 그 방을 결코 떠나지 않지만 그 대화의 일부만을 듣게 할 것인가?
당신의 문체가 어떻든 그것은 스크린에 올라가지 않을 것이다. 비주얼
스타일은 올라갈 수 있겠지만.

당신이 어떤 스타일을 선택했는가에 따라 이 접근방식들 각각은 적

절하거나 적절하지 않다. 똑똑한 작가라면, 심안으로 영화를 보는 경험 밖으로 리더를 내동댕이치지 않으면서 이 방식 중 무엇이든 활용할 수 있다.

감독과 촬영감독은 스타일리시한 영화를 만들기 위해 평생 공부한 사람들이다. 내가 해줄 수 있는 말은 당신의 시나리오에는 스타일이 있다는 것, 그리고 당신은 플롯과 캐릭터들을 인식하고 통제하듯이 영화의 스타일을 인식하고 통제해야 마땅하다는 것이다.

당신의 적성에 맞으며 당신이 고안한 스토리에 알맞은 스타일을 선택하라. 선택은 당신 몫이다. 당신은 불쾌한 현실을 고스란히 담아낸 리얼한 스타일의 비극을 쓸 수도 있고, 별난 자의식적인 스타일을 구사할 수도 있다. 각각의 접근 방식에는 나름의 장점이 있다. 각각의 접근 방식은 관객에게 서로 다른 것을 전달한다. 당신의 영화에 적합한 게 어느 스타일인지 선택하는 것은 오로지 당신 몫이다.

대사
DIALOGUE

1장

스토리
진전시키기

캐릭터는 언뜻 사람 같아 보이지만, 실제로는 스토리의 재료다. 캐릭터의 대사가 가져야 할 두 가지 특징이 있다.

1. 스토리를 진전시켜야 한다.
2. 캐릭터가 할법한 말로서 믿음이 가야 한다.

대사는 액션과 마찬가지로 영화의 스타일과 톤을 창조한다. 액션은 사람들이 하는 행동을 보여주고 대사는 사람들이 생각하는 내용을 알려준다. 따라서 통상적으로, 액션은 일어나는 일을 보여주지만 대사는 어떤 사건이 벌어지는 이유나 사건이 발생한 것이 어떤 의미인지 알려준다.

대사는 두 가지 방식으로 스토리를 진전시킨다.

a. 대사는 드라마를 끌고 나간다.

대사는 캐릭터들의 목표가 드러나는 지점이다. 그리고 서로 상충하는 캐릭터들의 목표는 스토리를 앞으로 밀고 나가는 원동력이다.

b. 대사는 우리가 알아야 할 것을 알려준다.

대사는 플롯을 이해하는 데 필요한 정보를 제공하고, 캐릭터에 대한 통찰을 제공한다.

드라마는 갈등이다

한 캐릭터가 무엇을 원하는데 다른 캐릭터는 다른 생각을 품고 있을 때 드라마가 발생한다. 어느 캐릭터가 다른 캐릭터는 주고 싶지 않은 무엇인가를 얻으려고 애쓸 때, 이상적으로는 서로가 그런 상황일 때 대사는 드라마틱해진다. 캐릭터들이 추구하는 목표는 다음과 같은 것들이 될 수 있다.

잭

내 방에서 열쇠 못 봤어?

또는 그들이 하기를 원하는 행동일 수도 있다.

조시

못 봤어. 그런데 네가 내 방 앞 복도 램프의 전구를 갈면 열쇠를 찾을 수 있을 거야.

아니면 그들이 직접적으로 요청하고 싶지 않은 무엇일 수도 있다.

잭

내가 여기에서 자고 간다면 찾을 수 있을 거 같아. 밝을 때, 내일 아침에 말이야.

또는 대놓고 하고 싶지 않은 거절을 할 때일 수도 있다.

조시

그냥 나한테 있는 네 방 열쇠를 너한테 주면 안 될까?

캐릭터들이 각자가 원하던 걸 가졌을 때, 또는 그걸 얻으려고 기를 쓰는 걸 단념했을 때, 그 신은 끝난다. 다음 신으로 넘어가거나, 새로운 갈등을 도입하라.

"말다툼하려고 여기 온 게 아냐."

"아니, 그러려고 온 거잖아!"

관객이 말다툼이라는 형식으로부터 튀어나온 정보를 소화하는 것은 늘 더 수월하고 재미있다.

뛰어난 대사는 사람들이 *상대로부터 무엇을 얻으려 애쓰는 내용이*

다. 현실에서 사람들은 타인으로부터 무엇을 얻으려고 말한다. 그들이 좇는 것이 무엇인지 가늠하기 어려울 때가 종종 있지만, 모두 무엇을 좇는 것만큼은 분명하다.

시나리오를 집필할 때, 자주 관객을 위해 어느 정도의 정보를 드러 내야 한다. 이걸 가리키는 용어가 *해설*(exposition), 또는 줄여서 엑스포 (expo)다. 그런데 캐릭터들이 오로지 정보를 드러내기 위해 말하면 안 된다. 관객에게 어느 정도의 정보를 주어야만 한다면, 그걸 우리에게 들려줘야 할 나름의 이유를 캐릭터에게 확실히 제공하라. 대사가 그 캐 릭터에게 *자연스러워지도록* 만들어야 한다.

대사를 위한 동기를 부여하는 것은 충분하지 않다. 예를 들어 어떤 형사가 다른 형사에게 사건을 브리핑하는 신은 필요하고 믿음이 갈 만 하겠지만, 드라마틱하지 않을 수도 있다.

스피넬리
지문이 정확히 일치해. DNA도 확인됐어. 문제는 살인이 발생하던 시간 내내, 용의자는 록산느하고 골프를 치고 있었다는 거야.

오리어리
젠장.

뭐, 이런 대사도 흥미롭긴 하다. 두 사람은 시나리오 4페이지에 적 힌, 소녀를 살해한 범인이 누구인지 추리하려고 한다. 그런데 이 신은 훈제연어처럼 그 자리에 널려 있을 뿐이다. 사람은 누구나 강의보다는 말다툼을 쉽게 따라간다. 그러니 그 신을 드라마틱하게 만들어서 관객을 끌어들여라. 두 캐릭터가 서로에게 으르렁거리게 만들어라.

스피넬리

지문이 정확히 일치해. DNA도 확인됐어.

오리어리

살인이 일어났을 시간에 우리 용의자께서 록산느하고 골프를 치고 있었다면서? 대체 어떻게 된 영문인지 설명하라고!

캐릭터들을 말다툼하는 상황에 밀어 넣는 것은 관객들이 캐릭터에 대해 파악할 수 있게 하는 최상의 방법이다. 스크램블드에그를 조리하는 사람을 본다고 해서 그 사람에 대한 많은 것을 알지는 못할 것이다. 그러나 계란을 조리할지 와플을 만들지를 놓고 아버지와 다투는 사람을 보면 그 사람에 대한 많은 것을 곧바로 알게 된다.

2장

믿음직함 vs 리얼리즘

대사는 대화와 다르다. 대화는 현실 세계의 사람들이 실제로 하는 말이고 대사는 캐릭터들이 하는 말이다. 대사는 대화처럼 들릴지 모르지만, 사람들이 실제로 하는 말보다는 우리가 사람들이 했다고 *기억하는* 말에 더 가깝다.

현실에서 사람들은 글로 옮기거나 정확하게 되풀이하려는 의도로 말하지 않는다. 사람들의 말은 '흠'과 '어어', '음' 같은 의미 없는 소리들로 가득하고, 문장은 조각조각 끊어진다. 법정 속기록을 본 적이 있는지 모르겠는데, 읽기 어렵다. 사람들이 실제로 이야기하는 방식은 부주의하고 게으르고 모호하기 때문이다.

"그러니까, 어어, 내가 가는 데가, 내가 가는 데가 어디냐면… 어쨌든, 내가 말한 것처럼, 내가 가는 건, 좋아, 그렇게 할 거야. 젠장, 내가 무슨 말 하는 건지 알지?"

다행히도 우리는 이런 두서없는 이야기를 썩 잘 알아듣는다. 그래서 우리는 남의 이야기에 귀를 기울일 때 사람들이 실제로 하는 말보다는 뜻하는 바를 듣는 게 일반적이다(불행히도 우리의 해석력은 지나칠 정도로 좋다. 이 점이 사람들은 본인이 듣고 싶은 말만 듣는 경우가 자주 생기는 이유를 설명해 준다).

당신이 불쾌한 현실을 고스란히 담은 '리얼'한 스타일을 시도하고 있다면 이 예시는 좋은 대사일지도 모른다. 좋은 대사는 더욱, 더더욱 정확한 정보를 전달한다. 좋은 대사란 캐릭터가 실제로 말한 내용보다는 우리가 그가 한 말이라고 들은 내용에 더 가까울 것이다.

정확한 대사

사람들이 심중에 있는 생각을 정확히 말하는 경우는 드물다. 사람들은 적절한 단어를 찾는다. 분란을 일으키지 않을 표현을 찾으려 애쓴다. 원하는 바가 무엇인지, 또는 뜻하는 바가 무엇인지 정확하게 확신하지 못한다.

어떤 캐릭터가 현실 세계의 대화에 담긴 애매함이 전혀 없는 채로 심중에 있는 말을 정확히 표현할 때, 우리는 그 대사가 '정확하다'고 한다.

캐릭터들 간의 의견이 충돌하는 쟁점을 곧바로 집어내게 만드는 설정은 보통 흥미가 떨어진다. 대신, 둘 중 한 명은 관련이 없는 이야기일 게 뻔한 말을 내뱉어 빙빙 돌리고, 반면에 다른 캐릭터는 무슨 일이 벌어지고 있는지 가늠하려 애쓰게 만들어라. 어쩌면 그 캐릭터는 무슨 일인지 결코 정확히 가늠하지 못할 수도 있다. 그런데 우연히 등장한 단어가 폭발을 일으키고, 이제 두 사람은 논쟁에 돌입한다. 그러나 그들은 여전히 동문서답 중이다. 두 사람은 상대의 질문에 답하지 않고, 그들이 받을 거라 기대했던 질문에 답한다. 그들은 비난을 퍼붓고, 상대의 말꼬리를 잡으며, 해묵은 잘못들을 끄집어낸다.

결국에는 심중에 있는 말을 정확하게 내뱉을 캐릭터 한 명이 필요하다. 하지만 그건 그 신의 클라이맥스에서, 상대가 변죽을 울리는 짓을 더는 참지 못할 때 그래야 한다.

다음과 같은 것들 사이에 거의 항상 긴장이 빚어진다.

1. 캐릭터가 곧이곧대로 하는 말
2. 캐릭터가 전하려고 의도한 말
3. 캐릭터가 하는 생각

에두르는 대사는 정확한 대사보다 더 많은 것을 전달한다. 영리한 시나리오 작가는 이런 대사를 훨씬 더 잘 이용한다.

다음은 정확한 대사들이다. 이 대사들은 정당한 이유("너 때문에 미치겠어.")와 사과의 뜻을 전한다.

행크

너한테 못되게 굴어서 미안해, 재니. 내가 감정을 잘 눌렀어야 했는데. 그런데 너 때문에 정말로 미치겠어. 그건 순전히 내가 너를 너무 사랑하기 때문이야.

그런데 다음 대사를 보라.

행크

너는 네 어머니 판박이구나. 너도 알지? 네 어머니는 너처럼 고상한 심리학 학위가 없었어도 네 아버지 마음을 갈기갈기 찢어발겼다는 거…. 여기 봐봐, 예쁜이…. 내가 너를 어디 근사한 식당으로 데려 가면 어떨까?

이 대사는 리더에게 행크는 재니의 어머니를 알고 있다는 것, 재니는 심리학 학위가 있지만 그녀의 어머니는 교육을 제대로 받지 못한 사람인 듯하다는 것, 재니 부모의 결혼 생활은 지옥이었다는 것, 재니는 집에서 주로 끼니를 해결하고 외식은 거의 하지 않는다는 것 등을 알려준다. 이 대사는 이와 같은 정보를 모두 담고도 여전히 정당한 이유와 사과의 뜻을 전한다.

현실적인 대사 vs 간결하고 선명한 대사

걸출한 대사는 현실적인 데서 그치지 않는다. 강렬하고 참신하며 표현력이 풍부하다. 그런 대사는 관객의 마음을 파고든다. 우리가 일찍이 들어보지 못한 대사로, 단어 몇 개만 활용하여 엄청난 내용을 전한다.

현실 세계의 대화는 클리셰로 가득하다. 우리는 제일 영리하거나 참신하거나 정확한 단어가 아니라 머릿속에 처음 떠오르는 단어로 자신을 설명한다. 강렬하고 참신하며 표현력이 풍부한 문장을 열 문장 중에 한 문장 이상 내뱉는 사람은 드물고, 우리 대부분은 결코 그런 식으로 말하지 못한다. 그런데 영화 속 캐릭터들이 그런 말을 하는 걸 듣겠다고 돈을 지불하는 사람은 없다. 불쾌한 현실을 고스란히 담은 현실적인 대사로 현실 세계에서 실제로 할 법한 말처럼 들리게 만드는 것과, 강렬하고 참신하며 표현력이 풍부한 대사로 더 순수하고 강력하게 감정을 전달하려는 것 사이에는 항상 팽팽한 긴장감이 감돈다.

훌륭하면서 현실성을 놓치지 않는 대사는 평범한 이야기보다 훨씬 더 강력한 효과를 빚기 위해 반복과 침묵, 실제 대화에서도 자주 등장하는 허튼소리를 활용한다. 캐릭터들은 놀라울 정도로 독창적인 연설을 해도 되지만, 그런 말은 순전히 우연히 나온 것처럼 보여야 한다. 현실적인 대사를 걸출하게 집필하는 것이 가장 어렵다. 우연한 듯 보이게 하려는 와중에도 여전히 풍부한 생각과 감정을 전달해야 하기 때문이다.

릭

그 비행기가 이륙했는데 당신이 그와 함께 있지 않는다면 당신은 후회할 거요. 오늘은 후회하지 않을지 모르지. 내일도 그러지 않을지 모르고. 그렇지만 오래지 않아 평생토록 후회할 거요.

일자

그럼 우리는 어떻게 되는 거죠?

릭

우리에게는 늘 파리가 있을 거요. 우리가 갖지 못했던, 우리가, 당신이 카사블랑카에 오기 전까지 잃어버렸던 파리가. 우리는 지난밤에 그걸 되찾았소.

일자

내가 당신을 절대 떠나지 않을 거라고 말했었죠.

릭

당신은 절대로 떠나지 않을 거요. 그렇지만 나는 해야 할 일이 있소. 당신은 내가 가는 곳에 따라오면 안 돼요. 내가 해야 할 일에 당신이 함께하면 안 돼요. 일자, 나는 고상한 사람이 될 재주는 없지만, 이 미친 세상에서 한낱 우리 세 사람의 문제 따위가 콩 한 무더기만큼의 가치도 없다는 것을 알게 되는 것은 그리 어렵지 않은 일이오. 언젠가 당신도 그걸 이해할 거요. 지금은, 지금은…. 당신의 눈동자에 건배, 꼬마 아가씨.

현실적인 대사도 서정적일 수 있다. 시 낭송처럼 들릴 수도 있다. 그렇지만 캐릭터들이 자신들의 생각에 도달하며 발견한 대사와 같은 느낌을 풍겨야 한다. 셰익스피어를 각색한 영화 말고는 시(詩)가 제대로 효과를 발휘한 경우는 거의 없다.

물론 대사가 불쾌한 현실을 고스란히 담아야 하는 것은 아니다. 할리우드는 간결하고 선명한 대사를 선호한다. 로맨틱 코미디와 액션 어드벤처 장르에서는 특히 그렇다. 사람들이 재담을 구사하는 것만으로도 먹고 살 수 있었던 루이 14세의 궁정 시대 이후로, 캐릭터들은 역사에 존재했던 실제 인물이 했던 것보다 훨씬 더 영리한 말들을 던지며 티격태격한다.

간결하고 선명한 대사는 우연히 나온 대사처럼 보이려 무척 열심히 꾸미지는 않는다. 관객은 그게 대사라는 걸 안다. 그런데 그 대사가 바삭바삭하고 참신하며 통찰이 엿보인다면, 신경 쓰지 않는다. 관객은 그게 영화에 나오는 대사라는 것을 알 뿐 아니라, 즐거운 시간을 보내려고 극장에 온 것이기 때문이다.

간결하고 선명한 대사를 쓰려면, 각 캐릭터가 말하려고 노력할 때 할 수 있는 제일 영리하고 위트 넘치며 재미있는 방식을 고심하라. 제일 예리한 팩트 폭행이 무엇이고, 상대를 바보로 만드는 가장 엄선된 말은 무엇이며 제일 파괴력이 큰 말대꾸는 무엇인가? 파티에 참석한 다음 날 아침에야 뒤늦게 떠올리게 되는 잔인하리만치 빼어난 말대꾸와 비슷한 종류의 말은? 그게 간결하고 선명한 대사다.

중요한 건 대사의 톤이 일관적이어야 한다는 것이다. 영화의 나머지 대사와 일관적이어야 하는 것은 물론이고, 영화의 장르와도 일관적이어야 한다. 진지한 드라마는 현실적인 대사를 원한다. 코미디는 간결하고 선명한 대사를 원한다. 날것의 서부극이 원하는 대사는 분량이 적은 데다 대사 자체도 짧다. 진지한 드라마에 들어갈 간결하고 선명한 대사를 쓰고 있다면, 대단히 구체적인 효과를 노리고 작업하는 편이 낫다. 만약 그러지 못하면 여러 문제에 직면하게 된다.

캐릭터의 목소리 찾기

대사의 전반적인 톤은 일관적이어야 옳지만, 캐릭터들이 항상 똑같은 톤으로 말해서는 안 된다. 너무 많은 초보 작가들의 시나리오에서 모든 사람의 말투가 동일하다. 하나같이 완벽한 표준어로 말하거나, 형사 영화일 경우 형사와 악당, 무고한 행인이 모두 폭력배처럼 말한다. 그런데 대사는 무엇보다도 각기 다른 캐릭터들의 개성을 나타내야 한다.

> **베이커**
>
> 협조하지 않으면 정보국이 자네의, 그러니까, '과외활동'을 부정적으로 볼 것 같아 두렵군.

> **첼리니**
>
> 이런 미친, 지금 나를 협박하는 거야?

어떤 캐릭터에게 특유한 목소리를 부여하면, 그 캐릭터가 속한 세상에 대해 알려주는 셈이다.

> **엘렌**
>
> 나한테 그 사람 보살펴달라고 부탁하지 마, 알았지? 그건 더는 내 일이 아니야(ain't)!
> (흠칫하더니)
> 아냐(isn't). 아냐. 아니라고.

우리는 엘렌이 "ain't"라는 말을 쓰면서 자란 탓에 "isn't"라고 말하려고 노력해 왔다고 짐작할 수 있다("ain't"는 구어에서 자주 쓰이지만 문법적으로는 올바르지 않은 표현으로, 교육 수준이 낮은 사람이 주로 구사하는 표현이다—옮긴이). 그녀는 지금은 중산층이지만 자랄 때는 노동 계급이었을 것이다. 대사를 통해 그 사실을 분명히 알려줄 수 있다.

엘렌

나는 트레일러 파크에서 자랐어. 그러다가 운 좋게도 장학금을 받아 대학에 갈 수 있었고, 이후로는 결코 뒤를 돌아보지 않았지.

이 대사를 통해 알 수 있는 것은 캐릭터에 대한 무미건조한 정보일 뿐이다. 관객은 충분히 이해할 수도, 이해하지 못할 수도 있다. 반면, 그녀가 엉겁결에 "ain't"라는 표현을 구사하는 것은 그녀의 캐릭터다. 그리고 그건 못 알아듣고 지나치기 어렵다. 대사 속 사실에 관한 정보는 그 대사가 전달할 수 있는 정보의 10분의 1쯤에 불과하다.

캐릭터의 말투를 창조하는 비법은 대사를 한 줄씩 검토하면서 당신이 쓴 대사에 의문을 제기하는 것이다. 꾸며낸 대사처럼 들리거나 대사에만 관심이 쏠리게 하는 일 없이, 최대한 튀어 보이도록 고쳐 쓸 수 있을까?

맥스

네.

이건 누구나 할 수 있는 대사다. 그런데 다음은 열정 넘치는 인싸 (glad-hander)가 하는 대사다.

> **맥스**
> 넵!

다음은 비꼬기 좋아하는 남자다.

> **맥스**
> 흠, 날카로운 꼬챙이로 눈을 찌르는 것보다 훨씬 근사한 장관이군.

다음은 조용한 남자다.

> **맥스**
> 으응,

다음은 진짜 장난꾸러기다.

> **맥스**
> Oui, mon capitaine("넵, 캡틴"이라는 뜻의 프랑스어—옮긴이).

이런 대사를 쓰는 건 아슬아슬한 곡예를 부리는 것이다. 그런데 그 캐릭터에 대해 많은 것을 알려주면서 배우가 변주를 줄 수 있는 방향으로 대사를 개선하는 것은 보통 가능한 일이다.

대사 다듬기

액션을 쓸 때 되도록 많은 것을 표현하려면 되도록 적은 단어를 사용해야 한다. 대사도 마찬가지다. 어떤 캐릭터가 열띤 연설을 할 경우, 주장하는 바를 명확히 보여주기 위해 그 캐릭터에게 반 페이지를 할애해야 할 것이다. 그런데 반 페이지를 썼다면, 그걸 4분의 1페이지짜리 열띤 연설로 고쳐 쓸 수도 있고, 그쪽이 훨씬 더 효과적이다. 그 신이나 대사의 요점을 상실하지 않으면서 얼마나 많은 대사를 삭제할 수 있을까?

예를 들어 캐릭터가 했던 말을 또 하고 있지는 않은가? 캐릭터들이 스토리 진행과 상관없는 대사를 내뱉고 있지는 않은가? 아니면 우리가 플롯을 이해하는 데 필요한 캐릭터에 대한 정보나 주인공이 목표를 위해 벌이는 분투에 대한 통찰을 주지도 못하는 이야기를 하고 있지는 않은가?

단어가 아니라, 침묵이 말을 하게 해라.

명심하라, 당신은 120페이지와 2시간이라는 굴레에 갇혀 있다는 것을. 모든 대사가 중요하게끔 만들어라.

대사 테스트

당신이 쓴 대사를 큰 소리로 읽어라.

나도 안다. 당신이 내가 이런 요구를 할까 봐 두려워했다는 걸. 걱정

마라. 남들에게 큰 소리로 읽어줄 필요는 없다. 혼자 읽어봐도 된다.

페이지에서는 근사해 보이던 대사를 큰 소리로 읽었을 때 자연스럽지 않을 수도 있다. 예를 들어 다음 대사는 종이 위에 있을 때는 나빠 보이지 않는다.

프랭키

여기다, 제군. 중부 사령부. 우리 목표는 두 가지다. 첫째, 닥 웨인이라는 이 미스터리한 놈을 찾아라. 그러고서 가능하면 그를 통해 비행접시 목격담의 출처를 추적하라.

그런데 이걸 큰 소리로 읽어보려 시도하면, 길고 복잡하기 때문에 읽어내기가 쉽지 않다. 먼저, 마지막 줄은 혀가 꼬여서 발음하기가 쉽지 않다. 그러면 그건 날려버리자. 둘째, "이 미스터리한 놈"이라는 표현을 현실에서 쓰는 사람은 없다. 그건 구어가 아니라 문어(文語)의 일부다. "이 미스터리한 어쩌고저쩌고는 누구인가요?"라고 말하는 사람은 이상해 보인다. 마지막으로, 프랭키의 대사는 방향을 무척 많이 튼다. 실제 사람들은 생각을 되도록 간결하게 밝히려고 애쓰고, 가능하다면 나중에 단서를 붙이려고 애쓴다.

프랭키

여기다, 제군. 중부사령부. 우리가 해야 할 일이 두 개 있다. 첫째, 이 닥 웨인이라는 놈을 찾아라. 그러고서, 운이 좋으면 그놈이 우리를 이 UFO 보도의 출처로 안내할 것이다.

당신이 쓴 대사를 큰 소리로 읽어보라. 그렇게 하면 실제로 주고받는 이야기처럼 들리는지 글로 적은 이야기처럼 들리는지 즉시 명백해질 것이다. 당신은 강의 중인 강사가 종이에 적힌 글을 그냥 줄줄 읽고 있다는 걸 눈치챈 적이 있을 테다. 그건 그가 강단에서 절대로 고개를 들지 않았기 때문이 아니다. 전날 밤에 컴퓨터에 입력할 때는 끝내주게 보였던 단어들이 입으로 뱉을 때는 꼬이기 때문이다. 그것이 당신이 피해야 할 결과다. 당신의 귀는 구어와 문어의 차이점을 알아차리기에 충분할 정도로 뛰어나다. 당신이 쓴 대사를 그냥 큰 소리로 읽어보라. 그러면 알게 될 것이다.

당신이 쓴 대사를 타인이 읽는 것을 들으면 훨씬 더 좋다. 당신의 시나리오를 읽으려고 한자리에 모인 사람들이 있다고 치자. 당신은 그들의 일원이 아니다. 당신은 시나리오를 앞에 펼쳐두고 그들이 읽는 소리를 그냥 듣기만 해라. 사람들이 문장의 엉뚱한 부분을 강조해서 완전히 엉뚱하게 대사를 친다. 아뿔싸! 사람들이 그 대사들을 그런 식으로 파악한다면 그걸 고쳐 쓰는 편이 낫다.

대사를 큰 소리로 읽으면 무엇을 상실하지 않으면서 대사를 얼마나 쉽게 다듬을 수 있는지 확인할 수 있다. 당신은 자신도 모르게 페이지에 적힌 대사의 절반에 'X' 표시를 하고 있을 것이다. 오케이! 요점은 밝혔어! 이제 입 다물어! 기억하라. 스크린에 뜬 배우들의 얼굴은 길이가 12m에 달할 것이다. 대사를 덜 넣을수록, 각각의 대사는 더 효과적일 것이다. 최소한의 대사로 영화에 적절한 정도의 감정을 전달하는 배우들의 연기력을 신뢰하라.

친구들이 당신에게 시나리오를 읽어주기 전에 처음부터 끝까지 한 번 완독하게 만들어라. 일반인 대부분의 콜드 리딩 (객관적인 작품 분석을 위해 감정 없이 대본을 읽는 것—옮긴이) 실력은 꽝이다. 그들은 웅얼거리고, 쉬운 문장을 더듬으며, 엉뚱한 곳에서 쉰다. 그건 그들이 읽는 속도가 이야기하는 속도보다 빠르지 않기 때문이다. 그래서 그들은 캐릭터를 파악하는 것은 고사하고, 대사를 뱉기 전에 그것을 제대로 소화할 시간조차 없다. 그래도 콜드 리딩은 리딩을 전혀 하지 않은 것보다 낫다. 친구들이 당신이 쓴 빼어난 대사를 엉망으로 만드는 걸 보고, 주먹이 우는 것을 참을 수만 있다면.

당신이 쓴 대사를 듣는 가장 좋은 방법은 시나리오를 사전에 읽어볼 기회가 있었던 배우들의 입을 통해 듣는 것이다. 배우들은 당신이 그 대사에 불어넣었던 모든 감정과 의미를 대사에 담을 수 있는 사람들이다. 당신의 캐릭터를 창조할 수 있는 사람들이다. 당신은 나중에 다른 배우들이 당신의 대사를 어떻게 연기할지 감을 잡을 수 있을 것이다. 시적인 대사든 그냥 젠체하는 대사든, 간결한 대사든 흐름이 뚝뚝 끊어지는 대사든, 냉정한 대사든 그냥 꽝인 대사든 간에 말이다. 대사가 제 효과를 내지 못하면, 다시 고쳐 써야 한다. 희곡 낭독 집단과 인연이 있다면, 또는 술 한잔만 사주면 무슨 일이든 할 배우들을 안다면 개인적인 낭독회를 열어라. 예상보다 많은 것을 배우게 될 것이다.

욕설과 인종차별 발언

캐릭터에 목소리를 부여하는 데 필요하지 않은 방법 중 하나가 욕을 입에 달고 살도록 하는 것이다.

254

1970년대에는 영화 속 캐릭터들이 현실 세계의 사람들같이 욕설을 내뱉는 모습을 참신하게 여겼던 시기가 있었다. 그러나 그런 모습은 더는 참신하지 않다.

실제로 사람들은 늘 욕설을 내뱉는데, 그건 그들이 게으르고 화를 많이 내기 때문이다. 욕설은 "젠장, 나 지금 욕하고 있다!"라는 차원을 넘어서는 많은 정보를 전달하지는 않는다. 그리고 좋은 대사는 그 속에 되도록 많은 정보를 은밀히 담고 있어야 한다.

욕설을 써서는 안 된다는 뜻이 아니다. 형사와 사기꾼의 말투가 성당 신부 같아서는 안 되지 않겠는가.

부엔디아스

묘하군. 방은 안에서 잠겼어. 이 사람은 문에 천장까지 데드볼트를 달았고, 창문이란 창문에는 다 창살을 설치했어.

티미

와. 엄청 겁 많은 사람이구나!

다음과 비교해 보자.

부엔디아스

묘하군. 방은 안에서 잠겼어. 이 사람은 문에 천장까지 데드볼트를 달았고, 창문이란 창문에는 다 창살을 설치했어.

토미

개 같은 편집증 환자로군.

욕설을 잘 쓰면 코믹한 효과를 내거나 분노의 순간을 더 강렬하게 만들 수 있다. 고상한 말만 쓰던 기업체 CEO가 느닷없이 상스럽고 섬뜩한 말을 쏟아내면, 그가 매우 화가 났다는 사실이 분명해진다. 소심한 가정주부가 마침내 분노에 찬 욕설을 터뜨리면, 그건 드라마의 전환점이 된다. 그런데 내가 읽은 많은 시나리오가 실제 사람들이 말할 때 사용하는 방식과 같이 상스러운 단어들을 사용한다. 욕설을 부주의하게 사방에 흩트리는 것은 작가에게 더 영리하고 개성 있는 문장을 떠올릴 능력이 없다는 뜻이다.

사업가나 경찰, 군인, 외계인, 지옥에서 온 악마가 비행청소년처럼 욕설을 퍼부어대는 것은 시나리오에 대체로 도움이 안 된다(*지옥에서 튀어나온 악마는, 우리가 모두 알듯, 영웅시격의 2행 연구체를 구사한다).

상스러운 말은 그것이 구체적인 효과를 빚을 때만 사용해야 한다. 그 욕설이 캐릭터에 대한 신선한 점을 알려줄 때, 엄청나게 웃길 때, 스토리를 진전시킬 때. 절대 현실에서 많은 사람이 그렇게 말한다는 이유로 그런 언어를 사용하지는 마라. '많은 사람'이 말하는 걸 보려고 영화관에 돈을 내고 오는 사람은 세상에 없다. 많은 사람이 이야기하는 모습은 유튜브에서 공짜로 실컷 볼 수 있다.

인종차별 발언은 특별한 경우다. 사람들은 인종에 대해 비방하는 장면이 나올 때 그 부분이 등장하는 맥락을 항상 생각하지 않는다. 그리고 사람들은 마치 *당신이* 정말 인종차별주의자라 그 단어를 사용한 것처럼 반응한다. 많은 사람이 흑인의 멸칭인 'nigger'라는 단어를 대단히 불쾌하게 여기기 때문에 그런 단어는 어디에서도 보고 싶어 하지 않는다. 최근 오클라호마 교육위원회는 수업 시간에 소설 《앵무새 죽이기》 사용을 금지했다. 책에 그 단어가 들어 있다는 이유에서였다. 그 소설은 인종차별주의를 강하게 반대하는 책인데도 말이다. 아프리카계 미국인들은 길거리에서 여전히 그 단어를 쓰지만, 시나리오에 그 단어를 넣는 건 나도 피할 것이다.

때로는 어떤 캐릭터의 인간적인 실체를 구성하기 위해 인종에 대한 비방이 필요할 수도 있다. 그러나 인종에 대한 비방은 그것이 어느 종류의 신에서 등장하느냐와 무관하게 심각한 분위기를 조성한다. 유대인에 대한 험악한 단어를 사용하는 악당은 코믹해 보일 수 없다. 팝콘 영화—코미디, 액션 어드벤처, 공포 영화, 스릴러—를 쓰고 있다면, 그보다 더 영리하고 참신한 것을 내놓지 못할 이유가 뭐란 말인가? 러시아인에 대한 인종적 비방을 사용하는 대신, 외국인을 배척하는 캐릭터가 '보르시치(러시아인이 먹는 스프—옮긴이)를 먹는 망나니'들에 대해 투덜거리게 하라. 그게 더 재미있을 뿐만 아니라 악당의 캐릭터성을 보여주면서도 당신의 시나리오를 읽는 사람들의 기분을 상하게 만들지 않는다.

짧은 대사? 밋밋한 대사?

대사는 최소한으로만 등장할 수도 있다. 〈황야의 무법자〉와 〈석양의 무법자〉 같은 서부극의 대사는 극도로 적다. 캐릭터들은 되도록 입을 열지 않고, 입을 열더라도 무척 짧게 말한다. 그들의 얼마 되지 않는 대사는 스타일이 전무한 것처럼 보인다.

물론 이것은 스타일이다. 광활한 서부에서 생각은 무척 많지만 대화할 상대가 아무도 없기 때문에 사실상 홀로 인생을 보내는 사내들에게 특히 적합한 스타일이다. 또한, 도덕관념이 희박한 이야기에 어울리는 스타일이기도 하다.

그런데 주의 깊게 쓰지 않으면, 짧은 대사는 밋밋하고 시시하다는 인상을 주기 십상이다. 결국 당신은 리더에게 많은 것을 제공하지 않는 셈이 된다.

사나이

예.

불행히도 이렇게 쓰면 안 된다.

사나이

(자신은 이미 지옥을 거쳐 왔기 때문에 여기 있는 다른 사람들이 겪는 고초가 자신에 비하면 아무것도 아니라는 것을 알려주는 차갑고 약간 고통스러운 눈빛을 띤 채)

예.

중심 캐릭터를 위해 또는 시나리오 전체를 위해 이런 무미건조한 스타일을 채택한다면, 이 캐릭터가 어디에서 비롯된 것인지를 리더에게 정확히 이해시키기 위해 두 배는 더 열심히 작업해야 한다. 리더를 그 캐릭터의 머릿속으로 들어가게 해줄 기회가 생길 경우, 그 기회를 잘 활용하라. 캐릭터의 머릿속에서 벌어지는 일을 스크린 위에서 관객에게 잘 보여줄 수 있는지 다시금 신경 써야 한다.

관객이 어떤 캐릭터를 더 잘 이해할수록 대사는 더 풍부해 보인다. 페이지에서는 무미건조하게 보일지라도 말이다. 리더와 관객은 대사에 자기 나름의 감정을 이입할 것이다. 충분히 절묘한 방식으로 액션을 집필했다면, 주인공 하는 모든 행동은 그가 어떤 종류의 사람인지를 알려주고, 리더는 차갑고 고통스러운 눈빛을 거기에 덧붙여 읽을 것이다. 당신이 그렇게 쓰지 않았더라도 말이다. 관객은 배우의 강철 같은 모습 뒤의 들끓는 감정을 가늠할 수 있다.

그게 바로 대사가 액션의 도움을 그다지 많이 필요로 하지 않는 이유다.

액션이 아니라 대사에 감정을 실어라

대사를 공들여 썼다면, 캐릭터의 반응에 대해 많은 말을 할 필요가 없다. 당신이 그런 말을 하지 않더라도 리더는 캐릭터의 감정을 느낄 것이다. 다음은 음흉한 수작을 부리는 사무실 동료 두 명이 나누는 대화다.

엘리자베스

왜 그런 눈으로 보는 거예요?

닐

왜 이렇게 늦게까지 야근을 하나 궁금해서요. 어두울 때 집에 가면 무섭지 않아요?

엘리자베스

나는 아무것도 무섭지 않아요.

그녀가 그에게, 약간 지나치게 가깝게 다가간다.

닐

무서워하는 것 같은데요.

엘리자베스

지금은 반지를 끼고 있지 않군요.

닐

체육관에서 뺐나 봐요… 가봐야겠어요.

이제 그녀는 무척 가깝다.

엘리자베스

당신, 무서운 거군요! 뭐가 무서운 거예요?

닐

메리가 늦어서요.

엘리자베스

뭐예요, 메리가 당신을 데리러 오기로 했어요? 여기는 그렇게 위험한 동네가 아니에요. 그냥 조금 늦게 출발한 걸 거예요.

닐

아뇨… 늦었어요. 아내가 늦었다고요.

엘리자베스는 그를 응시한다. 그녀는 약간 신경질적으로 키득거리기 시작한다.

엘리자베스

둘이 이제 안 자는 줄 알았는데요. 당신이 뭐라고 했었죠? "남매처럼 산다?"

나는 이 캐릭터들이 어떤 기분일지 당신에게 말해주지 않아도 된다. 이 지점까지 이어진 신들이 그들에 대해 알려줬다면 당신은 그들이 어떤 기분인지 알 수 있을 것이다. 액션은 약간 더 중요한 블로킹(동선 연출—옮긴이)(우리는 그들이 무척 가까이 있다는 걸 알아야 한다)과 좋지 않은 소식에 대해 예상하지 못한 반응(엘리자베스는 신경질적으로 키득거려서 속이 상했다는 걸 감춘다)을 제공한다.

감정을 담은 신은 대사 신인 경향이 있다. 엄밀히 따지면 대사는 캐릭터들이 생각하고 있는 내용을 알려주는 것이지만 말이다. 대사는 당신을 캐릭터의 세상으로 끌고 들어간다. 위에 있는 신을 무성영화에서 보면, 당신은 캐릭터들이 서로에게 끌린다는 것을, 그리고 남자가 여자의 속을 상하게 만들 폭탄을 투하했다는 걸 알게 될 것이다. 그런데 당신은 그리 큰 관심을 보이지는 않을 것이다. 그녀가 왜 속상한지 알 수 없기 때문이다.

3장

기술적인
고려요소들

삽입어구

삽입어구는 캐릭터의 이름과 그들의 대사 사이에 괄호로 제시하여, 배우들에게 하는 지시다. 문장 전체로 지시할 만한 가치가 없는 제스처를 지시할 때 편리하다.

> 조
> (손을 내밀며)
> 오랜만이지, 응?

대사에 담긴 감정적인 의미가 우리가 일상적으로 생각하는 의미가 아닐 때도 무척 유용하다.

조

(마지못해)

만나서 기뻐.

하지만 잘못 사용되는 경우도 많다. 예를 들어 너무 뻔한 내용을 굳이 알려주려고 사용될 때가 그렇다.

조

(화를 내며)

이 개자식! 죽여 버릴 거야!

굳이 괄호가 필요 있을까? 그는 지금 상대를 죽이겠다고 협박하고 있는데.

시나리오 작가가 너무 게으른 탓에 올바른 감정을 표현할 문장을 내놓지 못한다는 이유에서 사용하면 안 된다.

조

(비꼬는 투로)

오랜만이네.

괄호를 치고 내리는 지시 '비꼬는 투로(wryly)'를 지나치게 자주 사용하기 때문에 이런 삽입어구는 종종 *라일리스(wrylies)*라고 불린다. 이 대사는 이렇게 고쳐 쓸 수 있다.

조

지금쯤 저세상에 가 있을 줄 알았던 개자식이 여기 있군.

이게 싫다면, 마음에 드는 비꼬는 투의 문장을 넣어라.

이 기법을 남용하지 않는 한, 삽입어구를 써서 그 줄의 진정한 의미를 전달하게 만드는 것은 꽤 효과적이다.

조

("이 개자식")

만나서 반갑습니다.

삽입어구라고 하면 무턱대고 편견을 갖는 사람들이 있다. 그들은 대사를 잘 쓰면 리더에게 읽는 법을 알려줄 필요가 없다고 주장한다. 실제로 영리한 감독이나 재능 있는 배우는 삽입어구 없이도 조가 상대방을 반기지 않는다는 걸 가늠할 것이다. 삽입어구에 부정적인 편견을 가진 사람 중에는, 배우에게 지시를 내리는 게 직업인 자신에게 작가가 이래라저래라하는 걸 달가워하지 않는 감독들이 많다. 심지어 일부 작가들도 삽입어구를 배척한다. 그런데 그들은 대체로 고액의 집필료를 받는 매우 성공한 작가들이다. 그래서 모두가 당신의 시나리오를 읽을 때보다 훨씬 더 신경 써서 그들의 시나리오를 읽는다.

그래서 매우 성공한 작가가 아닌 당신에게는 삽입어구가 필요하다. 당신의 시나리오는 당신이 믿기 힘들 정도로 운이 좋다면, 10여 명의 리더와 개발 부서 어시스턴트, 개발 부서 임원, 에이전트의 어시스턴트, 매니저의 어시스턴트, 배우에 이르는 혹독한 관문을 통과한다. 그 사람들 전원이 형편없는 시나리오가 대부분인 거대한 더미를 헤치고 나아가려 애쓰고 있다. 그들의 침대 옆 테이블에 놓인 시나리오 뭉치는 그들의 숙면을 방해하는 장애물일 뿐이다. 그들은 당신의 시나리오에 애정 어린 시선을 던지지 않을 것이다. 30분 만에 해치우거나, 조그만 핑곗거리라도 있으면 15페이지를 읽다 내팽개칠 것이다. 그들은 당신의 대사를 해석하느라 갖은 애를 다 쓰지는 않을 것이다. 대사가 눈이 번쩍 뜨일 정도로 또렷하지 않다면, 대사의 톤이 드러난 의미와 정반대라는 것을 알려줄 삽입어구가 없다면, 그들은 서로를 미워하던 두 사람이 난데없이 밍크처럼 몸을 섞는 프랑스 영화처럼, 조가 느닷없이 그가 싫어하는 사람이라고 생각했던 상대를 반갑게 맞이하는 영문을 몰라서 혼란에 빠지게 된다.

혼란은 당신의 적이다. 대부분의 리더는 거기에서 결코 헤어 나오지 못한다. 그들은 무엇이 잘못되었는지 가늠하려는 시간을 절대 갖지 않기 때문이다. 그들은 계속 읽어나갈 것이다. 빠르게, 더 빠르게. 그래야 빨리 끝내고 잠을 잘 수 있으니까.

그러므로 중요한 삽입어구는 그대로 둬라. 그렇지만 될 수 있으면 어디에서든 그것들을 제거하라.

비트

비트는 한순간의 침묵, 짧은 멈춤을 지시하려고 사용하는 특별한 종류의 중립적인 삽입어구다. 리듬을 지시하는 수단이라고나 할까.

조

안녕, 도대체 어떻게 지내?

(비트)

와우, 잠깐, 너 클리블랜드에 있어야 하는 거 아냐!

비트는 누군가가 말한 내용을 충분히 이해할 시간을, 또는 말한 사람이 새로운 생각을 할 시간을 준다.

내가 함께 일하는 행운을 누렸던 〈간디〉의 감독 리처드 애튼버러는 '비트'를 좋아하지 않는다. 비트란 작가가 배우와 감독에게 자신의 리듬감을 강요하는, 신경에 거슬리는 방법이라고 여긴다. 그는 '비트'를 대부분의 '삽입어구'처럼, 게으른 리더를 도울 목적으로만 거기에 있다고 생각한다.

으음, 맞는 말이다. 그런데 많은 감독들에게 당신의 시나리오는 충분히 조심스럽게 읽히지 않을 것이고, 당신의 리더들은 무척 게으른 사람들이 맞다.

더 중요한 건 이거다. 당신은 단어로 글을 쓰고 있다. 그렇다면 침묵을 글로 쓰면 안 될 이유가 무엇인가? 줄 바꿈과 여백이 액션에 리듬감을 부여하는 것처럼, 대사의 리듬을 통제하려고 애쓰면 안 되는 이유가 무엇인가?

문제는 '비트'가 침묵을 채우는 게 아니라 침묵을 표시하기만 한다는 것이다. 비트는 비트 그 자체로 관심을 끈다. 비트는 순전히 기술적인 문제이기 때문이다. 나는 묵직한 비트가 필요할 때는 비트가 진행되는 동안 일어나는 일을 보여주려고 노력한다.

조

안녕, 도대체 어떻게 지내?

토니가 짓궂게 웃는다.

조(계속)

야, 와우, 잠깐, 너 클리블랜드에 있어야 하는 거 아냐!

이렇게 하면 내가 얻으려던 페이싱 효과를 얻으면서도 내가 그 신을 연출하려고 애쓰고 있다는 느낌은 주지 않는다. 나는 아무 일도 일어나고 있지 않은 더 부드러운 멈춤을 원할 때는 때때로 생략부호를 사용한다.

조

안녕, 도대체 어떻게 지내? … 저기, 너 아직도 싱글 몰트 마시냐?

말줄임표는 눈에 덜 거슬린다. 그렇지만 리더는 당신이 원하는 만큼 많은 무게를 거기에 부여하지 않을 것이다. 예를 들어 위의 사례는 제대로 성공하지 못했다. 당신에게는 생략부호에 다시 무게를 실어줄 토니의 반응 숏이 필요하다.

외국어와 억양

외국어 대사를 다루는 방법은 네 가지가 있다.

1. 외국인들이 자국어로 말하고, 자막을 단다.
2. 외국인들이 영어로 말한다.
3. 외국인들이 자국어로 말하고, 자막은 달지 않는다.
4. 외국인들이 자국어로 말하고, 누군가가 큰 소리로 통역한다.

이 방법들은 각기 다른 효과를 낳는다.

1. 외국인들이 자국어로 말하고, 자막을 단다.

〈늑대와 춤을〉 이후로, 감독들은 자막을 달면 관객들이 겁을 먹고 도망갈 거라는 걱정을 내려놓은 것처럼 보인다. 이 방법은 외국어 대사를 촬영하는 가장 간단한 방법이다. 요즘에, 우리는 독일인은 독일어로 말하고 라코타 수족은 수족의 말을 하는 걸 듣는다. 심지어 UCLA에 재직하는 이집트 학자들의 검수를 받아 미이라가 고대 이집트어와 히브리어로 말하기도 한다. 이것은 제일 사실적인 접근방식이다.

자막의 약점은 이렇다.

a. 우리는 자막을 읽을 때 스크린을 보지 않는다. 따라서 우리는 그 시간의 절반 동안은 영화가 아니라 책을 읽고 있다.
b. 자막은 입으로 뱉는 대사보다 훨씬 짧아야 한다. 많은 사람의

읽는 속도는 그렇게 빠르지 않기 때문이다. 그래서 자막은 많은 말을 할 수 없다.

c. 자막은 말하는 동안 끼어드는 대사나 3자가 하는 대화를 그리 잘 다루지 못한다.

자막을 표시하는 많은 시스템을 봤지만, 전적으로 흡족했던 건 하나도 없었다. 내 생각에, 시나리오 작가의 목표는 영화가 관객의 마음에 끼칠 효과를 리더의 마음에 그대로 복제하는 것이다. 어떤 캐릭터가 입을 열 때마다 '자막 달음'이라고 쓰는 것은 불편해 보인다.

요세프

(일자에게, 자막)

이 남자를 데리고 나가 쏴버려.

(맥스에게, 우리말로)

이 숙녀분이 손님의 방갈로로 안내해 드릴 겁니다.

당신은 그 캐릭터가 말을 할 때마다 ("자막 달음")이나 ("독일어로")라고 써야 한다. 그러지 않으면 리더는 당신이 무엇을 전달하려는지 까먹는다. 이런 방법은 불편할 뿐만 아니라 성공적이지도 못하다. 많은 리더가 삽입어구를 깜빡하고 넘어갈 것이고, 그래서 이 문장들이 주장하고자 하는 바를 완전히 놓치고 만다. 요세프의 대사는 순전히 영어로만 이뤄졌다는 인상을 줄 것이고, 우리는 요점을 잃는다.

내가 선호하는 방법은 괄호 안에 넣은 대사는 외국어 대사이니 자막을 달아야 한다는 것을 확고한 관행으로 만드는 것이다. 나는 이 아이디어를 게리 트루도의 연재만화 《둔스버리》에서 훔쳤다.

요세프

(이 남자를 데리고 나가 쏴버려.)

(맥스에게)

이 숙녀분이 손님의 방갈로로 안내해 드릴 겁니다.

이제는 당신이 괄호 안에 대사를 넣을 때마다 그건 외국어 대사라는 게 명백해질 테지만, 읽기에 불편하지는 않다.

자막을 사용하고 있다면, 시나리오에 실제 외국어를 쓸 필요는 없다. 그렇게 되면 읽을 때 약간 성가시다.

아루샤

Lo imali engaphezulu bala siza us cishile.

자막: 이 비상금은 우리한테 정말로 도움이 될 겁니다.

"Lo imali engaphezulu bala siza us cishile"라는 외국어 문장을 힘들게 읽으려 하는 사람은 아무도 없다. 이렇게 하면 읽는 속도도 느려지고 리더도 피곤해진다. 리더는 시나리오를 내려놓고 눈을 비비며 커피를 마시러 갈 것이다. 복사실에서 만난 귀여운 인턴과 수다를 떨 것이다. 리더가 사무실로 향할 때 전화가 올 것이고 통화가 끝나면, 회의에 참석해야 할 것이다. 회의를 마치고 나오면 시나리오 위에 우편물 다섯

통이 올라와 있을 것이다. 당신의 시나리오를 다시 읽을 시간이 났을 무렵은 퇴근 시간일 것이다. 리더는 당신의 시나리오를 차에 던져 넣고 귀가할 것이다. 그러면 시나리오는 트렁크에서 석 달간 굴러다닐 것이다. 리더는 거기에 스키 장비를 넣어야 할 때가 돼서야 비로소 시나리오를 꺼낸다. "이게 대체 뭐지?" 리더는 그것을 대형 청색 재활용쓰레기통에 던진다. 나무 한 그루를 구했다는 뿌듯함을 느끼면서.

2. 외국인들이 영어로 말한다.

옛날 영화에서는 독일군이 자기들끼리 이야기할 때도 영어로 말하는 경우가 많았다. 때로는 독일 억양이 섞인 영어를 구사했다. 물론 독일 억양을 가미하는 것은 멍청한 짓이다. 그들 서로의 눈을 보면 억양 섞인 영어를 구사할 것 같지 않을 테니까. 그런데 외국인들이 영어로 말하게 만드는 데 따르는 명백한 장점은 우리가 그들이 말하는 내용을 정확하게 알면서 그들의 대사에 담긴 모든 뉘앙스를 파악할 수 있다는 것이다.

요즘 관객은 약간 더 세련된 것을 기대하는 듯하다. 그렇지만 감독들은 캐릭터들에게 영어로 말할 이유를 부여하려고 애쓰는 경우가 많다. 예를 들어 〈붉은 10월(The Hunt for Red October)〉에서 러시아 장교들은 영화의 초반부에 자막이 달린 러시아어를 구사하다가, 재빨리 언어를 영어로 바꾼다. 그러면서 내세운 핑계는 그들이 적을 더 잘 파악하기 위해 영어를 배웠다는 것이다. 게다가 그들은 조국을 등지고 미국으로 향할 계획이기 때문에, 러시아어로 소통하는 선원들이 자기들의 말을 알아듣는 걸 원치 않는다고 했다.

캐릭터들이 영어를 쓰게 만들 경우, 주인공이 주위에 있다면 그들이 자막이 달린 자국어로 말할 수도 있다. 약간 불편하지만, 이 방법을 쓰면 적어도 그들이 주인공과 같은 언어를 구사하는데 주인공이 이해하지 못하는 이유를 따로 설명하지 않아도 된다. 또는 비슷하게 중요한 점인데, 주인공이 중국인들이 자기에 대해 논의하는 것을 '우연히 듣고' 기적적으로 만다린(표준 중국어–옮긴이)을 이해하게 만들지 않아도 된다.

3. 외국인들이 자국어로 말하고, 자막은 달지 않는다.

포로수용소에 도착한 주인공은 경비원들이 주고받는 말을 이해하지 못한다. 주인공은 모르는 내용을, 즉 경비원들이 그가 스파이라고 의심하여 그의 일거수일투족을 감시한다는 것을 관객들이 알기 원한다면, 자막을 달 수 있다. 그런데 관객들이 주인공의 시점을 택하게 하고 싶다면 경비원들이 자국어로 말하게 놔두고 자막을 달지 마라. 그것이 〈늑대와 춤을〉이 택한 방법이었다. 존 던바 중위(케빈 코스트너)는 처음에는 수족의 말을 이해하지 못하고 수족도 그의 말을 이해하지 못한다. 자막은 그가 그들의 언어를 배우기 시작한 후에야 나온다.

이 접근방식의 약점은 이 방식의 장점이기도 하다. 우리는 다른 사람들이 무슨 말을 하고 있는지 전혀 모른다.

이걸 종이에 옮기는 한 가지 방법은 외국어를 그대로 쓰는 것이다.

장

(엘리제에게)

Amène cet espion au bois et coupe–le la tête.

(맥스에게)

이 숙녀분이 손님의 방갈로로 모실 겁니다.

대사를 외국어로 번역하려면 인터넷에 있는 많은 자동번역 사이트 중 한 곳을 이용하면 된다. 그런데 여기에는 약간의 위험이 따른다. 대사가 모두 올바로 번역됐을 리 없기 때문이다. 따라서 사람들이 얼추 알아들을 만한 친숙한 외국어의 경우 이렇게 하지 마라. 외국어를 직접 적었을 때 따르는 근사한 점 중 하나는 가끔 리더가 알아볼 수 있는 단어가 한두 개 불쑥 튀어나올 것이고, 영화를 보는 관객들도 외국어 몇 마디를 이해하게 될 거라는 것이다.

헬무트

Dummkopf!('멍청이'라는 뜻의 독일어–옮긴이)

외국어를 모르고 아는 척하고 싶지도 않다면, 소리 나는 대로 써라.

사령관(Kommandant, 영어 'Commandant'를 독일어처럼 보이게 바꾼 단어–옮긴이)은 병사들에게 짤막하게 고함치고, 병사들은 뭔가 잘못했다는 말을 중얼거리면서 뛰어간다.

당신이 어떤 외국어에 의지하느냐에 따라, 이것이 외국어를 직접 적는 것보다 효과적일 수 있다. 외국어 대사가 적힌 페이지를 훑어보는 것은 성가신 일이니까. 그리고 이 문장은 리더에게 이 신에서 벌어지는 일에 대한 뚜렷한 이미지를 제공한다.

관객을 위해 자막을 달아주지 않을 작정이라면, 리더를 위해 번역을 제공하지도 말아야 한다는 걸 기억하라. 이 대사에는 자막을 달지 말라고 말해도 된다.

요세프

(독일어로, 자막을 달지 않고)

이 남자를 데리고 나가 쏴버려.

(맥스에게, 영어로)

이 숙녀분이 손님의 방갈로로 안내해 드릴 겁니다.

그런데 리더는 삽입한 지시(독일어로, 자막을 달지 않고)를 깜빡 잊고 넘어갈 것이고, 그래서 우리가 외국인들의 말을 이해하는 것처럼 그 신을 읽을 것이다.

4. 외국인들이 자국어로 말하고, 누군가가 통역한다.

〈작은 신의 아이들〉에서 말리 매틀린이 연기하는 캐릭터는 거의 전적으로 미국 수어(手語)로 말한다. 윌리엄 허트가 연기하는 캐릭터는 그녀가 하는 모든 수어를 반복해서 말하고 반응한다.

이 접근 방법은 대부분 꽤 불편한 방법이라고 생각하지만, 일부는 유용할 수도 있다.

당신의 영화에서, 심지어 한 시퀀스에서 하나의 접근방식에 얽매일 필요는 없다. 〈스타워즈〉의 술집 신에서, 츄바카는 번역되지 않은 우키어(語)로 말한다. 한 솔로는 그에게 그냥 대답하고, 우리는 츄바카가 내는 신음을 바탕으로 그의 기분에 대한 감을 잡는다. 그리도는 자막이 달린 외계어로 말한다. 또 다른 술집 손님은 루크에게 으르렁거리는데, 그러는 동안 그의 못생긴 친구가 통역해 준다. "네 얼굴이 마음에 들지 않는다는군."

억양과 사투리, 속어

억양이 있는 말을 하는 캐릭터가 있다면, 억양의 느낌을 전달하는 동시에 그 단어의 철자를 되도록 조금만 바꿔야 한다.

> **행크**
>
> Ah 'preicate youre comin' dahn heyer. ("와주셔서 감사합니다."—옮긴이)

읽으려면 짜증이 난다. 대사를 읽는 게 고된 노동이면 안 된다. 이 대사를 이렇게 바꾸면 개선될 것이다.

> **행크**
>
> I 'preciate your comin' down here.

억양을 표시하는 더 효과적이고 덜 성가신 방법은, 억양의 느낌을 주는 단어들을 선택해서 사용하는 것이다.

276

행크

I do appreciate your comin' down to these parts.

내가 억양의 분위기를 풍기는 철자 변화를 최소한 활용한다는 걸 주목하라. 당신이 철저하게 표준어만 쓴다면, 그런 분위기는 사라질지도 모른다.

행크

I sure do appreciate your coming on down to these parts.

다음은 그런 수법을 지나치게 많이 쓴 또 다른 사례다.

조이

Whaddya gonna do?("뭐 할 거야?"—옮긴이)

이건 수법을 충분히 활용하지 못한 사례다.

조이

What are you going to do?

그리고 이건 너어어어무 적절한 활용 사례일 것이다.

조이

What ya gonna do?

효과를 강화하기 위해 엄선한 단어들을 사용한 경우는 특히 더 그렇다.

조이

What ya gonna do, boss?

대사를 읽기 어렵게 만들거나, 과해 보이지 않으면서 원하는 분위기를 풍길 수도 있다. 당신에게 다음과 같은 말을 하는 캐릭터가 있다고 가정하자.

행크

으음…. 저게 머리에 발길질을 당하는 것보다 나은 건 확실하군.

느릿느릿한 말투라고 지시하는 문장 없이도 그가 느릿느릿 말하는 소리를 듣게 된다.

외국인의 억양도 비슷하다.

헬무트

나눈 이 비밀을 말하지 안켔슴미다.

이건 그냥 유치해 보인다. 문법은 나라마다 다르다는 걸 명심하라. 그는 그저 발음이 서툴 뿐 아니라 잘못된 문법을 사용하고 있을 가능성이 크다.

행크
나는 이 비밀 안 말하고 있습니다.

러시아인은 "Where are you going?" 대신 "Where you go?"나 "Where you are going?"이라고 말할 것이다.

분위기 연출을 위해 외국어 단어를 몇 개 넣어도 괜찮다. 〈인어공주〉에서 그러하듯 단어의 의미가 뚜렷하다면 말이다.

셰프
Zut alors('제기랄'이라는 뜻의 프랑스어—옮긴이), 하나 놓쳤어!

또한, 외국인은 영어 관용구를 잘못 배웠거나 자국어에서 쓰는 관용어를 곧이곧대로 영어로 옮기면서 이상한 말을 할 수도 있다. 〈카사블랑카〉를 보자.

로이흐타크 씨
마레이흐타크와 저는 이제는 영어만 씁니다.

로이흐타크 부인

그래서 우리는 미국에 가면 집에 온 것처럼 편안할 거예요.

헤드웨이터 카를

대단히 멋진 아이디어입니다. 으음—흠.

로이흐타크 씨

여보, 무슨 시계?(what watch)?

로이흐타크 부인

시계 열 개(ten watch).

로이흐타크 씨

그런 시계(such watch)?

카를

어이쿠, 두 분은 미국에 가면 근사하게 어울리시겠군요.

이 대사들의 철자가 틀린 것은 아니지만, 외국인이 구사하는 영어의 이질감이 잘 드러난다.

한편 배우들은 영화나 연극의 앞부분에서는 억양을 강하게 구사하다가 시간이 흐르는 동안 억양을 부드럽게 바꾸는 수법을 사용한다. 우리가 그 캐릭터의 영어에 외국어 억양이 섞였다는 걸 일단 알고 나면,

그 점을 그렇게 철저하게 상기시킬 필요는 없다. 그래서 당신은 스토리가 전개되는 동안에는 더 표준적인 영어를 써도 된다.

보이스오버

스크린 위에서 이야기하는 캐릭터와 결부되지 않는 대사가 세 종류 있다. 오프-카메라나 오프스크린 대사, 오버랩, 그리고 보이스오버.

시빌(O.C.)
만나서 반가워요.

마크가 몸을 급히 돌린다.

몸에 착 붙는 빨간 가운을 걸치고 맨발인 시빌이 거기에 있다.

(O.C.)는 '오프-카메라'라는 뜻이다. (O.S.)는 '오프스크린'이라는 뜻이다. 이 용어들은 혼용해도 상관없다. 말하는 사람이 이제 막 모습을 드러내고 있거나, 방을 박차고 나가면서 이미 문밖에 있거나, 책상 아래에 엎드려 있기 때문에 우리가 말하는 사람의 모습을 보지 못한다는 사실이 작품상에서 중요한 경우에만 써라.

오버랩 대사는 우리가 어떤 신에 시각적으로 끼어들기 전에 그 신에서 일어나는 모든 대사를 들을 수 있게, 또는 우리가 그 신에서 컷하고 빠져나온 뒤에도 대사를 계속 들을 수 있게 해준다. 장편영화 시나리오에서는 (O.C.)을 뜻하는 게 보통이지만, TV에서는 때때로 '(오버 랩)'을 뜻하기도 한다.

링컨

87년 전, 우리의 아버지들은 이 대륙에 새 나라를 세웠습니다….

실외. 게티즈버그 전쟁터-낮

하얗게 탈색된 뼈가 푸른 풀밭 이곳저곳에 삐쭉삐쭉 튀어나와 있 다.

링컨(O.C.)(계속)

… 자유를 추구하면서…

*보이스오버*는 그 신에 존재하지 않는 누군가가 말하는 소리다. 우 리는 영화의 앞부분에서 누군가가 과거를 회상하는 것을 들을 수도 있 고, 관객인 우리에게 직접 말하고 있는 것을 들을 수도 있다. 두 가지 다 그 캐릭터의 이름 뒤에 "(V.O.)"를 적어 표시하지만, 보통은 후자만 보이스오버라고 지칭한다.

영화 학교는 보이스오버에 편견을 가진 듯하다. 시각적인 방법으로 또는 대사를 통해 직설적으로 정보를 전달하는 수준 낮은 방법으로 여 기는 듯하다. 이런 편견은 보이스오버가 거의 항상 저급하게, 심지어 는 비생산적인 방법으로 사용된 탓에 빚어진 것이다(〈다크 시티〉의 도입부에 흐르는 V.O.는 영화가 중간쯤 전개됐을 때 비로소 밝혀지는 미스터리를 누설한다). 그런데 무슨 기법이건 남용될 수 있다.

V.O.는 어떤 사람이 말을 하고 있지 않을 때 캐릭터의 생각으로 들어갈 수 있는 유일한 방법이다. 예를 들어 소설 《우연한 방문객》에서, 중심 캐릭터는 괴상한 내적 독백을 한다. 그런데 이 소설을 각색한 영화는 보이스오버를 구사하지 않는다. 그래서 우리가 보는 거라고는 윌리엄 허트가 자의식 강한 WASP(미국 사회의 주류 계층인 앵글로색슨계 백인 신교도−옮긴이)를 연기하는 모습이 전부다. 그는 왜 흥미로운 인물인가? 도대체 누가 신경을 쓰겠는가? V.O.를 적절히 사용했다면 그 영화는 훨씬 나아졌을 것이다.

보이스오버는 영화가 다른 방식을 썼다면 전달하는 데 오랜 시간이 걸렸을 사실들을 빠르고 설득력 있게 전달할 수도 있다. 〈블레이드 러너〉의 최초 개봉 시사회에 참석했던 관객들은 디렉터스컷의 내용이 선명하지 않고 헷갈리는 영화라고 생각했다. 그래서 덧붙인 보이스오버 몇 줄은 상황을 명료하게 정리하며 관객의 이해를 도왔다. 덕분에 이 영화는 개봉 당시 큰 흥행을 거두지는 못했지만 SF 영화의 고전이 되었다.

디렉터스컷보다 스튜디오컷을 선호하는 것은, 물론 이단적인 행위다. 요즘 리들리 스콧의 디렉터스컷은 온 세상에서 상영되고, 심지어 DVD로도 살 수 있다. 그런데 디렉터스컷을 선호하는 사람들은 대부분 스튜디오컷을 이미 본 사람들이다. 그래서 그들은 릭 데커드가 생계를 위해 무슨 일을 하고 리플리컨트가 무엇이며 로이가 죽기 전에 데커드에게 하는 말이 무슨 말인지 이미 안다. 영화를 두 번째 볼 때는 보이스오버가 필요하지 않다.

보이스오버는 마음대로 사용할 수 있는 기법 중 하나다. 이것은 다른 방식으로는 어려운 일을 하게 해준다. 보이스오버는 시점을 명료하게 만들어준다. 거친 사립 탐정을 부패한 세상에서 유일하게 괜찮은 사람으로 만들어 준다(〈매드 맥스 2〉에 나오는 떠돌이 소년의 보이스오버는 우리가 전설적인 사건을 보려는 참이라는 걸 알려준다).

보이스오버에 지나치게 의지해서는 안 되지만, 필요할 때면 언제든 사용하라.

4장

이미지 vs 사운드, 액션 vs 대사

"영화는 소리가 있는 사진이고, TV는 사진이 있는 소리다"라는 말이 있다. 역사적으로 보면 어느 정도는 맞는 말이다. 영화는 태어나서 처음 30년간 무성(無聲)이었다. 영화에 처음 소리가 입혀진 건 1927년이었다. 한편 1940년대 말에 방영된 최초의 TV 프로그램은 라디오 방송에 흐릿한 흑백사진을 붙여놓은 것이나 다를 바 없었다. TV 방송국은 촬영장을 덧붙인 라디오 방송국이었다.

이런 역사적 사실에서 어떤 결론을 끌어낼 수 있을까?

글쎄, 이제 와서 그런 건 아무 의미도 없는 것 같다. 활동사진 매체에서 사운드란, 사진의 가난뱅이 친척 같은 존재가 아니다. 예산을 초과하는 바람에 제작자들이 사운드에 들일 돈을 아낄 경우, 비주얼이 얼마나 근사하건 간에 영화가 망가진다. 이와 비슷하게, 대사는 액션의 망나니 의붓자식이 아니다. 드라마는 대사를 통해 구현된다. 액션 영화에는 배우들이 뛰고 점프하고 떨어지는 신이 적합하다. 사람들이 내뱉는 단어를 통해 스토리를 들려주는 것은 이미지를 통해 스토리를 들려주는 것보다 열등하지 않다.

시나리오 작가 빌 프로우그는 저서 《시나리오 집필 비법》에서, 어떤 신을 쓰기 전에, 무성영화를 만드는 중이라면 그 신을 어떻게 쓸지 상상해 보라고 권한다. 딱 하나의 시각적 순간이 몇 페이지의 대사보다 더 많은 걸 보여주는 경우가 가끔 있다. 프랭크 카프라가 시나리오를 써달라며 유명 극작가를 고용한 이야기가 있다. 몇 달 후, 그는 결과를 확인했다. 유명한 극작가는 대사로 가득한 끝내주는 두 릴 분량의 글을 썼다. 한때는 화기애애했지만 지금은 시들어가는 결혼 생활을 보여주는 20쪽 분량의 글이었다.

카프라의 반응은 이랬다. "우리는 이렇게 할 겁니다. 남편과 아내가 엘리베이터에 타고 있는 걸 보여줍니다. 남편은 모자를 쓰고 있습니다. 엘리베이터가 멈춥니다. 어여쁜 아가씨가 엘리베이터에 탑니다. 남편은 모자를 벗으며 어여쁜 아가씨에게 인사를 합니다."

20페이지 분량의 대사에 담긴 정수(精髓)를 한 신으로 전달할 수 있다면(한술 더 떠, 엘리베이터 내부의 한 숏으로 전달할 수 있다면) 당연히 그렇게 해야 한다. 어떤 신을 쓰는 완전히 새로운 방식을 내놓을 수 있을 때마다 그건 시도해 볼 만한 가치가 있다. 그러면 당신은 두 가지 버전을 놓고 선택할 수 있게 된다.

빌 프로우그의 제안을 뒤집어보면 순수한 액션으로만 구성된 신을 구상할 때마다 대사로만 구성된 신으로 대체할 방법을 생각해 볼 수도 있을 것이다. 예를 들어 〈블레이드 러너〉에서 릭 데커드의 옛 상사는 "이봐, 자네도 세상 물정을 알잖아. 자네는 경찰이 아니라면 보잘것없는 놈일 뿐이야"라고 협박한다. 한 줄의 대사는 데커드가 불량배들에게 스토킹을 당하는 신 전체보다 더 위협적인 분위기를 전한다.

대사는 말랑말랑하다. 대사는 관객의 언어 이해력을 통해 걸러진다. 이미지는 딱딱하다. 관객은 단어로 바꾸는 과정 없이 그걸 소화한다. 대사는 사실적 정보를 더 많이 전달할 수 있지만, 관객이 진정으로 어떤 사물에 대해 알기를 원한다면 그걸 이미지로 보여줘라. 관객은 얼음 깨는 송곳에 관한 대사는 완전히 잊을 수 있지만, 침대 밑에 놓인 송곳의 클로즈업은 절대로 잊지 않을 것이다.

다른 방식을 취해서 스크린에 올릴 경우 너무 끔찍하게 보일 신을 거르기 위해 상대적으로 말랑말랑한 대사를 활용할 수도 있다. 〈죠스〉에서 상어 사냥꾼 퀸트는 2차 세계대전 때 있었던 미군 순양함의 침몰 이야기를 들려준다. 퀸트의 연기는 관객이 바닷물 속에서 상어들에게 찢어발겨지는 수병들이 내지른 비명을 떠올리게 만든다. 그런 모습을 직접 스크린에서 보고 싶지는 않을 것이다. 설령 그런 장면을 찍을 만한 경제적 여유가 있더라도 말이다.

어떤 사건의 잔혹한 팩트가 중요한 게 아니라, 캐릭터가 사건에 대해 어떻게 느끼는지가 중요할 때에도 대사를 활용해야 한다. 스토리에 여성이 성폭행당하는 내용이 있다고 하더라도, 그 신은 스크린에 올리지 않는 편이 낫다. 그 신은 영화의 나머지 부분을 완전히 박살낼 뿐 아니라, 그 일이 벌어지는 과정을 정확하게 재연하는 것은 그다지 중요하지도 않다. 중요한 것은 그녀가 그 일에 대해 어떻게 느끼는가 하는 것이다.

〈황야의 무법자〉에서 이름 없는 사나이는 한 가족을 구한다. 아버지가 이름 없는 사나이에게 왜 자신들을 위해 목숨을 걸었냐고 묻자 이름 없는 사나이는 쉰 목소리로 말한다. "언젠가 당신들과 비슷한 가족이 있었는데, 도와주는 사람이 아무도 없었기 때문이오." 우리가 이 이름 없는 사나이의 가족에게 무슨 일이 일어났는지를 알 필요는 없다. 그저 그가 그 일에 대해 어떻게 느끼는지를 알기만 하면 된다.

이미지는 우리에게 *무엇(what)에 대해* 알려준다. 단어는 우리에게 *이유(why)*를 알려준다. 스토리는 무엇 없이는 존재할 수 없지만, 이유가 없다면 아무 의미도 없고 우리도 신경을 쓰지 않을 것이다. 바로 그 것이 〈재즈 싱어〉가 유성영화 시대를 열고 2년이 지난 후 할리우드에서 급속도로 무성영화가 사라진 이유다.

장르

GENRE

1장

장르란
무엇인가?

영화 학계와 업계에 속한 많은 사람이 장르라는 용어를 언급한다. 사람들이 말하는 주된 장르로 보이는 것들은 다음과 같다.

  a. 드라마

  b. 코미디

  c. 액션 또는 액션 어드벤처

  d. 서스펜스 또는 스릴러

  e. SF와 판타지

  f. 공포

  g. 가족 또는 어린이

장르는 비디오 대여점에서 영화를 찾을 때 찾아가는 코너다. 맞나?

아쉽게도 비디오 대여점마다 영화를 분류하는 기준이 다르다. 따라서 그것은 장르에 대한 좋은 정의는 아니다.

예를 들어 살인자를 찾아내려 애쓰는 경찰에 대한 영화가 있다고 치자. 〈리썰 웨폰〉 시리즈의 후기작이나 오우삼의 과장된 총싸움이 나오는 유치한 액션 영화에서부터 느리지만 강렬한 〈세븐〉 같은 드라마에 이르기까지, 경찰 영화 안에서도 드라마와 서스펜스, 액션을 기준으로 폭넓은 스펙트럼이 당신 앞에 펼쳐진다.

어떤 드라마에도 약간의 액션이 있고, 모든 훌륭한 액션 영화에는 드라마가 있다. 그리고 그 영화들에는 하나같이 서스펜스가 있다. 비디오 대여점에 SF 코너가 없다면, 그 매장에서는 많은 SF 영화가 액션 어드벤처 영화로, 또는 공포 영화로, 또는 양쪽 모두로 분류되어 있을 것이다. 〈에이리언〉은 액션 어드벤처 SF 공포 영화라고 해도 틀린 말이 아니다. 일부 대여점에는 서부극이나 홍콩 영화, 예술 영화, 애니메이션 등의 코너가 있다. 그리고 고전 영화를 위한 코너가 따로 있는 게 보통이다.

그렇다면 장르는 정말로 무엇인가?

장르는 관객이 만족감을 느낄 수 있도록 *당신이 반드시 전달해야 하는 상품이다.* 당신의 영화가 영화 자체로 얼마나 빼어난지와 상관없이, 당신이 해당 장르에 속한 상품을 전달하지 않는다면 관객들은 실망할 것이고 당신의 영화는 쪽박을 찰 것이다.

극도로 비극적인 영화라 할지라도 배꼽을 잡게 만드는 코믹한 순간들이 등장할 수 있다. 포복절도하게 만드는 코미디라 할지라도 죽음을 맞는 등장인물이 나올 수 있다. 그런데 코미디에 비극이 가미되는 것은 코미디에 무게를 실어주기 위해서다. 그 영화에 관심이 없다면 아무도 웃지 않을 것이다. 다른 장르에 유머가 가미되는 것은 영화에서 일어나는 사건에 인간미를 더하기 위해서다. 그와 비슷하게, 어느 장르 영화건 무시무시한 순간들이 나올 수도 있다. 그런데 관객은 공포 영화를 볼 때만 공포에 떨고 싶다는 *구체적인* 이유로 입장료를 지불한다. 그 영화가 만족할 만큼 무섭지 않았다면, 관객은 투덜거리면서 집에 갈 것이다.

당신이 집필하는 영화가 어떤 장르에 속하는지 아는 것은 중요하다. 작가가 자신이 쓰는 작품의 장르를 헷갈린다면, 그 시나리오는 망한다. 당신은 수백만 명의 사람들에게 힘들게 번 돈을 지불하면서까지 당신이 가진 비전을 감상하러 와달라고 요청한다. 당신은 그들이 보려고 극장을 찾아온 요소를 제공해야 한다. 그들이 원하는 게 폭소가 됐건 스릴이 됐건 신랄한 순간이 됐건 로맨스가 됐건 말이다.

모든 장르는 나름의 관객을 갖고 있다. 나는 SF의 팬이다. 그래서 나는 SF 영화가 개봉하면 무조건 보러 간다. IMDB(http://www.imdb.com)와 시네마스코어(Cinemascore, http://www.cinemascore.com)에서 끔찍한 점수를 받은 영화가 아닌 한, 그 영화가 드라마건 스릴러건 액션이건 코미디건 말이다. 나는 사람들이 SF의 세계에서 어떻게 살아가는지 보고 싶다. SF적 요소가 담겨 있다면 미래 세계든, 우리가 사는 세계든 상관없다. 그런데 영화에 담긴 SF 요소가 만족스럽지 않으면 실망한다. 그 영화에는 다른 모든 좋은 요소가, 그러니까 폭소와 저주와 눈물이 담겨 있겠지만, SF 요소가 꽝이라는 생각이 들면 나는 좋게 평가하지 않는다. 예전에 나는 SF 코너에서 〈유니버설 솔저〉를 발견한 적이 있다. 미래 분위기를 풍기는 고글을 자랑하는 장 클로드 반담의 모습이 표지에 실려 있었다. 그래서 그 비디오를 대여했다. 그런데 그 영화는 행동거지가 일반 군인들과 다를 것이 없는 슈퍼 솔저를 다룬 현대 배경의 액션 어드벤처 영화였다. 전쟁 영화의 팬들에게는 좋은 영화일지도 모르지만, 그런 영화의 팬이 아닌 나는 실망스러웠다. 〈스태틱〉도 SF 코너에 진열돼 있었는데, 세상을 떠난 이들과 소통하려고 라디오를 조작하는 사내에 대한 영화인 척하고 있었다. 그런데 자기가 죽은 이들과 소통하고 있다고 생각하는 것은 오로지 그 혼자였던 것으로 밝혀졌고, 그 영화가 다루는 주된 내용은 그가 친구의 죽음을 극복하지 못했다는 거였다. 그 영화의 장르는 SF가 아니다. 드라마다.

서부 액션극 〈용서받지 못한 자〉에 6연발 권총을 쏘는 사람이 아무도 등장하지 않는다면, 그 영화가 드라마 측면에서 제아무리 완벽하다 해도 서부극 팬들은 극장을 나서면서 실망을 금치 못할 것이다. 다행히도 클린트 이스트우드는 바보가 아니다. 게다가 그는 서부를 드라마의 배경으로 활용했다.

당신의 영화가 액션 어드벤처 장르에 속한다면, 탄성이 나오는 스펙터클한 액션 어드벤처 신을 보여줘야 한다. 관객은 깔깔거릴 수도, 눈물을 흘릴 수도, 감동할 수도 있다. 그런데 그 영화에 끝내주는 액션 신이 없다면, 당신은 상품을 제대로 전달하지 않은 것이다. 본드 시리즈는 사실상 액션 신을 위해 존재한다. 우리는 본드 시리즈에 등장하는 만화 같은 캐릭터들을, 그리고 영화에 드라마라 할 만한 요소가 거의 없다시피 한 점을 너그러이 용서한다. 본드가 금방이라도 무너질 것 같은 다리 밖으로 능숙하게 차를 몰아 공중에서 360도 회전을 한 다음에 널따란 운하의 반대편에 자동차 바퀴를 내려놓는 장면을 봤기 때문이다. 와아!

액션 영화는 걸출한 캐릭터들을 담을 수 있고, 담아야 한다. 강렬한 주제와 근사한 대사, 감동적인 신을 담을 수 있다. 그런데 그런 것들은 액션 영화를 보러 극장을 찾은 관객 입장에서는 모두 예상외의 수확에 불과하다. 액션이 성공적이지 않다면, 그 영화는 관객에게 먹히지 않는다. 최소한 액션 영화로는 말이다.

그 영화가 드라마 장르에 속한다면, 개인적이고 정서적인 문제가 해결되는 강렬한 드라마를 전달해야 한다. 인생을 바꿔놓거나 새로운 시각에서 이해하게 해주는 경험을 한 명 이상의 캐릭터가 하게 만들어야 한다. 우리는 한 명 이상의 캐릭터의 마음과 영혼에 들어가, 그들의 상황에 처하면 어떤 느낌이 들지 이해해야 한다. 당신은 우리에게 폭소와 서스펜스를, 심지어는 SF를 제공할 수도 있다. 그렇지만 그 영화에는 반드시 드라마가 담겨 있어야 한다. 그렇지 않다면 그것은 망한 영화다.

스릴러 영화라면 반드시 서스펜스를 전달해야 한다. 액션과 폭력을 분출할 수도 있겠지만, 그 영화에 액션이 담기는 것은 오로지 긴장을 고조하거나 해소하기 위해서다.

코미디 영화는 반드시 폭소를 전달해야 한다. 관객을 충분히 웃길 수 있다면, 캐릭터들은 만화 같고 플롯은 터무니없더라도 무방하다.

로맨스 영화라면 관객은 서로를 잃을 위험에 처한 연인들을 봐야 한다. 관객은 영화를 보면서 로맨틱한 영감을 받고 싶다.

공포 영화라면 관객의 바지를 적시는 편이 낫다.

잠수함 영화 몇 편을 비교해 보자. 〈U−571〉은 액션 영화다. 전쟁 영화로 분류하는 것도 가능하다. 영화의 핵심 주제는 이렇다. 미국인들은 U−571에 실린 나치의 에니그마 기계를 포획해서 안전하게 귀향하게 될까? 캐릭터들은 평면적이고, 영화 내내 변화하지도 않는다. 그들은 맡은 소임을 다하려고 애쓰는 사내들이다. 그들도, 그리고 관객들도 도덕적인 문제를 붙들고 고심할 필요가 없다. 히틀러를 무찌를 수만 있다면 무엇이건 좋으니까. 이 영화의 짜릿한 요소는 일련의 잠수함 전투 신이다. 관객은 그들의 승리를 응원한다.

한편 〈특전 유보트〉의 장르는 드라마다. 이 영화는 대서양 전투에 뛰어든 독일 잠수함에 탑승하면 어떤 느낌일지를 다룬다. 관객은 영화가 끝나기 전까지 그 유보트가 귀향할 수 있을지 모른다. 관객이 꼭 그 잠수함의 무사 귀항을 성원하는 것은 아니다. 그 캐릭터들이 겪는 과정에 관심을 두기는 하지만 말이다. 캐릭터들은 전쟁이 패전으로 끝날 것이라는 걸 알면서도 각자의 임무를 수행하려 유보트에 탑승한다. 관객은 그게 어떤 느낌일지 배운다. 중요한 것은 우리가 정서적인 경험을 한다는 것, 그리고 인간의 본성에 관한 그 무엇을 이해하게 된다는 것이다.

〈크림슨 타이드〉는 스릴러다. 강렬한 두 캐릭터를 의무와 도덕 문제에 관한 일련의 극적인 대결 과정에 몰아넣고 충돌시킨다. 이 영화에서 다루는 문제는 그 캐릭터들이 서로를 변화시킬 것이냐, 또는 그들

내면의 악마들과 대결하느냐가 아니다. 그들은 그러지 않는다. 액션이 중요한 영화도 아니다. 액션은 짤막하고 폭발적이지만, 오로지 긴장을 고조하기 위해서만 등장한다. 이 영화에서 중요한 요소는 미 해군 소속 잠수함 앨라배마호가 러시아에 핵폭탄을 발사할지의 여부다. 우리가 극장을 찾은 것은 서스펜스와 그것의 해소 과정을 즐기기 위해서다. 우리는 극장을 나서면서 시원한 안도감을 느낀다. 신이시여, 평화로운 시대에 태어나게 해주셔서 감사합니다.

〈잠망경을 올려라〉는 코미디다. 최소한 그런 영화가 되려고 애는 쓴다. 중요한 것은 우리가 이 영화를 보고 깔깔거리느냐 여부다. 나는 잠수함이 로맨스의 배경으로 나오는 영화는 본 적이 없다. 주류 영화를 감상하는 관객들도 그런 영화를 볼 준비는 되어 있지 않다. 그 잠수함에 탑승한 해군이 남녀 합숙 해군이 아니라면 말이다.

〈라이언 일병 구하기〉에는 바닷물에서 벗어나 뭍에 오르는 과정을 담은 22분짜리 오프닝 액션 시퀀스가 있다. 그런데 그 오프닝 시퀀스는 캐릭터들이 속한 세계를 규정하기 위해, 그들이 얼마나 지옥 같은 곳에 있는지 보여주기 위한 것이다. 관객은 액션을 보려고 극장에 있는 게 아니다. 객석에서 캐릭터들을 응원하는 목소리는 전혀 나오지 않는다. 그 영화가 다루는 주된 이슈는 드라마적이다. 한 명의 목숨을 구하려고 여덟 명이 목숨을 거는 것이 옳은 일인가? 전쟁의 한복판에서 선한 사람으로 남는 것은 가능한가?

당신이 드라마를 쓰고 있다면, 관객은 캐릭터들의 내면적 삶을 보고자 한다는 걸 명심해야 한다. 캐릭터들은 극적인 스트레스에 시달려야 한다. 그들은 변화하고, 배우고, 내면의 악마들과 맞서야 한다. 그

곳에 액션이 등장하는 것은 캐릭터들에게 자신과 다른 이들을 시험대에 올릴 기회를 제공하기 위해서다.

〈더티 더즌〉에서 20분에 걸친 피날레는 〈라이언 일병 구하기〉의 오프닝 시퀀스와 맞먹는다. 그런데 피날레는 오로지 액션을 위해서만 존재한다. 영화의 나머지 부분은 우리가 캐릭터에게 깊은 관심을 갖게 하려고 있는 것이다. 따라서 그들이 영웅적으로 숨을 거둘 때, 우리는 그들에게 관심을 생긴다. 이 영화의 주된 이슈는 액션이다. 더티 더즌은 나치 장교 클럽을 쓸어버리게 될까?

당신이 액션 영화를 쓰고 있다면, 당신의 액션은 인상적이어야 한다. 그 영화에 드라마가 등장하는 것은 액션을 위한 정서적 받침대를 제공하기 위해서다. 서스펜스는 페이싱을 부여하기 위해서다.

SF와 판타지는 까다로운 장르다. 그 장르들은 누가 봐도 뻔한 기대치를 설정하는데, 장르에는 더 미묘한 것들도 있다.

SF 영화가 중요한 SF 요소를 담고 있어야 하는 것은 분명하다. 어떤 세계가 한 가지 중요한 측면에서 우리의 세계와 다르다면 어떻게 될까? 이상적인 경우는 그 측면이 우리 자신의 삶에서 진실한 무엇인가를 강조한 것으로, 우리의 삶을 새로운 관점에서 보도록 해주는 경우다. 그런데 가장 기본적인 요소는 우리 세계와 다른, 설득력 있고 일관적이며 강렬한 세계를 창조하는 것이다. 영화에 등장하는 세계가 현실과 별반 다르지 않다면, 그것은 SF가 아니다.

그와 비슷하게, 판타지 영화에는 마법이 존재한다. 그 세계에서는 우리에게 익숙한 물리적 법칙이 깨지거나, 존재할 수 없는 피조물이 존재하기도 한다. 이상적인 경우는 판타지 세계에서 우리 세계와 다른 점이, 현실에서 친숙한 무엇에 대한 메타포인 경우다. 영화에 마법이 없다면 우리는 판타지 영화를 보고 있는 게 아니다.

두 장르를 구분하는 제일 명확한 경계선은, SF 영화는 그 세계가 우리 세계와 어떻게 다른지에 대해 관객이 이해하지 못하더라도 어쨌든 과학적인 근거를 제시한다는 점이고, 판타지 영화는 그냥 마법이라는 말 외에는 아무것도 설명하지 않는다는 점이다. 따라서 〈스타워즈〉는 SF다. 자신들이 보유한 능력을 설명하지 않는다면 제다이 기사들은 마법 능력의 소유자일 것이다. 그런데 관객은 설명을 들었다. 비록 그 설명이 〈스타워즈〉에서는 약간 신비롭게 보였고 〈스타워즈 에피소드 1 ─ 보이지 않는 위협〉에서는 도무지 말도 안 됐지만 말이다. 〈식스 센스〉는 당대 도시를 배경으로 한 판타지다. 현실 세계에 유령은 존재하지 않기 때문이고, 그들이 왜 존재하는지에 대한 설명이 영화에 없기 때문이다.

따라서 SF 영화에는 공상 과학이 담겨 있고, 판타지 영화에는 마법이 담겨 있다. 그런데 SF와 판타지는 사실 다른 장르의 배경이 될 수도 있는 세계들이다. 달리 말해 SF 영화나 판타지 영화는 드라마도, 액션도, 스릴러도, 로맨스도, 공포도, 코미디도 될 수 있다. 따라서 SF 영화나 판타지 영화는 이중의 부담을 진다. '스트레이트' 장르에 속한 상품들을 ─드라마에서는 감정적인 카타르시스를, 로맨스에서는 로맨틱한 영감을, 공포 영화에서는 공포를, 코미디에서는 폭소를─ 전달하면서, 우리 세계와 다른 설득력 있는 세계를 창조해야 한다.

장르 혼돈

어떤 영화가 SF라고 해서 그 영화에서 SF 요소들을 벗겨냈을 때 당신이 그 영화가 속한 장르에 모호한 태도를 취할 수 있다는 뜻은 아니다. 내가 함께 일했던 작가 한 명은 시각장애를 치료하는 기술을 발명했지만, 온몸에 수백 개의 눈이 튀어나오는 사이코 괴수 인간을 만들고 만 야심만만한 의사에 대한 스토리를 쓰고 싶어 했다. 문제는 그 작가가 다루고 싶었던 주제는 의사의 감정이 보여주는 정서적 궤적과 그 행동의 윤리적 문제였다는 점이다. 그런데 괴수 인간은 공포 장르에 속한다. 그 영화는 뛰어난 공포 영화는 아니었다. 충분히 관객을 겁에 질리게 만드는 영화는 아니었으니까. 따라서 그 영화에서 SF 요소를 걷어내면, 드라마가 남는 것도 공포 영화가 남는 것도 아니었다. 그 영화는 이도 저도 아니었고, 제대로 작동하지 않았다.

올리버 스톤의 〈닉슨〉은 장르 혼동에 따르는 리스크를 잘 보여주는 또 다른 사례다. 이 영화의 주인공은 악당이다. 영화는 관객이 닉슨을 향한 엄청난 동정과 이해를 키워가게끔 안내하지만, 관객은 여전히 그가 실패하는 모습을 보면서 행복해 한다. 관객은 그를 측은하게 여기지만, 그가 승리하는 걸 원치 않는다. 영화는 비스듬한 앵글과 어두운 그늘을 동원하여 마치 괴수 영화처럼 촬영하였다. 심지어 닉슨은 귀신처럼 아래에서 조명을 받는다. 〈닉슨〉은 〈킹콩〉 같은 괴수 영화다. 그런데 이 영화가 주는 공포는 괴수 영화의 관객 입장에서는 무척 미미한 수준이었다. 이 영화가 개봉하는 날 극장을 찾은 성인 관객들은 세련된 정치 드라마를 기대했을 것이다. 그래서 이 영화는 상업적으로 성공하지 못했다.

장르와 하위 장르를 명쾌하게 구분하는 건 불가능하다. 서부극은 SF 장르와 비슷하게 드라마와 액션 어드벤처, 코미디가 배경으로 삼을 수 있는 환경인가? 전쟁 영화는 하나의 장르인가? 슬래셔 영화는? 애니메이션 영화는? 디즈니 애니메이션 영화는? 디즈니 애니메이션 뮤지컬은? 비디오 대여점 어딘가에 독립적인 선반이 마련된 것은 모두 장르로 봐야 할까?

나는 어떤 종류의 영화라는 것만으로 기대감을 품고 극장을 찾아오는 관객을 보유했다면, 그런 종류를 하나의 장르라고 주장하겠다. 예를 들어 홍콩 액션 영화는 플롯이 복잡한 데다 지나치게 신파적이며 허풍스러워서, 그 어떤 놀라운 일이 일어나도 대수롭지 않게 여길 수 있는 영화다(그들은 실제로는 형제였어! 그 남자는 사실은 여자였어! 그는 장애인이 아니었어!). 그런데 우리는 때때로 초창기의 오우삼 감독만이 연출할 수 있는 분위기에 젖고 싶을 때가 있다. 그것만으로도 장르를 정의하기에 충분하다. 그리고 그건 당신이 홍콩 액션물을 집필하는 일에 착수하고 있다면, 당신의 시나리오는 그 장르에 속한 상품들을 제대로 전달하는 편이 낫다는 뜻이다. 달리 말해, 당신의 스토리가 속한 장르가 어느 것인지 결정하는 또 다른 방법은 이렇게 묻는 것이다. "이 영화를 볼 관객은 누구인가?"

'역사물'이나 '시대극'은 장르가 아니라는 걸 주목하라. 역사는 다른 장르들이 배경으로 삼을 수 있는 환경일 뿐이다. 역사 액션 어드벤처 영화(〈삼총사〉)도, 역사 드라마(〈게임의 규칙〉)도, 역사 스릴러(〈위험한 관계〉)도, 역사 코미디(〈몬티 파이튼과 성배〉)도 있을 수 있다. 화려한 전통

의상이 나오는 영화는 관객을 확보할지 모르지만, 그런 영화를 보는 관객은 무슨 일이 벌어질지에 대한 *전반적인 기대*를 품지 않는다. 그저 모든 등장인물이 화려한 전통의상 차림이기만을 바랄 뿐이다. '역사물'은 전달하려는 상품이 무엇인지 말해주지 않는다. 바로 이것이 성공하지 못한 영화들만이 시대극이라고 불리는 이유다. 성공한 역사물 영화는 적절한 장르에 속한 영화로 인식된다. 〈센스 앤 센서빌리티〉는 로맨스다. 〈브레이브 하트〉는 액션 어드벤처다. 〈롭 로이〉와 〈레스토레이션〉, 〈카멜롯의 전설〉은 형편없는 영화라서 시대물로 인식된다.

2장

퍼스트 릴 계약

당신의 장르는 영화의 처음 10분 안에 결정된다. 모든 시나리오에서 처음 10쪽 남짓은 관객에게 그들이 보게 될 영화가 어떤 종류인지 알려준다. 첫 10쪽은 관객에게 이 영화가 해피엔딩인지 새드엔딩인지, 아니면 양쪽으로 다 향하게 될 종류의 영화인지를 경고하는 분위기를 설정한다. 처음 10분은 관객과 맺는 '계약'이다. 당신이 이 계약을 위반할 경우, 당신 영화의 나머지 부분이 아무리 훌륭하더라도 그 영화는 망한다.

옛날에 쓰던 영사기에서, 각각의 필름 릴의 영사 시간은 10분 길이였다. 이 계약이 '퍼스트 릴' 계약이라고 불리는 이유다.

이 계약은 영화의 분위기를, 그리고 관객이나 리더가 품게 될 전반적인 기대를 설정한다. 뛰어난 영화로 이어지는 10분을 통해, 관객은 자신이 할리우드 로맨스를 볼지 예술 영화를 볼지 알게 된다. 영화의 나머지 부분은 계약서에 적힌 상품을 전달해야 한다. 할리우드 로맨스의 엔딩을 별난 예술 영화의 엔딩으로 끝맺으면, 관객은 실망하며 극장을 나설 것이다. 예술 영화의 엔딩을 일반적인 할리우드식 엔딩으로 맺으면, 관객은 사기를 당했다고 느낄 것이다. 당신이 첫 10분 동안 로맨틱한 영화를 제공한다는 계약을 체결했다면, 소년은 소녀와 맺어지는 편이 낫다. 드라마 계약을 체결했다면, 소년은 소녀를 잃거나 포기할 수 있다. 소녀나 소년이 살해당할 수도 있고 두 사람이 행복한 삶을 오래도록 누린 후에 플로리다로 은퇴할 수도 있다. 충분히 드라마틱한 클라이맥스를 갖게 한 후에 말이다.

코미디는 웃기는 장면으로 시작하는 편이 낫다. 비극적인 영화에는 심각한 오프닝이 필요하다. 액션 영화는 첫 10분 안에 액션 시퀀스를 등장시켜야 한다. 로맨틱 코미디는 상대적으로 더 재미있게 시작해서 더 로맨틱하게 끝나는 게 전형적이다. 로맨틱하게 시작해서 웃기게 끝낼 경우 관객을 만족시키기는 힘들다.

비극적인 결말로 끝나는 많은 영화에서, 제작진이 비극적인 결말로 영화를 시작해 놓고 사건의 도입부를 향해 플래시백을 하는 쪽을 선택한다는 걸 주목해야 한다. 당신의 영화가 비극이라면, 관객이 거기에 대비하게 만들어야 한다. 희곡 《로미오와 줄리엣》에서, 대사로 전달되는 프롤로그는 연인들이 불행할 것이며 결말에서 목숨을 잃을 거라는 것을 알려준다. 그런 식으로 관객은 연인들의 장래가 밝을 거라는 희망을 처음부터 접는다. 〈이지 라이더〉의 첫 릴은 주인공들이 살해당하리라는 것을 깨닫게 해줄 내용을 파편적인 플래시 포워드로 보여준다.

영화의 도입부는 플래시 포워드보다 더 미묘한 방식으로 비극적인 엔딩의 조짐을 보여줄 수 있다. 당신의 영화가 결말에서 교수형을 당하는 무법자를 다룬다면, 또 다른 무법자가 교수형을 당하는 장면으로 영화를 시작할 수도 있다. 〈엘리자베스〉는 엘리자베스 여왕이 영국을 위해 자신을 희생하는 것으로 끝난다. 그녀는 자신의 영토를 안전하게 통치하기 위해 개인적인 행복을 거부한다. 프로테스탄트 순교자 세 명이 신념을 지키려고 화형당하는 걸 보여주는 영화의 오프닝 시퀀스는 그런 결말의 전조다.

비극적인 엔딩의 전조를 꼭 보여줘야만 하는 건 아니다. 그런데 비극의 오프닝을 가벼운 분위기로 설정할 경우에도 그 오프닝에는 불행에 대한 힌트가 있어야 한다. 그렇지 않다면 관객은 분위기가 변했을 때 사기를 당했다고 느낀다. 〈올 댓 재즈〉의 타이틀 시퀀스에는 주인공 조 기디언이 줄에서 떨어지는 짧은 숏이 들어 있다. 〈카바레〉는 가벼운 벌레스크(통속적인 희가극—옮긴이)를 공연하는 것으로 시작하지만, 영화는 그 공연을 감상하는 관객들의 심란할 정도로 왜곡되고 반사된 모습을 보여주며 시작한다. 관객이 쇼를 즐기려고 이 자리에 있는 것은 아니라는 사실을 알려주기에 충분한 오프닝이다.

지금 한 말은 도입부를 보면 엔딩을 예상할 수 있어야 하는 게 마땅하다는 말이 아니다. 그렇게 되면 영화는 너무 뻔해진다. 내가 하는 말은, 도입부의 일부분에는 엔딩을 반영해야 한다는 것이다. 도입부에 엔딩의 씨앗이 담겨 있어야 한다. 엔딩은 도입부에서 전달하기 시작한 상품을 전달해야 한다.

3장

특정 장르를 위한
몇 가지 조언

공포 영화

나는 공포 영화에 두 종류가 있다고 생각한다. 테러 영화와 진정한 공포 영화. 테러 영화에서 악당은 인간이 설정한 법칙을 어긴다. 공포 영화에서 악당 혹은 괴물은 자연의 법칙을 어긴다. 테러 영화를 본 관객은 두려움에 떤다(terrified). 공포 영화를 본 관객은 공포에 질린다(horrified).

테러 영화에서 관객은 엔딩을 보고 숨이 막힐 정도로 두려움에 떤다. 공포 영화를 본 관객은 자신은 운이 좋다고 느껴야 한다. 슬래셔 영화를 보며 관객은 무고한 캐릭터들이 슬래셔에게 난도질당할 거라는 두려움에 떤다. 슬래셔는 현실 세계의 사이코처럼 그냥 정신이 나간 놈이다. 우리는 그를 두려워하지만 현실에서 그런 자를 만날까 봐 진심으로 걱정하지는 않는다.

좀비 영화에서, 좀비에게 당한 사람은 좀비가 된다. 뱀파이어 영화와 늑대인간 영화에서도 똑같다. 〈프랑켄슈타인〉은 공포 영화다. 폰 프랑켄슈타인 남작이 시신을 재료로 피조물을 창조하는 과정에서 자연의 법칙을 위반하기 때문이다. 죽은 존재는 죽은 채로 머물러야 옳다. 〈미이라〉시리즈와 〈폴터가이스트〉, 〈아미티빌 호러〉, 〈13일의 금요일〉시리즈에서, 영면(永眠)을 방해받은 망자들은 복수하려고 돌아온다.

형이상학적인 질문을 노골적이고 영화적인 방식으로 다루는 일은 공포 영화는 할 수 있지만 테러 영화는 못 하는 일이다. 당신은 거창한 질문에 관한 이야기를 관객이 받아들이기에 지나치게 심오하거나 무섭지 않은 방식으로 할 수 있다. 예를 들어 뱀파이어는 어둠 속에서 사는 영생과 햇빛 아래에서의 삶을 바꾼, 죽지 않는 피조물이다. 그는 자신의 영혼을 권능과 불멸과 맞바꿨다. 그는 목숨을 쉽게 잃지는 않겠지만, 인간들 사이에서 살아갈 수 없다. 세상을 얻고 영혼을 잃었다면 무슨 소용이 있겠는가? 뱀파이어 스토리는 권능과 부(富)에 대한 대가로 영혼을 포기하는 것이 어떤 의미인지에 관한 이야기를 재미있고 이해하기 쉬운 방식으로 들려준다.

늑대인간은 심성은 착하지만 충동을 주체하지 못하는 바람에 자신이 사랑하는 이들을 해친다는 것을 알게 된 사람이다. 누구나 그렇지 않나? 〈진저 스냅〉에서 주인공 진저는 초경(初經)을 할 때 늑대인간에게 물린다. 그녀는 이전에 전혀 느껴보지 못한 성적인 충동을 느낀다. 그녀의 육체는 자신도 통제하지 못할 방식으로 변한다. 그 영화가 그저 생리를 시작한 10대 소녀에 대한 영화라면, 그걸 보러 가려는 사람이 누가 있겠는가? 그런데 그 스토리는 늑대인간 영화로 관객을 찾아낸다.

〈미이라〉 시리즈는 죽지 않는 피조물의 전설을 영원한 사랑의 우화로 탈바꿈시킨 듯 보인다. 이 영화의 미이라는 간통과 살인을 저지른 탓에 살아 있는 주검이 되는 저주를 받은 고대 이집트의 사제다. 인간 세계로 돌아온 그는 오래전에 잃은 연인을 어떤 대가를 치러서라도 살리려고 기를 쓴다. 그는 설득력이 있는 캐릭터다. 무슨 일이 있어도 사랑하는 이의 곁에 머무르려 하기 때문이다. 그 점에서 그는 세상의 많은 사람과 크게 다르지 않다.

프랑켄슈타인의 피조물은 도덕률을 상대로 과학이 거둔 승리다. 프랑켄슈타인 박사는 시신에 생명력을 불어넣었고, 그 결과 참혹한 결말을 맞는다. 메리 셸리는 소설 《프랑켄슈타인》에서 앞뒤 가리지 않고 돌진하는 기술에 느끼는 두려움을 털어놓았다. 급격한 기술 발전에 겁을 먹었던 사람이라면, 예를 들어 감시 시스템이 우리의 프라이버시를 침해하는 일에 겁을 먹었던 사람이라면 그녀의 심정에 공감할 수 있다.

공포 영화에서 일어나는 사건들은 어떤 면에서는, 우리가 직접 겪는 경험과 멀어도 한참 먼 사건들이다. 당신은 현실에서 뱀파이어를 만난 적이 전혀 없다. 연예 산업 종사자가 아니라면 말이다. 그런데 그 우화의 밑바닥에는 자신이 겪는 경험에서의 가장 강력한 공포 이야기가 있다. 당신이 좋아하는 공포 영화의 진정한 메시지는 무엇인가? 그 영화가 다루고 있는 근본적인 질문은 무엇인가? 관객이 당신의 스토리에 유대감을 느끼게 만드는 것이 이 근본적인 질문이다. 우리가 보는 내용은 말 그대로의 사실은 아니다. 그렇지만 그 이야기는 정서적으로나 도덕적으로 진실이다. 형이상학적 주제를 하나도 다루지 않는 공포 영화는 나한테 먹히지 않는다. 그 영화는 나의 현실과 아무런 관련도 없기 때문이다.

그리고 제발 부탁인데, 어떤 사람의 꿈인 것으로 판명되는 무시무시한 시퀀스로 영화를 시작하지 좀 마라. 그건 전혀 독창적이지 않다.

SF와 판타지

공포 장르처럼, SF와 판타지 장르도 관객을 지루하게 만들지 않으면서 심오한 주제에 대한 이야기를 할 수 있다. 최고의 SF와 판타지 스토리들은 실제 인생과 관련한 진실을 취해서 극단까지 몰고 간다.

타자를 향한 편견과 의심과 불신이라는 주제는 보편적이다. 〈스타 트렉〉의 클래식 에피소드에서 엔터프라이즈호의 선원들을 살해한 바위 괴물은 자식들을 보호하려 애쓰다가 그런 것일 뿐이라는 게 밝혀진다. 〈스타 트렉 6: 미지의 세계〉는 숙적들 사이에서 평화를 빚어내는 활동에 따르는 어려움을 다뤘다.

안드로이드와 로봇을 다룬 스토리들은 다음과 같은 질문을 던진다. 인간이란 무엇인가? 〈블레이드 러너〉에서 릭 데커드는 노예 생활에서 탈출한 인조인간 6명을 해치우려 애쓰고 있다. 표면적으로 보면 이 영화는 미래세계를 배경으로 한 필름 누아르 탐정 영화일 뿐이다. 그런데 이 영화는 더 근본적인 수준에서는 인간적인 존재가 된다는 것은 무슨 뜻인지 묻는다.

SF와 판타지 관객을 위해서만 시나리오를 써서는 안 된다. SF 영화는 제작비가 무척 많이 들기 때문에 순전히 SF 마니아층만 노리고 만들 수 없다. 당신 스스로 족쇄를 찰 이유가 뭔가? 당신이 보편적이고 인간적인 질문 위에 현실과 동떨어진 스토리의 토대를 마련한다면, 누구나 당신의 영화를 즐길 수 있다.

SF 영화가 주류 관객에게 먹히게 하려면, 그 세계를 우리가 사는 세계와 과도하게 동떨어진 곳으로 만들지는 마라. 성공적인 SF 영화들은 당대 세계에 SF 요소 한 가지를 도입한다. 나는 우리 세계를 배경으로 한 SF 시나리오에 SF 요소를 두 개 이상 넣으면 안 된다고 믿는다. 그나마 하나 넣은 것도 몇 단어로 요약할 수 있어야 한다고도 믿는다. 화석화된 DNA에서 공룡을 복제할 수 있다. 외계인의 아이가 사고로 지구에 남겨진다. 〈인디펜던스 데이〉와 〈스타게이트〉, 〈프레데터〉, 〈터미네이터〉, 〈터미네이터 2〉, 〈스타맨〉, 〈E.T.〉, 〈미지와의 조우〉, 〈지구가 멈추는 날〉, 〈스타 트렉 4: 귀환의 항로〉를 생각해 보라. "그래서 당신은 우주 공간 출신이라는 거예요?" 어느 여성이 물으면 커크 선장은 대답한다. "아뇨, 저는 아이오와 출신입니다. 일만 우주 공간에서 하는 거죠." 영화를 보는 관객 모두 당대의 배경과 캐릭터에 공감할 수 있고, 우리 세계의 외부에서 나타난 무언가와 대면하는 평범한 현대인의 처지에 설 수 있다.

당신의 영화에 SF 요소를 두 개 담는 것을 피하라. 예를 들어 현대를 배경으로 한 당신의 영화에 외계인이 등장한다면, 시간여행까지 더하지 마라. 그렇게 되면 다루는 주제가 혼란스러워질 뿐이다.

SF 요소를 확고히 다졌다면, 영화를 우리 현실에서 멀리 가져갈수록 영화의 효과도 줄어든다. 관객은 자신이 처한 현실의 요소들이 하나씩 사라질 때마다 소외감을 느낄 것이다. 대신, 스토리의 나머지 부분을 되도록 현실적인 스토리로 유지하라. 공룡 복제가 가능하다면 사람들은 그 공룡으로 무슨 일을 할까? 당연히 돈벌이하려고 기를 쓸 것이다. 놀이공원을 열 것이다. 공룡 버거를 팔 것이다.

SF 영화에서 리얼리즘과 믿음직함의 기준은 현실적인 영화보다 오히려 높다. 로맨틱 코미디의 등장인물 누군가가 도무지 예상도 못 한 짓을 할 경우, 나는 걱정하지 않는다. 그건 그냥 캐릭터가 그런 사람이라서 그런 거니까. 하지만 SF 스릴러의 어느 캐릭터가 그럴듯한 동기가 전혀 없는 짓을 한다면, 불신하지 않으려 노력하던 마음은 약해지기 시작한다. SF 요소와 아무 관련이 없는 모든 디테일은 되도록 현실적으로 만들어야 한다.

한편 SF의 규칙들은 스릴러에서 유래했다. 스릴러는 평범한 사람에게 일어나는 평범하지 않은 사건을 다룬다. 스릴러는 현실에서 일어나지 않을 사건을 딱 하나만 전제로 삼아야 한다. 그리고 그 외의 있을 성싶지 않은 것들은 모두 그 사건에 따른 결과여야 한다.

성공적인 SF 영화들은 우리의 세상과 너무 머지않은 미래를 창조하지만, 그 미래는 중요한 SF 요소 한 가지에 의해 뒤틀려 있다. 〈블레이드 러너〉는 현대의 도쿄나 방콕과 크게 다르지 않은 LA를 배경으로 한 필름 누아르다. 그것 (SF 요소) 이외의 요소로는 도주 중인 초인간 안드로이드와 그들을 은퇴시켜야 하는 데커드가 있다. 〈아웃랜드〉는 가니메데에 있는 광산 식민지(SF 요소)를 배경으로 다시 들려주는 〈하이 눈〉이다.

위에 소개한 사례들에서 알 수 있듯, 이 영화들도 친숙한 장르 플롯과 캐릭터에 의지한다. 우리는 개인적으로는 옛 서부극에 친숙하지 않을지 모르지만, 서부극 10여 편을 본 경험을 바탕으로 〈아웃랜드〉에서 숀 코너리가 연기한 캐릭터가 어떤 캐릭터인지 알아본다. 그것이 이 스토리를 위한 토대를 관객에게 제공한다.

예를 들어 〈스타 트렉〉은 '우주를 배경으로 한 〈왜건 트레인〉'으로 인식된다. 이 시리즈는 호메로스의 《오디세이》의 미래 버전으로 묘사할 수도 있다. 배 한 척이 미지의 바다를 항해하면서 기이한 존재들을 만난다. 선장 캐릭터는 남태평양을 항해하는 미 해군 전함을 다루었던 어떤 2차 세계대전 영화에서도 가져올 수 있었다. 닥터 맥코이 캐릭터는 그 캐릭터를 맡은 드포레스트 켈리가 웨스턴 10여 편에서 연기했던 '옛날 시골 의사' 그대로였다. 당신이 이 TV 시리즈의 SF 부분을 이해하기 위해 알아야 할 모든 것은 유명한 오프닝 내레이션에 담겨 있다. "이것은 기이한 신세계를 탐험하고 새로운 생명체와 문명을 찾아내며 누구도 가본 적 없는 곳에 과감하게 가려고 5년의 임무에 나선 (⋯) 우주 전함 엔터프라이즈의 항해담이다."

그건 그렇고, 미래를 배경으로 한 SF는 당대에도 사용하는 기술보다 오히려 퇴보한 경우가 무척 많다. 〈스타십 트루퍼스〉의 우주 해병대는 거대한 벌레들을 소탕하려고 소총을 사용한다. 탱크와 크루즈 미사일은 어떻게 된 건가? 〈스타 트렉〉의 승무원들은 엔터프라이즈호가 충돌할 때마다 갑판을 나뒹군다. 좌석벨트는 어떻게 된 건가?

당신이 무슨 일을 하건, 많은 초짜가 하는 짓을 답습하지 마라. 보곤이라는 이름이 붙은 물건들과 유타파우 행성과 저널 오브 더 윌스와 벤두 오브 아쉴라 등의 것들로 가득한 세상을 창조하지는 말라는 말이다. 이런 영화들은 절대 만들어지지 않는다. 상이한 사회구조와 물리법칙, 역사를 가진 상이한 세상에, 그리고 당신이 생전 들어본 적이 없는 심오한 의미가 담긴 이름에 진심으로 빠져드는 건 골수 SF 팬들뿐이기 때문이다.

> 갤러티카 공화국은 숨을 거뒀다. 탐욕과 권력에 대한 욕심에 내몰린 무자비한 상인 지배계급은 계몽의 시대를 압제의 시대로, '인민에 의한 통치'를 최초의 우주제국으로 교체했다.

> 비극으로 끝난 '06년(the '06)'의 성스러운 저항이 벌어지기 전까지, 존경받는 제다이 벤두 오브 아쉴라는 우주에서 가장 막강한 전사였다. 10만 년 동안, 제다이 벤두 기사들의 여러 세대는 신비로운 타인의 포스의 도(道)를 배웠고, 공화국에서 평화와 정의의 수호자로 활동했다. 지금, 이 전설적인 전사들은 거의 사라졌다. 그들은 용병 전사들로 구성된 흉포한 라이벌 분파인 시스의 흑기사들에 의해 한 명씩 사냥당하고 쓰러졌다….

됐다, 여기까지만! 너무 많은 내용 때문에 머리가 터질 것 같다!

음. 이런 시나리오는 영화로 만들어지기 힘들다. 앞에 소개한 인용문은 조지 루카스라는 초짜 작가가 쓴 〈스타워즈〉라는 제목이 달린 초기 원고에서 가져온 것이다(*이 인용문은 누군가가 인터넷에 올리면서 〈스타워즈〉의 초기 원고라고 주장한 시나리오다). 이 점은 반드시 지적해야겠다. 아주, 아주 오래전에는 누구도 이 프로젝트에 손을 대지 않았을 것이다. 시나리오의 갈피를 잡을 수 있는 이가 아무도 없었기 때문이다. 우리 모두에게는 다행히도, 당시 20세기 폭스의 보스가 있었다. 선견지명이 있던 임원 앨런 래드 주니어는 조지 루카스가 깜짝 히트한 〈청춘 낙서〉의 시나리오를 쓰고 연출했다는 점을 보고 그가 무엇이든 해낼 거라고 믿었다. 그래서 그는 시나리오 집필을 의뢰하고 영화를 만들게 했다. 심지어 그 시점에도, 스튜디오에 있는 사람 중에 그 영화가 돈을 벌 거라고 믿은 사람은 그 말고 없었다. 최초의 프리뷰 시사회를 가진 직후에조차 말이다(바로 이것이 스튜디오가 머천다이징 권한을 루카스에게 준 이유다. 아뿔싸).

이와 비슷하게, 워쇼스키 형제(현재는 자매)는 〈바운드〉라는 히트작을 만들기 전까지는 자작(自作) 시나리오인 〈매트릭스〉를 연출하지 못했다.

당신이 초 히트작의 시나리오를 쓰고 연출하지 않았다면 〈스타워즈〉 같은 스페이스 오페라를 집필하는 것은 아무 의미도 없을 것이다. 언젠가 누군가 나에게 해준 말이 있다. "세상에 규칙 같은 것은 없다. 그런데 당신이 규칙을 어기겠다면, 그에 따른 모든 책임을 져야 한다."

먼 미래, 또는 판타지 세계를 배경으로 한 스토리를 집필한다면, 적어도 그 세계가 내부적으로 일관적인지를, 그리고 거기 등장하는 캐릭터들이 그들 나름의 세계 내부에서 설득력 있고 믿음직한지를 확신해야 한다. 그런 후, 당신의 스토리를 우리 모두에게 친숙하고 위대한 신화에 토대를 두려고 애써라. 논란의 여지는 있지만 〈스타워즈〉가 관객에게 먹힌 이유는 조지프 캠벨이 자기 저서 《천의 얼굴을 가진 영웅》으로 유명하게 만든 보편적인 영웅 전설을 예상하지 못한 방식으로 다시 들려줬기 때문이다. 루크 스카이워커는 고대 수메르의 길가메시 이후로 영웅들이 따라갔던 극적인 경로를 답습한다.

다시 말하자면, 당신이 이미 히트작을 냈거나 영화사의 높으신 분과 아는 사이가 아닌 한, 또는 당신의 영화가 문화적 현상이 된 고전 TV 시리즈에 바탕을 두지 않은 한, 그 스토리의 SF적 측면은 다음과 같이 한 문장으로 설명하는 수준으로 낮춰야 한다는 것이다. "못된 외계인들이 우리 세계에 침입한다", "어떤 사람들은 당신을 생각하는 것만으로도 당신의 머리를 폭발시킬 수 있다", "어느 이집트 학자가 다른 태양계로 이어지는 고대의 출입구를 찾아낸다."

판타지 영화가 갖춰야 할 요건들도 SF 영화에 필요한 요건들과 비슷하다. 그것들은 우리가 사는 세계와 비슷하지만 판타지 요소 하나가 더 주입된 세계를 배경으로 삼을 때 보통 성공한다. 〈식스 센스〉는 뉴욕 시의 다운타운이 배경이지만 중심 캐릭터는 유령이다. 〈멋진 인생〉은 미국의 작은 마을이 배경이지만, 천사들이 존재한다. 〈그린 마일〉은 반세기 전의 교도소가 배경이지만, 수감자 한 명이 마법 같은 치유력을 갖고 있다. 〈사랑의 블랙홀〉은 현대의 펜실베이니아 펑수토니가 배경이지만, 빌 머리는 깨어날 때마다 똑같은 날을 거듭해서 산다.

SF 영화와 달리, 판타지 영화는 과거를 배경으로 삼을 수 있다. 그때도 그 세계가 되도록 현실적이면서 판타지 요소 한 가지를 갖췄을 때 더 효과적으로 보인다. 〈용과 마법 구슬〉은 용에게 괴롭힘을 당하는 대단히 현실적인 중세 노르웨이 마을이 배경이다.

판타지 영화는 완전히 새로운 세계를 창조하는 측면에서 SF 영화보다 성공적인 듯하다. 가끔 누군가 옛날이야기를 약탈해서 하나로 녹인 다음에, 개인적이면서도 참된 무언가를 벼려내는 일에 성공하면서 〈슈렉〉이나 〈늑대의 혈족〉 같은 영화를 만들었다. 그런데 그 영화들은 대체로 베스트셀러가 원작이거나(〈코난〉, 〈프린세스 브라이드〉, 〈뱀파이어와의 인터뷰〉), 세상이 이미 다 아는 전설을 바탕으로(아서왕의 전설을 바탕으로 한 〈엑스칼리버〉) 하지 않는 한 성공적이지 않다. 원작을 각색한 많은 영화가 관객에게 제대로 먹히는 것은, 통일성 있는 판타지 세계를 영화감독보다 훨씬 더 깊이 창조하는 고초를 이미 누군가가 겪으면서 작업을 했기 때문이다. 그 세계의 리얼리티는 판타지 소설을 각색한 영화들이 토대로 삼을 대상이다. 그런 원작이 없다면 〈윌로우〉, 〈레전드〉, 〈드래곤하트〉, 〈다크 크리스탈〉, 〈라비린스〉, 〈던전 앤 드래곤〉같이, 옛날이야기를 새로 내놓는 영화가 된다. 이 영화들은 무엇에 바탕하고 있지 않다. 이 영화들은 관객에게 진실하게 들리는 전설에 바탕을 두고 있지 않다. 보편적인 인간적 진실에 기초하고 있지 않다. 그저 판타지일 뿐이다.

새로운 옛날이야기를 내놓는 것은 정말로, 정말로 어려운 일이다.

시대극

앞서 나는 시대극은 장르가 아니라고 말했다. 그런데 역사적 과거가 배경인 영화에도 여전히 적용되는 규칙들이 있다.

디테일을 올바르게 작업하라. 관객이 당신이 역사적 사실에 부합하는 작업을 했다는 걸 반드시 알아야 하는 건 아니다. 그러나 관객들은 당신이 무엇을 잘못하면 그걸 알아차린다. 예를 들어 윌리엄 월리스가 〈브레이브 하트〉의 중세시대 전투에 석유를 이용해 불을 지르는 시대착오적인 설정은 대작이 되었을지도 모를 영화를 싸구려로 만들었다 (딱한 일이다. 실제 윌리엄 월리스는 스털링 브리지 전투에서 잉글랜드군이 다리를 가로지르려고 시도하는 와중에 영리한 공격을 감행해서 승리를 거뒀기 때문이다. 실제 이 역사적 전투를 보여주는 것만으로도 충분했을 테다). 클레오파트라를 다룬 영화를 집필 중이라면 낙타는 넣지 마라. 낙타는 서기 1,000년이 되기 전까지 중동에 소개되지 않았다. 그래서 성경이나 코란에 낙타가 등장하지 않는 것이다. 당신이 역사적 디테일에 충실하면, 관객들은 또 다른 시대에 존재한다는 느낌을 받는다.

그런데 스토리에서 중요한 것은 디테일이 전부가 아니다. 영화가 시작될 때 등장하는 자막이나 타이틀 크롤(〈스타워즈〉 시리즈의 도입부처럼 스크린에 천천히 올라가는 텍스트)에 나오는 소개 내용만으로 관객이 스토리를 이해할 수 있게 만들어야 한다. 풍부한 역사적 지식이 있어야만 영화 내용을 이해할 수 있어서는 안 된다.

제일 어려운 일 중 하나가 적절한 대사를 쓰는 것이다. 16세기 사람들은 옛 스타일의 영어를 구사하지 않았다. 16세기 당시 최신의 현대적인 영어를 구사했다. 그와 동일한 현대적인 느낌을 구현하려면, 요즘 사람들이 쓰는 것 같은 단어의 축약형이나 파편화된 문장을 사용하는 걸 두려워하지 마라. 속어를 사용할 수도 있고 사용해야 하지만, 그 시대에 존재했을 법한 현대적인 느낌의 속어여야 한다. "쓰레기 같은 개자식"은 시대적으로는 정확한 표현이지만, 관객은 그들이 싸우면서 내뱉는 말인지 농담으로 던지는 말인지 구분하지 못한다. "자식"은 귀에 거슬릴 것이다. 그런데 "개자식"은 세월이 흘러도 변치 않는 정서를 전달한다.

위대한 시대극을 만드는 비법은 우리와 다른 시대를 살지만, 함께 하고 싶은 실제 사람들을 보여주는 것이다. 인간은 시대를 초월하는 존재다. 그들의 목표, 그들이 가는 길에 놓인 장애물은 시대를 타지만. 〈삼총사〉에서 달타냥은 낭만적인 모험가다(시대를 타지 않는다). 그는 왕비의 명예를 구하고자 한다(시대를 탄다—요즘이라면 그는 왕비를 데리고 도망가고 싶을 것이다). 그는 신사라는 자신의 명예에 구속되어 있다. 〈브레이브 하트〉에서 윌리엄 월리스는 낭만적인 모험가다(시대를 타지 않는다). 그는 스코틀랜드를 사악한 잉글랜드 왕으로부터 해방하려고 한다(시대를 탄다). 시대는 인간적인 이야기의 배경, 그 이상도 이하도 아니다. 시대는 풍성한 옷감을 만들지만 그 옷감을 구성하는 날실과 씨실은 여전히 열정과 악덕, 거짓말, 희망, 절망, 탐욕, 사랑, 오만, 자비—꿈을 구성하는 요소들—여야 한다.

도움을 청하라!

GET HELP!

1장

좋은 영화를
만드는 방법

좋은 시나리오를 쓰기 위해서

영화는 여러 사람이 힘을 합쳐서 창작하는 매체다. 영화 한 편이 만들어지려면, 수십 명에서 수백 명의 사람들이 도와야 한다. 그런 판국에 당신이 시나리오를 쓰면서 도움을 받아서는 안 될 이유가 뭔가?

다음은 도움을 얻는 최상의 방법들이다.

1. 다른 시나리오 읽기
2. 적절한 책 읽기
3. 집필 모임
4. 친구와 영화 팬, 업계 종사자의 피드백 받기

다음은 다른 방법들이다.

5. 시나리오 집필 소프트웨어

6. 집필 워크숍

7. 무대 낭독

8. 시나리오 컨설턴트

다른 시나리오 읽기

시나리오를 집필하는 법을 배우는 가장 좋은 방법 중 하나가 시나리오를 읽는 것이다. 당신이 입수할 수 있을지 모르는 시나리오에는 다음의 세 종류가 있는데, 이 시나리오들 각각의 장점이 있다.

a. 위대한 영화의 시나리오

b. 영화로 제작되지 않은 시나리오

c. 위대한 영화 시나리오를 쓴 작가가 집필했지만, 영화로 제작되지 않은 시나리오

영화로 제작된 시나리오를 읽는 일의 중요한 점은, 당신이 그 시나리오가 위대한 영화로 만들어졌다는 사실을 아는 것이다. 그러므로 그 영화의 시나리오를 쓴 작가도 뭔가를 알고 있었을 게 분명하다. 그렇지 않나?

내가 아는, 영화로 제작된 시나리오를 얻을 수 있는 최상의 방법은 인터넷이다. 이 글을 쓰는 시점에서 가장 좋은 사이트는 드류의 스크립트-오-라마(http://www.script-o-rama.com)로, 영화로 제작된 시나

리오 수십 편으로 연결되는 링크를 제공한다. 동일한 영화의 초기 시나리오와 후기 시나리오를 자세히 읽어보면, 작가들과 프로듀서들이 올바른 시나리오를 얻으려고 노력하면서 어떤 과정을 거쳤는지를 알게 된다. 제작용 시나리오를 읽어보고 영화와 비교해 보면, 영화가 편집되는 방법에 대해서도 뭔가를 배울 수 있다. 예를 들어 〈스타워즈〉의 경우, 주인공 루크 스카이워커가 영화에서는 관객들이 두 드로이드 R2-D2와 C-3PO와 관련된 상당한 사건을 다 보기 전까지는 등장하지 않는다. 그런데 시나리오에서는 루크를 곧바로 소개한다. 제작이 진행되던 어느 시점에 조지 루카스는 루크의 이야기는 그가 드로이드들을 만나기 전까지는 제대로 시작되는 게 아니라는 결정을 내렸고, 그래서 루크가 등장하는 앞의 신들을 잘라냈다.

당신이 읽고 있는 책이 녹취록이 아니라 시나리오가 맞는지 확인하라. 녹취록은 표준적인 시나리오 형태를 띠지 않는 게 보통이다. 더 나쁜 점은 당신이 시나리오 작가가 쓴 내용을 읽고 있는 게 아닐 수도 있다는 점이다. 배우들은 나름의 리듬을 활용하면서 대사에 애드립을 친다. *출판된 거의 모든 시나리오가 녹취록이다.* 시나리오 포맷으로 출판된 많은 시나리오는 실제 상영되는 영화에 맞춰서 수정되었다. 그러니 사실상 녹취록이라고 봐도 틀림없다.

시나리오를 읽을 때는 그 영화를 봤다는 사실을 잊으라. 작가가 스토리를 어떻게 들려주고 있는지 주목하라. 그는 액션을 어떻게 상상하는가? 캐릭터들을 어떻게 묘사하는가? 시나리오를 영화를 떠올리게 만드는 자료로만 활용하지는 마라. 당신이 그 작품을 맨 처음으로 읽어보는 개발 부서 임원이라고 가정하면서 조심스레 읽고 자문(自問)하라.

시점 캐릭터는 누구인가? 중심 캐릭터는 누구인가? 그의 목표는 무엇인가? 개인적 이해관계는? 위험은? 그가 가는 길을 가로막는 장애물이나 적수는?

지인 중에 연예계 종사자가 있다면, 그들이 생각하기에 특히 뛰어난, 그렇지만 영화로 제작되지는 않은 시나리오들의 사본을 그들을 통하여 구할 수도 있다. 특히, 당신이 읽었던 원작소설을 각색한 시나리오와 당신이 평소 흠모하는 시나리오 작가들이 쓴 시나리오를 입수하려고 노력하라. 영화로 제작되지 않은 시나리오를 읽는 것의 장점은, 이미 영화를 본 경험 때문에 산만해질 일이 없다는 것이다. 작가가 당신의 마음에 집어넣으려 애쓰는 내용이 무엇인지 상상하는 데에만 집중할 수 있다. 그게 좋은 영화로 만들어질지 아닐지를 가늠해 보려고 애쓸 수도 있다. 그 작가가 다른 작품으로 오스카를 수상했다는 이유로 선입견을 품지 마라. 최상급 작가들도 이따금 끔찍한 시나리오를 쓰기도 하니까. 〈내일을 향해 쏴라〉의 작가인 윌리엄 골드먼의 이름은 몇몇 졸작의 표지에도 붙어 있다. 에로틱 스릴러의 고전인 〈원초적 본능〉을 집필한 조 에스터하스는 〈쇼걸〉을 쓴 작가이기도 하다. 시나리오를 작품 자체만 보고 판단하라. 그건 성공작인가, 실패작인가? 당신이라면 그걸 어떻게 개선할 수 있겠는가?

불행히도 당신은 정상급 작가들이 쓴 시나리오보다는 아무런 실적도 없는 작가가 쓴 시나리오를 입수할 가능성이 더 크다. 몇 가지 이유로, 개발 부서 사람들이 기꺼이 내주는 시나리오는 우수한 시나리오보다는 형편없는 시나리오다. 그런 시나리오를 내주면 다른 누구도 갖지 못한 무엇인가를 가진 힘 좋은 사람이라는 느낌이 들기 때문일 것이다.

개발 부서 사람 대부분은 힘 좋은 사람이라는 기분을 그리 자주 느끼지는 못한다.

유명하지 않은 작가가 쓴 시나리오를 입수했다면, 제작자나 에이전트가 하는 일을 하라. 그 작품 안에 만들어지기를 기다리고 있는 영화가 들어 있는지 가늠해 보라. 이 영화를 위한 관객이 있을까? 이 영화는 어느 장르에 속할까? 이 작품에는 훅이 있나? 캐릭터들에게 관심이 가나? 개인적 이해관계는 어떤가? 뭐가 잘못됐나? 그 문제들은 어떻게 바로잡을 수 있나? 혹은 좋은데 그걸 펼치는 방법이 잘못됐을 경우, 당신이라면 그 훅을 담은 스토리를 어떻게 다시 들려줄 것인가?

윌리엄 골드먼은 저서 《스크린 거래를 하며 겪은 모험들》에서 연예계에서 "무엇인가를 아는 사람은 아무도 없다"라는 말을 했다. 그 말이 영원불멸한 진리인 것은 아니지만, 모든 사람이 틀리는 때도 상당히 많은 것은 사실이다. 이건 야구와 비슷하다. 위대한 타자도 세 번에 한 번 이상은 출루하지 못하는 경우가 많다. 그러니 작품을 판단하는 당신 나름의 기준을 가져야 한다. 시나리오를 읽는 데 더 많은 투자를 할수록 더 많이 배우게 된다.

2장

필독서 읽기

뭐, 필독서 리스트에 이 책이 포함되는 건 당연한 일 아니겠나. 여기에서 필독서로 소개한 책들은 당신이 품고 있었다는 사실조차 몰랐던 물음에 대해 대답해줄 것이다.

시나리오 작법 책을 많이 읽어야 한다고는 생각하지 않는다. 그런 책을 1년에 두 권 이상 읽는다면, 당신은 집필에 착수하는 걸 미적거리고 있다는 뜻이다. 책은 내려놓고 집필에 돌입하라. 내가 제일 유용하다고 생각하는 책들은 영화 제작의 다른 측면들을 다룬 책들이다. 연출, 편집, 연기, 제작.

이 책 중 상당수를 당신이 사는 지역의 도서관에서 입수할 수 있다. 살 수도 있을 거고. 글을 써서 먹고사는 우리 작가들은 후자를 더 좋아한다.

연출 필독서

당신은 페이지 위에서 영화를 연출하고, 감독들은 스크린 위에서 영화를 연출한다. 감독들 대부분은 자서전에서 자신들이 겪은 전쟁 같은 제작 비화를 들려주기를 좋아하지만, 가끔 실제 영업비법을 무심결에 털어놓기도 한다. 이 중 많은 책이 영화 산업에 종사하고 싶다는 당신의 욕망을 채워줄 것이다. 그리고 그 욕망은 당신이 책을 내려놓고 시나리오를 쓰러 가게 만들 테니 유익하기도 하다.

- 잉마르 베리만, 《마법의 등(The Magic Lantern)》*
- 시드니 루멧, 《영화를 만든다는 것(Making Movies)》*. 자신의 저서에서 본인이 하려고 애쓰는 일을 제대로 설명하는 몇 안 되는 감독 중 한 명이다.
- 데이비드 마멧, 《영화연출론(On Directing Film)》. 마멧은 영화를 독특한 관점에서 바라본다. 그의 관점은 지나치게 과장됐다고 생각하지만, 어쨌든 새로운 관점은 유익하다.
- 켄 러셀, 《상태 개조(Altered States)》. 전쟁 무용담인데, 재미있다.
- 세르게이 예이젠시테인, 《감독 노트(Notes of a Film Director)》. 위대한 영화 이론가다. 그의 이론에 동의할 필요는 없다. 하지만 그의 이론은 당신을 고심하게 만든다.
- 프랑수아 트뤼포, 《트뤼포가 본 트뤼포(Truffaut by Truffaut)》.
- 피터 보그다노비치, 《오슨 웰스를 소개합니다(This is Orson Welles)》. 보

그다노비치는 웰스에게 지나치게 깊은 인상을 받은 것 같지만, 어느 정도 많은 이해를 도와주는 책이기도 하다.

- 밀로스 포만, 《턴어라운드(Turnaround)》.
- 존 부어맨, 《에메랄드 포레스트 다이어리(The Emerald Forest Diary)》, 그가 〈에메랄드 포레스트(The Emerald Forest)〉를 촬영하는 동안 기록한 일기다.
- 데일 폴록, 《스카이 워킹(Skywalking)》. 조지 루카스에 대한 책이다. 유용한 얘기가 담긴, 내가 읽은 책 중에 유일하게 솔직한 전기다(자서전이 아니다).

편집 필독서

편집은 불필요한 액션과 대사를 가위질하는, 그리고 가끔은 더 강렬한 영화로 만들기 위해 신들의 순서를 재배열하는 예술적인 기법이다. 그렇다, 편집은 시나리오 수정의 일종이다!

- 랠프 로젠블룸과 로버트 카렌, 《촬영이 멈추면… 편집이 시작된다: 영화 편집 감독의 이야기(When the Shooting Stops… the Cutting Begins: A Film Editor's Story)》

제작 필독서

당신은 당신이 쓴 시나리오를 프로듀서에게 판매하려고 기를 쓰고 있다. 그렇다면 프로듀서들의 삶은 어떤지 들여다보지 않는 이유가 무엇

인가? 여기에 소개하는 책 한 권씩을, 그리고 속 쓰림을 달래줄 위장약
도 함께 사도록 하라.

- 로저 코먼, 《나는 어떻게 할리우드에서 백 편의 영화를 만들고 한푼도 잃
  지 않았는가(How I Made 100 Movies in Hollywood and Never Lost a
  Dime)》*. 많은 위대한 영화감독(잭 니컬슨, 론 하워드 등)을 그들이 위대하다
  는 것을 아는 사람이 아무도 없었을 때 고용했던 남자가 쓴 책이다. 그런 까
  닭에 그의 제작사 별명이 코먼 영화 학교다.
- 사무엘 아코프, 《직감에 의지해 할리우드를 비행해서 관통하기(Flying
  Through Hollywood by the Seat of My Pants)》. 드라이브인 영화의 사실
  상 발명자가 쓴 책.
- 아트 린슨, 《살점 1파운드(A Pound of Flesh)》. 재치 넘치고 현명하다.
- 로버트 에번스, 《영화에 머무른 꼬마(The Kid Stays in the Picture)》. 노병
  이 들려주는 전쟁담.

할리우드의 현실을 다룬 책

- 휴 테일러, 《할리우드 구직자의 생존 가이드(The Hollywood Job-Hunter's
  Survival Guide)》. 최근에 참호를 벗어난 이가 쓴, 처음에 어시스턴트로 취직
  한 이후 임원까지 승진한 방법을 현실적으로 다룬 탁월한 핸드북이다. 영화
  업계에서 사용하는 전화번호 리스트가 어떻게 생겼는지와 같은 세부적인 내
  용의 수준이 끝내준다. 내가 어시스턴트였을 때 이 책을 봤으면 좋았을 텐데.
  왜 이 책을 읽어야 하는 거냐고? 당신의 시나리오를 우편으로 받아볼 사람들

의 속내를 볼 수 있게 해주니까.

- 제이슨 E. 스콰이어, 《무비 비즈니스 북(The Movie Business Book)》. 영화 감독 41명이 자신들이 하는 일에 대해 말한다.

- K. 캘런, 《당신의 연출 커리어 연출하기(Directing Your Directing Career)》. 나는 이 책을 정말로 좋아했다.

- 데이비드 피리, 《영화계 해부(Anatomy of the Movies)》. 업계를 개관하게 해준다.

- 호텐스 파우더메이커, 《할리우드(Hollywood)》. 실제 대학교수가 도덕이라고 는 찾아보기 힘든 기이한 부족과 그들의 제식 및 관습을 연구 대상으로 삼아 수행한 모범적인 인류학 연구가 낳은 결과물. 1940년대에 나온 선구적인 저 작이지만, 지금도 여전히 진실인 내용을 담고 있다.

시나리오 집필을 다룬 다른 책 한 권. 딱 한 권이다

- 윌리엄 골드먼, 《내가 당신한테 했던 어떤 거짓말?(Which Lie Did I Tell?)》. 골드먼이 업계에서 겪은 경험을 다룬 책인 척하지만, 집필 과정 자체에 대한 유용한 통찰을 많이 담았다. 특히, 그는 이 책을 위해 시나리오 초고의 절반 을 집필한 후, A급 작가 6명(캘리 코우리, 존 패트릭 섄리 등)에게 그 영화의 나머지 부분이 어떻게 진행돼야 옳다고 생각하는지 써달라고 부탁했다. 어떤 시나리오가 겪는 난제를 해결할 최상의 해결책은 딱 하나밖에 없다는 관념을 이겨낼 해독제로써, 이 섹션 하나만으로도 책값을 지불할 가치가 있다.

도움이 되리라 생각하지 않을지도 모르는 흥미로운 책 두 권

- 스콧 매클라우드의 《만화의 이해(Understanding Comics: The Invisible Art)》*. 영화와 아무런 관련도 없는 책이지만, 매력적이다. 그는 만화를 이해하기 위해 노력하고 있다. 우리가 만화를 읽을 때 벌어지는 일, 우리가 만화를 읽을 때 만화가 우리의 뇌 안에서 하는 일. 그의 통찰 덕에, 당신은 시나리오를 읽을 때 일어나는 일, 또는 영화를 볼 때 일어나는 일에 대해 고심하게 될지도 모른다. 겁먹지 마라. 만화책이니까.

- 조지프 캠벨, 《천의 얼굴을 가진 영웅》*. 영화는 대체로 최신 의상을 차려입은 캐릭터들이 펼치는 아주 케케묵은 스토리다. 조지프 캠벨은 아주 케케묵은 스토리들을 연구한 인류학자다. 그는 온 세상의 영웅 신화들이 기본적인 패턴 하나를 공통으로 갖고 있다고 주장한다. 영웅의 여정을 다룬 캠벨의 이론을 바탕으로 한 작은 산업 규모의 시나리오 집필 세미나가 있다. 조지 루카스도 그에게서 영감을 받았다. 당신은 캠벨 덕에 스토리에 대해 고심하게 될지도 모른다. 우리는 왜 스토리를 들려주고 스토리들은 왜 그토록 오래 남아 있는가.

3장

집필 모임
만들기

집필 모임은 멤버 각자가 작업 중인
작품을 읽고 한자리에 모여 그에 대한 얘기를 나누는 작가 무리를 가리
킨다. 집필 모임은 작가들에게 다른 방법으로는 얻기 힘든 다음과 같은
것들을 제공한다.

1. 마감일

   당신이 쓴 글을 읽을 준비가 된 사람이 다섯 명 있으면, 당신은
   그걸 후딱 써낼 것이다.

2. 격려

   동료 작가들이 보내는 찬사는 지인이나 가족이 보내는 찬사보다
   더 큰 의미가 있다.

3. 비판

   동료 작가들은 당신의 능력을 안다. 그래서 당신이 적당히 써낸

작품에 적당히 박수를 쳐주지 않을 것이다. 또한, 일반인들은 엉뚱한 점을 비판할 수도 있지만, 작가들은 수정이 필요한 부분을 정확하게 집어낼 수 있다.

4. 욕할 사람

어떤 프로듀서가 당신을 막 대할 때, 그건 굴욕적인 일이다. 프로듀서 무리가 당신들 전원을 막 대할 때, 그건 함께 욕할 수 있는 재미난 이야깃거리다.

집필 모임에 있어야 하는 사람

모임에 글을 쓰지 않는 사람이 있으면 안 된다. 언젠가는 뭔가를 쓰고 말겠다는 말만 하는 연인, 동료, 친구. 이 사람들은 같이 영화를 보러 가기엔 재미있는 사람들이겠지만, 당신과 같은 일을 하는 사람은 아니다. 그들이 하는 비판은 정확할 수도 있지만, 그건 독자의 비판이지 작가의 비판은 아니다.

또한 모임에 있는 누군가가 작가가 아니라면, 그는 생전 비판받을 일이 없다. 당신이 지난주에 맹렬하게 비판했던 누군가에게서 반대로 비판을 받는 건 매우 쉽다. 그래서 상대가 당신의 눈물을 짜낼 차례가 언젠가는 온다는 것을 알 경우, 당신은 그 사람에 대한 비판을 무척이나 정확하게 하려고 들 것이다.

모든 멤버가 시나리오 작가여야 하는 건 아니지만, 멤버 전원이 일정 수준에 오른 사람들이어야 한다. 내 집필 모임의 규칙은 모두가 전문 작가여야 한다는 것이다. 내가 참여하는 모임에는 TV 작가 한 명, 만화 작가 한 명, 소설가 세 명, 장편영화 작가 한 명이 있다. 멤버 전원이 친구 사이일 필요는 없다. 일이 잘 풀리면, 당신들은 친구가 될 것이다.

동료 작가 찾는 법

대부분의 집필 모임은 친구인 작가 몇 명으로 시작한 후 친구의 친구들이 합류하는 식으로 덩치를 불린다. 당신이 당신 수준에 맞는 작가들이 누구인지 모른다면?

집필 클래스나 세미나, 워크숍에 참여하고 있다면, 마음에 드는 동료 학생들에게 클래스가 끝난 이후에 같이 작업하는 데 관심이 있냐고 물어보라. 당신이 학생이건 아니건, 집필 수업을 맡은 교수들에게 그들이 진행하는 강의에 당신이 접촉할 수 있는 학생들이 있는지 물어도 괜찮다.

작가들이 빈둥거리는 지역 커피숍에 공고문을 붙여라. 누가 그런 사람인지는 당신도 알 것이다. 커피숍에는 혼자 앉아서 카푸치노 한 잔을 몇 시간 동안 홀짝대며 글을 쓰는 사람이 항상 두 명쯤 있다. 공고문에 당신이 만들기를 원하는 집필 모임의 성향을 설명하라. 지역의 예술 영화관, 영화 팬이 단골로 찾는 비디오 대여점, 지역 대학의 영문학과, 단골 서점 등에 공고문을 붙여도 좋다.

가능성은 크지 않지만, 다양한 인터넷 커뮤니티 게시판, 웹사이트 등을 확인해 보라. 지역 카페에 집필 모임에 합류하기를 원하느냐고 묻는 게시글을 올려보라.

가능성 있는 멤버 각자가 당신의 모임에 합류하기 전에 미리 만나

보는 것도 좋은 아이디어일 수 있다. 그런 식으로 하면, 그 모임은 '당신의' 모임이 되고, 모임의 나머지 멤버들을 불편하게 할지도 모르는 사람을 걸러낼 수도 있다.

집필 모임 운영하는 법

모든 멤버가 다른 모든 멤버의 비판을 들을 수 있도록 직접 얼굴을 맞대고 만나도록 하라. 모두 함께 이야기를 나누며 비판하는 방식은 절망감에 젖어 보내는 한 달의 기간을 겪지 않도록 해줄 수도 있다. 인터넷 채팅을 통해 집필 모임을 운영하는 것도 가능하지만, 그렇게 하면 대면 모임을 가질 때 할 수 있는 창조적인 주고받기(give-and-take)를 할 수 없고, 모임 후에 자리를 옮겨 맥주 한잔을 하지도 못한다.

월간이나 격주간 미팅을 하기로 결정한다면, 멤버들은 각자의 스케줄을 그에 맞추어 조정하고, 그런 일정은 사람들에게 집필을 서둘러 끝내라고 부추긴다. 다음에 작품을 내놓을 사람은 모든 멤버가 함께 읽고 생각해 볼 수 있도록 2주쯤 일찍 이메일로 보내야 한다.

각각의 미팅에서는 한 작품에만 전념해야 한다. 그런 식으로 해야 모두 온전히 자신의 시나리오에만 할애된 저녁을 경험하고, 누구도 속고 있다는 느낌을 받지 않는다. 남들보다 쓰는 속도가 훨씬 느린 사람들이 있다. 그러니 어떤 사람들은 다른 사람들에게 자신의 작품을 보여주기 전에 두 배는 더 많이 그런 자리에 참석해야 한다. 그런데 전원이 자기 차례를 맞이하기 전에 자신의 작품을 두 번 이상 가져오는 사람이 아무도 없다면 좋은 일이다. 당신이 가진 게 초고일 뿐일지라도 그걸 가져가라.

어떤 아이디어를 피칭하고 싶다면, 다른 사람의 미팅에 그걸 가져가도 괜찮다. 피칭은 그룹이 그날 저녁의 메인 작품에 대한 논의를 마친 후에 해야 한다. 하루 저녁 내내 피칭만 하는 식으로 일정을 짜지는 마라. 경합을 벌이는 것 같은 느낌이 들 테니까. 당신들은 서로 경쟁하는 게 아니다. 그곳의 바깥에 있는 다른 작가 전원을 상대로 경쟁하는 것이다.

미팅 전에 작품에 대해 상의하지 마라. 그렇게 하면 사람들은 자신의 견해를 가다듬으면서 합의하기 시작하고, 미팅에 온 당신은 집단의 의견 하나만 얻게 된다. 좋은 미팅은 브레인스토밍 세션과 비슷하다. 미팅은 두 사람의 상의만으로는 결코 떠올리지 못했을 아이디어들을 낳는다.

모두가 도착한 순간 미팅을 시작하라. 잡담에 에너지를 낭비하지는 마라. 잡담은 작품에 대한 논의를 마친 후에 술집에서 해도 되니까.

비판을 시작하기 전에, 방에 있는 모든 사람이 돌아가면서 그날 저녁의 시나리오에서 칭찬할 점 한 가지를 말하게 만들어라. 그런 식으로 해야 사람들이 자살 충동을 느끼지 않게 된다. 그러고 나면 다시 돌아가면서 모두가 작품에 대한 전반적인 의견을 내놓도록 하라. 우리 그룹은 '토킹 비어(talking beer)'라는 아이디어를 생각해 냈다. 깃털을 붙인 기네스 스타우트 한 캔. 토킹 비어를 잡은 사람은 누가 됐건 말을 하는 게 허용됐다. 그 외의 사람들은 심술궂은 코멘트를 짤막하게 내놓는 것만 허용됐다. 우리는 모두가 한 번씩 발언하고 나면 바닥을 비웠고, 그러면 사람들은 하고 싶은 말은 무엇이건 할 수 있었다. 그런 후에, 필요하다면 한 페이지, 한 페이지 넘기면서 의견을 내놨다.

당신의 입장이 무척 난처하더라도, 구성원들이 당신에게 가하는 비판을 반박하지 마라. 당신이 전달하려 애쓰고 있는 일이 무엇인지를 설명하지 마라. 당신의 작품이 제대로 먹히지 않으면, 당신이 내놓는 설명은 아무 쓸모도 없다. 당신은 그저 묵묵히 시나리오를 고쳐야 한다. 어떤 사람의 의견에 동조해야 할 의무도, 그들이 말하는 대로 할 의무도 없지만, 묵묵히 경청하면서 공책에 적어야 할 의무는 있다.

유용한 문구

사람들이 당신이 생각하기에 말도 안 되는 비판으로 맹공을 퍼붓는다면, 당신은 이런 문구를 사용해야 한다. "그 문제를 꼭 살펴볼게요." 이건 거짓말이 아니다. 당신은 그렇게 해야 한다. 그리고 1주일이 지나고 나면, 사람들은 훨씬 차분하고 냉정하게 그 문제를 바라보게 된다. 이게 당신이 모두의 의견에 반박하려고 에너지를 낭비하는 대신에 얌전히 사람들의 비판을 적기만 해야 하는 이유다. 사람들의 비판은 터무니없게 보일지도 모른다. 그런데 그보다 더 가능성이 큰 것은, 당신이 생판 다른 영화를 집필하기를 원한다면, 그 비판은 좋은 비판일 수도 있다는 것이다. 아무튼 사람들이 당신에게 맹공을 퍼부을 때, 싸움으로 비화하는 일 없이 그들이 말하는 내용을 인정하라. 이 문구는 당신이 벽돌담으로 달려가 머리를 박았으면 좋겠다는 생각이 들 정도로 가혹한 비판을 프로듀서가 가하고 있을 때 해야 하는 대답이기도 하다.

4장

피드백 받기

당신의 목표는 시나리오를 되도록 투명하게 만드는 것이다. 그런데 그렇게 하는 데 성공했는지 여부를 어떻게 알 수 있나? 사람들이 그걸 읽게 만들면 된다. 당신의 집필 모임 외에, 세 부류의 사람이 당신을 도와줄 수 있다.

1. 친구들
2. 영화 팬들
3. 전문가들

피드백은 하나같이 가치 있다. 당신의 시나리오는 오로지 읽히려고, 그러다가 결국에는 영화로 탈바꿈하려고 존재한다. 그걸 읽고 혼란스럽다고 생각하는 사람이 있다면, 그 시나리오는 아주 명료하지는 않은 게 분명하다. 중심 캐릭터를 마음에 들어 하지 않거나 관심을 보이지 않는 사람이 있다면, 그 캐릭터는 그다지 강렬하지 않은 것이다.

모든 비판이 하나같이 옳다고 말하는 게 아니다. 당신이 할 일은 사람들이 하는 말을 경청하는 것이다. 그들이 문제를 제기하면, 당신은 시나리오를 어떻게 수정해야 그 문제를 해결할 수 있을지 궁리해야 한다. 이후 그 수정을 하고 싶은지를 결정하라.

예를 들어 누군가가 당신에게 시나리오의 출발이 너무 더디다는 말을 할 수 있다. 이 지적은 액션 영화에서는 분명 문제가 될 수 있다. 그런데 스토리를 제대로 만들기 위해서는 몇 가지를 설정해야 한다. 캐릭터를 소개하거나 중요한 정보를 전달해야 한다. 그중 일부를 나중에 설정할 수 있을지, 또는 더디게 출발하는 것이 다른 모든 것을 적절하게 설정하기 위해 필요한 일일지 결정해야 한다.

비판이 엉뚱한 점에 집중될 수도 있다. 어떤 신은 느리게 전개되는 신이기 때문에 '느린' 신으로 느껴질 수 있다. 그런데 스토리의 전개 중에 지나치게 빨리, 또는 늦게 등장한 까닭에 느리게 느껴질 수도 있다. 그것도 아니면 그 신이 그 캐릭터가 추구하는 목표와 어떤 관계가 있는지를 이해하지 못해서, 또는 그것이 우리가 기대하고 있던 딱 그런 신이라서 느리게 느껴질 수도 있다.

사람들이 던지는 칭찬도 마찬가지다. 일부 칭찬은 유용한 비판을 가린다. 예를 들어 당신은 "악당이 정말로 마음에 들어요!"라는 소리를 들을 수도 있다. 이건 당신이 악당 캐릭터 작업을 제대로 해냈다는 뜻일까? 아니면, 정말로 두드러지는 캐릭터는 그 캐릭터밖에 없고 다른 캐릭터들은 충분히 강렬하지 않다는 뜻일까?

진실을 찾아내라

내게 연기를 가르쳐주셨으며, 아마도 현존하는 제일 뛰어난 연기 선생님 중 한 분일 조앤 배런은 "진실을 찾아내라"라는 말을 하곤 했다. 그 말이 뜻하는 바는 어떤 연기나 예술 작품을 볼 때는 틀린 점부터 먼저 찾아내려고 하지 말라는 것이다. 제대로 된 것을 찾아보라. 따라서 당신이 비판을 받을 경우, 그 비판의 틀린 점이 무엇인지를 찾아보지 마라. 그 비판의 옳은 점을 찾아보라. 진실을 찾아내라는 말의 의미는 아무리 말도 안 되는 피드백이라 하더라도, 어떤 수준에서는 참되고 유용한 비판이라는 사실을 억지로라도 받아들이라는 것이다.

다른 누군가가 글을 써달라며 당신에게 돈을 주지 않은 한, 당신이 가고자 하는 방향을 결정하는 것은 오로지 당신의 몫이다. 당신은 때로 스토리를 근본적으로 바꿔놓을 현명한 의견을 듣게 될 것이다. 그 스토리는 더 흥행성 있거나 탄탄해지거나 더 나은 훅을 갖게 될 것이다. 그런데 그 스토리는 당신이 들려주려고 의도했던 스토리가 아닐 수도 있다. 엔딩이 달라지거나, 심지어는 주제가 달라졌을 수도 있다. 당신은 애초에 상상했던 스토리를 고수할 것인가? 아니면 의도했던 것하고는 다른 영화를 집필할 것인가? 그건 오로지 당신이 결정할 일이다.

친구들

당신의 친구는 "나는 시나리오 읽는 법을 몰라"라고 말한다. 그런데 바로 그것이 가장 유익한 장점이다. 친구들은 주류 관객을 대신한 대역이다. 친구들이 작품을 읽고 혼란스러워한다면, 당신의 스토리는 혼란스러운 것이다. 친구들이 이해를 못 한다면, 관객들도 이해를 못 한다.

친구들이 시나리오를 읽는 데 따르는 단점은 대사를 읽으면서 머릿속에서 그 대사를 듣는 법을 이해하려면 시간이 오래 걸린다는 것이다. 따라서 친구는 숙달된 독자가 아니므로 당신은 어떤 비판이 정확하고 어떤 비판은 미숙해서 나왔는지 가늠하느라 두 배 더 힘들게 작업해야 할 것이다.

영화 팬들

영화 팬은 당신의 친구들보다 훨씬 더 도움이 된다. 영화에 제대로 관심을 가진 사람이라면, 영화를 많이 보고 영화 생각을 많이 한다면 누구나 유용한 피드백을 줄 수 있다. 비디오 대여점에서 일하면서 매장에 있는 모든 영화를 적어도 한 번은 본 사람, 재개봉관에서 베르크만에 관한 논쟁을 벌이는 여성, IMDB 웹사이트에 지적인 리뷰를 쓰는 사람, 다양한 영화 뉴스 그룹에 글 쓰는 사람. 이 사람들은 당신의 영화에 대해 유용한 이야기를 해줄 것이고, 당신과 모르는 사이이므로 사실 별로라고 생각하면서도 적당히 좋은 이야기를 해줄 가능성도 적다.

그들 중 많은 이가 기꺼이 당신의 시나리오를 읽고 생각하는 바를 말해주려고 할 것이다. 공짜로. 왜? 사람들은 의견을 말해주기를 좋아한다. 상대가 그 의견을 진지하게 받아들일 때는 특히 더 그렇다. 사람들은 자격증은 없어도 제대로 알고 있다고 생각하는 주제에 관하여 권위자로 대우받을 때 무척 기뻐한다. 더군다나 그들은 영화를 만드는 과정에 관여하고 싶어 하는데, 이것은 그렇게 하는 쉬운 방법이다. 또한 그들은 자기도 시나리오를 집필해 보려는 '생각을 하고 있을' 것이다. 그래서 당신의 시나리오를 읽으면 자신이 시나리오 작업에 참여하고 있다는 느낌을 줄 수도 있다.

많은 영화 뉴스 그룹 중 하나부터 읽기 시작하라. 그리고 누구의 의견이 날카롭고 사리에 맞으며 진정성이 있는지를 확인하라. 그들에게 그들이 올린 글이 마음에 든다는 내용의 정중한 메일을 쓰고 당신의 시나리오를 읽고 의견을 들려줄 의향이 있는지 궁금하다고 해라. 모두가 시간과 의향이 있지는 않을 것이다. 그렇지만 그중 소수는 그렇게 할 것이다. 누가 알겠나? 새 친구를 사귀게 될지.

하지만 조심하라. 많은 영화 팬은 영화의 호불호에 대해 대단히 강한 선입견이 있다. 그들은 보이스오버나 플래시백, 도그마 95(1995년에 덴마크 영화감독들이 발표한 선언문으로, 핸드헬드 촬영 등 영화 제작과 관련한 10가지 계명을 담고 있다—옮긴이)의 가치에 대한 급진적인 이론을 주장하는 사람일 수도 있다. 그들은 당신이 쓴 시나리오가 그들이 좋아하는 이론과 부합하지 않는다는 이유로 완전히 틀렸다는 결론을 내릴 수도 있다. 누군가의 비판이 옳은지 결정할 수 있는 건 오로지 당신뿐이다. 그들에게 보일 반응을 결정하는 것도 오로지 당신뿐이다.

전문가들

연예 산업의 개발 부서에서 일하는 지인을 둘 정도로 당신의 운이 무척 좋다면, 그들이야말로 당신에게 조언해 줄 수 있는 최상의 인물이다.

그들은 시나리오를 수천 편 읽어본 사람들이다. 영화 프로젝트가 영화로 만들어지려고 애쓰는 과정에서 겪는 난점들을 이해하는 사람들이다. 그들은 당신의 시나리오를 개선할 방법을 알려줄 뿐 아니라, 상업성을 높이는 방법까지도 알려줄 수 있다.

영화 관계자 대부분은 어떤 장르의 내부에서 시나리오를 판단하는데, 그리고 그 장르에 속하려고 애쓰고 있는 시나리오를 판단하는데 익숙하다(이것은 **훌륭한 좀비 슬래셔 영화인가, 형편없는 영화인가?**). 그런데 사람은 누구나 선입견을 품고 있다는 걸 명심하라. 전문가의 조언은 일반인의 조언보다 더 진지하게 받아들여야 마땅하지만, 그래도 여전히 최종 결정은 오로지 당신의 몫이어야 한다.

당신은 그들이 생계수단으로 삼는 일을 공짜로 해달라고 요청하고 있다는 것도 명심하라. 이건 신세를 지는 것이다. 그들은 이번 시나리오가 마음에 들면, 당신의 다음 시나리오를 읽으려고 할 것이다. 그렇지만 이번 시나리오를 다시 읽으려고 하지는 않을 것이다. 당신의 시나리오를 기꺼이 읽으려는 업계 사람이 있다면, 시나리오가 당신의 능력을 한껏 쏟아부어 제일 뛰어난 상태가 되기 전까지는 발송하지 마라. 실수해서 좋은 기회를 날리지 말라는 뜻이다. 상대가 지금 그 시나리오를 기꺼이 읽으려고 든다면, 6개월이 지나더라도 마찬가지로 기꺼이 읽어주려 할 것이다.

5장

다른 종류의
도움

집필 워크숍과 세미나, 클래스

집필은 고독한 작업이다. 당신이 이제 막 입문한 작가라면 다른 작가를 많이 알지는 못할 것이다. 심지어 지망생조차 많이 알지 못할 것이다. 시나리오 집필 워크숍은 다른 작가 지망생을 많이 만날 수 있게 해주는 자리이자, 그들과 선생님으로부터 격려와 동지애를 받게 해줄 수 있는 자리이다.

집필 워크숍에 참여했을 때 얻을 수 있는 긴장감과 규율 잡힌 생활을 좋아하는 사람이 많다. 워크숍에 참여하면 생활에 체계가 잡힌다. 마음 내킬 때마다 글을 쓰는 대신, 당신의 작품을 읽어보고 코멘트를 해줄 강사 때문에 마감 시간에 맞춰 글을 쓰게 될 것이고, 그래서 서두르게 될 것이다. 수업의 규모가 당신이 개인적인 관심을 받을 수 있는 정도로 작은지 확인하라. 강사가 강의만 하는 게 전부라면, 그냥 그의 책을 읽는 편이 나을 것이다. 그가 당신의 시나리오를 읽고 코멘트를 해준다면, 또는 수업 시간에 많은 의견 교환이 이뤄진다면, 책에서는 얻지 못하는 무엇인가를 배우게 될 것이다.

워크숍은 비쌀 수 있다. 그러니 당신이 지불한 돈값을 하는지 확인하라. 강사는 누구인가? 크레디트가 있는 업계 전문가인가? 그가 쓴 시나리오는 영화로 제작된 적이 있는가, 아니면 개발 부서의 베테랑 임원인가? 스튜디오 임원으로 일한 경험이 있나? 프로듀서 크레디트가 있는가? 그렇지만 명심하라. 어떤 작가에게 크레디트 1편이 있다면 그 사람은 영화로 만들어지지 않은 시나리오를 4편에서 10편 정도 썼을 거라고 가정해도 무방할 거라는 사실을. 프로듀서의 경우, 그에게 크레디트 1편이 있다면 그가 영화로 만들어지지 않은 프로젝트를 12편 정도 작업했다고 짐작해도 무방하다. 시나리오 닥터는 짧고 집중적인 수정 작업에 따른 크레디트는 받지 못하는 게 보통이다. 따라서 개발 부서 임원이나 에이전트가 크레디트를 받는 경우는 드물다.

강사가 크레디트도 없고 업계에서 임원으로 몇 년을 일했는지도 밝히지 못하며 워크숍으로 생계를 꾸리는 것처럼 보인다면, 그는 도대체 무슨 자격으로 강의를 하는 건가? 한편 어떤 강사가 크레디트는 없지만 당신에게는 꽤 도움이 되는 책을 썼다면, 그 사람이 진행하는 세미나나 워크숍에서 뭔가를 얻을 가능성은 꽤 크다.

다음은 굉장히 중요한 질문이다. 당신의 동료 수강생은 누구인가? 당신이 워크숍 비용을 지불하는 이유에는 당신과 함께 나름의 집필 모임을 만들 수 있는 동료 작가들을 만날 기회를 얻기 위해서도 있다. 다른 작가들 실력이 당신만큼 좋지 않다면, 그들은 집필 모임에 별다른 도움이 안 될 것이고, 클래스도 그들의 수준으로 곤두박질칠 수 있다. 그들의 실력이 당신보다 월등하게 좋다면, 그들과 집필 관련 관계를 발전시키는 건 어려운 일일 수 있다.

주의해라. 워크숍 중독자가 되지는 마라! 워크숍이 당신이 집필을 시작하는 데 도움이 된다면, 대단히 좋은 일이다. 그런데 당신이 실제 집필에 쓸 수 있었을 시간을 워크숍에 쓰고 있다면, 돈을 아끼면서 그냥 글을 쓰는 편이 낫지 않겠나?

만약 당신이 원하는 게 사람들의 코멘트라면, 당신이 많은 수강생 중 1명에 불과한 워크숍에서 얻을 수 있는 것보다 훨씬 더 많은 관심을 당신의 완성된 시나리오에 쏟아줄 수 있는 시나리오 컨설턴트를 찾아가면 된다. 워크숍은 당신을 동료 작가들에게 소개해 주고 그들의 격려를 받게 해 줄 것이다. 컨설턴트는 더 구체적이고 심도 있는 코멘트를 제공할 것이다.

무대 낭독

무대 낭독에서 배우들은 의자에 앉아 당신의 시나리오를 당신이나 관객들에게 낭독한다. 각 배우는 한 개나 두 개 이상의 배역 대사를 낭독하고, 누군가는 액션 지문을 읽는다.

배우들에게 사전에 시나리오를 읽어보고 자신들이 연기하는 캐릭터를 이해할 기회가 있었다면, 당신은 당신이 쓴 대사가 생명을 얻었을 때 어떻게 들릴지 알 수 있다. 제대로 굴러가는 신은 무엇이고 그렇지 않은 신은 무엇인지 알게 된다. 어느 대목의 대사가 지나치게 딱딱하거나 어색하거나 발음하기 어렵거나 장황해 보이는지를 듣게 된다. 배우들은 어떤 캐릭터를 당신하고는 다르게 이해하고 있을 수도 있는데, 이건 그 배역을 수정할 필요가 있다는 뜻이거나, 배우들의 해석을 받아들여 시나리오를 수정할 수 있다는 뜻이다.

무대 낭독은 대사의 비중이 큰 시나리오에만 효과가 있다. 희곡이 제작 여부를 결정하기 전에 무대 낭독을 하는 자리를 갖는 게 보편적인 이유가 이것이다. 페이지에 적힌 단어일 때보다 큰 소리로 낭독했을 때가 희곡의 가치를 판단하기에 훨씬 용이하다. 무대 낭독을 하면 대사가 살아서 펄떡거릴 수 있다. 액션은 그렇지 않다. 당신은 그저 열정적인 목소리로 많은 지문을 읽고 있는 소리만 듣게 된다.

연기력 좋은 배우는 공짜로 일하는 걸 좋아하지 않는다. 그 자리에 감독이나 캐스팅 디렉터가 참석할 거라고, 그래서 그들의 눈에 띌 기회가 될 거라고 배우를 설득할 수 있다면 때때로 무료로 낭독을 해줄 테지만 말이다. 내가 무대 낭독을 적극적으로 추천할 수 없는 이유는, 그런 자리를 마련하려면 너무 수고가 많이 들기 때문이다. 대부분의 사람은 시나리오를 제대로 다듬은 다음에야 그런 자리를 마련한다. 영화계의 잠재적인 투자자들 앞에서 작품을 선보이는 쇼케이스로 말이다.

내가 집필 수업을 철저히 신봉하는 사람이 아니라는 느낌을 받았다면, 당신이 옳다. 내 생각에 집필을 배우는 제일 효과적인 방법은 직접 글을 쓰는 것이다. 어떤 수업이 당신에게 도움이 된다면, 정말로 좋은 일이다. 그런데 그런 수업은 필수적이지는 않다. 그런데 연출과 편집, 연기, 제작비 조달, 패키징. 이 모든 것은 당신이 혼자서 하기에는 무척 힘든 일들이다. 따라서 수업을 듣는 게 합리적이다. 업계와 영화제 작 기법에 대한 지식은 뭐가 됐건, 당신이 똑똑한 시나리오 작가가 되 는 데 엄청나게 유용할 수 있다.

(오프 더 레코드로 말하자면, 나는 연기 수업이 내 집필에 어마어마하게 가 치 있는 수업이라는 걸 알게 됐다. 연기 트레이닝은 당신의 대사를 연기하는 배우가 어떤 일을 하는지를 알려준다. 산문을 쓰는 것과 드라마를 쓰는 것은 어떻게 다른가? 배우가 당신의 대사를 해석하면서 겪는 창조적인 과정은 어떤 것인가?)

시나리오 집필 컨설턴트

컨설턴트는 당신의 시나리오를 읽고는 거기에 무슨 문제가 있고 그걸 어떻게 고칠 수 있는지를 말해준다. 컨설턴트는 백 달러에서 천 달러가 넘는 액수 사이를 청구할지 모른다.

활동 중인 일부 컨설턴트는 뛰어난 시나리오 분석가다. 그들은 당 신의 시나리오를 세심하게 읽을 것이다. 그걸 놓고 고심할 것이다. 상 세한 코멘트를 해주면서 시나리오에 필요한 게 정확히 무엇인지를 콕 집어 알려주고 그걸 고칠 참신하고 영리하며 독창적인 방법을 제공한 다. 뛰어난 시나리오 컨설턴트는 시나리오의 구체적인 결점들에 적용 할 보편적인 법칙들도 설명할 것이다.

일부 대단히 성공한 컨설턴트들은 당신의 시나리오를 영화 학교 학 생들에게 맡길 것이고, 학생들은 미리 마련된 양식에 인쇄된 박스에 체 크할 것이다. 학생들에게서 그 양식을 받은 컨설턴트는 그걸 비서에게 넘겨줄 것이고, 비서는 표준화된 비판으로 가득한 파일에서 적절한 문단들을 잘라 붙일 것이다.

전자의 컨설턴트는 상당한 액수를 지불할 가치가 있는 사람들이다. 당신은 시나리오를 쓰는 데 몇 달을 썼다(적어도 그렇게 했기를 바란다). 당신이 허튼 짓을 할 경우, 당신은 몇 달을 허비할 수 있다. 컨설턴트의 사려 깊고 예리한 비판은 당신의 시나리오의 문제점을 빠르게 파악하고 수정하는 데 도움을 줄 수 있다. 당신의 시간은 얼마의 가치를 지니는가? 후자의 컨설턴트도 유용할 수는 있다. 대학생이라 하더라도 유용한 피드백을 제공할 수 있기 때문이다. 일주일에 수십 편의 시나리오를 읽고 있는 대학생이라면 특히 더 그렇다. 그런데 그들이 내놓는 비판은 얄팍할 것이다. 50달러 정도의 수수료는 시나리오 커버리지의 가격으로 지불할 만하지만 컨설턴트가 수수료로 청구하는 수백 달러는 그렇지 않다(시나리오 커버리지는 시나리오를 읽고 보고서를 작성해서 제출하는 대가로 스튜디오가 리더에게 지불하는 돈이라는 걸 명심하라. 짧은 시놉시스와 몇 페이지짜리 코멘트).

시나리오 컨설턴트에게 투자하기로 했다면, 그 경험 전체를 학습하는 경험으로 삼도록 하라. 당신의 집필 과정에서 잘못된 단계는 무엇인가? 혹을 갈고 닦는 데 들인 시간이 지나치게 적지는 않았나? 스토리를 갈고 닦는 대신 페이지로 곧장 직행하지는 않았나? 다음에는 어떻게 하면 더 잘할 수 있을까? 당신에게 청구된 수수료의 대부분을 뽑아내라. 후속 질문이 있다면 그에 대한 대답을 스스로 내놓으려 애써보라. 그런데 어느 쪽이건 컨설턴트에게 묻는 걸 두려워하지 마라.

그냥 써라

이 장에서 언급한 모든 방법이 시나리오를 쓰는 데 도움을 줄 수 있다. 그런데 그중 어느 것도 당신을 대신해서 시나리오를 써주지는 않을 것이다. 당신의 시나리오를 쓸 수 있는 건 오로지 당신뿐이다.

어떤 방식으로 시나리오를 쓰든, 시나리오를 완성하려면 일단 자리에 앉아 써야 한다. 이따금 친구들과 외출했다가, 또는 하룻밤 잠을 자며 생각해 보다가, 또는 진공청소기를 밀던 중에 극적인 문제를 해결할 수도 있다. 그런데 대체로 보면, 당신은 그 문제를 놓고 고심한 끝에 문제를 해결하게 될 것이다. 작가는 글을 쓰는 사람이다.

시작한 프로젝트를 억지로라도 마무리하라. 그렇게 못하겠다면 적어도 각각의 단계를 완성하라. 훅이 있다면 스토리 아웃라인을 마무리하라. 구체적인 내용을 집필하기 시작했다면 집필을 마무리하라. 기분이 한결 나아질 것이다. 그리고 많은 걸 배웠을 것이다. 쓰던 도중에 낙담하여 포기했던 시나리오가 나중에 썩 좋은 시나리오로 판명된 일이 많다. 시나리오를 쓰던 도중에 중단하면 훌륭한 시나리오 전편이 아니라 형편없는 반쪽짜리 시나리오를 갖게 될 것이다.

형편없는 작품을 쓰게 될까 봐 두려워하지 마라. 당신의 초고는 끔찍할 수도 있다. 당신에게 필요한 것은 글을 쓰는 행위 자체인 경우도 가끔 있을 것이다. 당신이 아는 내용을 글로 옮기는 것은 아무 의미가 없는 짓이라는 말은 틀렸다. 당신은 형편없어 보이더라도 일단 써야 한다. 그래야 더 나은 방향으로 나아갈 수 있으니까. 일단 전체 작업을 마무리했다면, 다시 돌아와서 수정할 수 있다.

PART

8

고쳐쓰기
REWRITE

1장

시나리오
고쳐쓰기

> "당신은 사랑하는 대상을 죽여야 한다."
>
> —유도라 웰티

시나리오가 최상의 상태로 완성되기 전까지 에이전트나 프로듀서, 감독, 배우에게 절대로, 절대로 보여주지 마라. 안 된다. 보여달라고 애걸복걸하더라도 보여주지 마라. "정확히 이런 작품을 찾아달라고 울부짖는 감독이 있어요"라는 이유로 당신의 다듬어지지 않은 시나리오를 급히 읽고 싶어 하는 프로듀서는 "이건 다듬어지지 않은 버전"이라는 걸 참고해 달라고 신신당부한 당신의 말을 잊을 것이다. 그 감독은 당신의 시나리오를 인정사정없이 볼 것이고, 프로듀서는 당신을 작품 가다듬는 법도 모르는 작가로 여길 것이다. 연예계 사람들은 급한 척하는 걸 좋아한다. 그들은 당신의 시나리오를 지금 당장 읽으려 한다. 그런데 그들은 엉성한 작품을 빛의 속도로 거절할 것이다. 반면, 좋은 작품은 앞에 놓인 관문을 늘 스스로 연다. 빼어난 훅이 없다는 것을 제외하면, 시나리오를 죽음에 이르게 하는 가장 흔한 사인(死因)은 시나리오 작가가 다시 쓰고, 고쳐 쓰고, 다시 생각하고, 가다듬는 데 시간을 충분히 들이지 않았다는 것이다. 당신에게 주어진 기회를 귀하게 여겨라.

시간은 당신에게 새로운 관점을 제공한다. 글을 쓸 때, 당신이 이미 쓴 내용에서 뒤로 물러서는 건 어려운 일이다. 하지만 틈틈이 시나리오를 내려놓고 거리를 두면서 바라볼 필요가 있다.

계속 고쳐 써라. 완벽한 초고를 쓰는 사람은 세상에 없다. 각각의 신이 최대의 역량을 펼치는지 확인하기 위해 모든 신을 다 들여다봐야 한다. 페이싱과 스토리의 논리, 캐릭터를 다시 점검하라. 프로듀서 입장에서 읽어라. 에이전트 입장에서 읽어라. 스타 입장에서 읽어라.

시나리오를 고치는 일에는 시나리오를 집필하는 데 들인 시간만큼, 아니 어쩌면 그보다 많은 시간이 들 거라고 예상하라. 시나리오에 담긴 모든 요소에 질문을 던지고 또 던져야 한다. 이건 무척 힘든 일이다. 마음에 드는 무엇을 얻고 나면, 그걸 잃을 위험은 감수하고 싶지 않은 게 인지상정이니까.

모든 원고는 초고다

당신은 시나리오를 반짝반짝 빛이 날 정도로 매만졌을 것이다. 모든 대사는 걸출하다. 액션은 하나같이 명료하고 투명하며 페이지에서 펄떡펄떡 튀어나온다. 모든 신은 매끄럽다. 그러던 중에 어떤 끔찍한 인간이 시나리오 전체를 다시 생각해야 하는 아이디어를 당신에게 던진다.

중심 캐릭터는 남자가 아니라 여자여야 옳다. 해피엔딩이 아니라 새드 엔딩이어야 옳다. 연인은 배신자여야 옳다 등… 그런데 이 끔찍한 아이디어를 반영한 시나리오가 당신이 이미 쓴 시나리오보다 훨씬 좋을 수도 있다.

그럴 경우 당신은 훌륭하게 갈고 닦은 그 물건을 기꺼이 배 밖으로 몽땅 내던질 수 있어야 한다. 지금 더럽더라도 조금 손보면 완벽해질 신형 제트 엔진을 가질 것인가, 아니면 구식 증기기관을 갈고 닦는 짓을 계속할 것인가?

더는 개선할 방법이 없을 때까지, 시나리오를 읽는 어느 독자도 더는 개선할 방법을 알지 못할 때까지, 또는 그들의 코멘트를 활용할 방법을 궁리하지 못할 때까지 시나리오를 계속해서 고쳐야 한다. 그리고 난 후에야 그 시나리오를 에이전트와 프로듀서에게 보내야 한다.

시나리오가 철저하게 정리됐다고 생각하기 전에, 시나리오를 통독하면서 모든 게 제대로 됐는지 확인하라.

2장

시나리오 포맷

당신이 시나리오 포맷 프로그램을 사용하고 있다면, 이 장은 건너뛰어도 좋다. 올바른 시나리오 포매팅을 자동으로 갖췄을 테니까. 그렇지 않다면, 당신이 적절한 시나리오 포맷을 사용하고 있는지 확인하라. 그렇게 하지 않으면, 당신은 아마추어처럼 보일 것이다. 기본적인 요소는 다음과 같다(부록 B에 샘플 몇 페이지가 있다).

- 타이핑한 결과물로 보여야 한다. 볼드체는 쓰지 마라. 텍스트는 양쪽정렬로 맞춰라.
- 타이틀 페이지에는 제목과 당신의 이름이 가운데에 있어야 한다. 당신의 (이메일 주소를 포함한) 연락처는 오른쪽 아래 모퉁이에 있어야 한다.
- 시나리오를 완성한 날짜나 이 시나리오가 몇 고인지를 절대 적지 마라. 누군가가 4개월 혹은 4년 후에 시나리오를 들출 경우, 그들이 구닥다리라는 이유로 당신의 시나리오를 내동댕이치는 것을 원치는 않을 테니.

- 어디가 됐건 빈 페이지를 넣지는 마라.
- 누군가에게 헌정하는 인용문을 넣지 마라. 외국어로 된 문장은 특히 더 안 된다.
- 등장인물 소개는 하지 마라. 다시 말해 캐릭터들이 어떤 사람들인지를 알려주는 페이지는 넣지 마라. 이건 연극계에서 온 관습으로, 제작 중인 TV 대본에도 적용된다. 그렇지만 판매용 시나리오에 사용해서는 안 된다.
- 첫 페이지는 페이드 인: 으로 시작하라.
- 1페이지에 시나리오의 제목이나 시나리오 작가의 이름을 다시 넣지는 마라.
- 여백은 1.25인치와 7.25인치다.
- 첫 페이지를 제외한 모든 페이지에는 오른쪽 상단 모퉁이에, 오른쪽에서 1인치쯤, 위에서 0.5인치쯤 떨어진 위치에 페이지 번호를 넣어라.
- 컷 투: 같은 트랜지션(어떤 신에서 다른 신으로 넘어간다는 걸 알리는 용어-옮긴이)은 모두 대문자여야 하고, 여백은 4.25인치와 7.25인치다.
- 슬러그 라인은 모두 대문자여야 하고, 다음의 형태를 취해야 한다.

　　실내. 조의 가게-뒷방-낮

또는

　　실외. 풀밭-밤(폭풍)

- 신에 번호를 매기지 마라.
- 캐릭터 이름은 모두 대문자여야 한다. 여백은 3.25인치와 6.25인치다.

- 삽입어구의 여백은 2.75인치와 5.75인치여야 한다.
- 대사의 여백은 2.25인치와 6.25인치여야 한다.
- 트랜지션, 슬러그 라인, 액션을 묘사한 줄, 대사가 담긴 줄이 나올 때마다 바로 뒤에 빈 줄을 1줄 넣어라. 캐릭터 이름이나 삽입어구 뒤에 빈 줄을 넣지는 마라. 빈 줄은 절대로 2줄 이상 넣지 마라.

신에 대한 일부 묘사가 나온 후에 같은 캐릭터의 말이 이어질 때는 캐릭터 이름 옆에 (계속)을 넣어라.

조
여기는 좋은 곳이네.

*그*가 주위를 둘러본다.

조(계속)
그래도 페인트칠은 해야겠어.

이렇게 하지 않으면 조심성 없는 리더는 두 번째 '조'를 제대로 읽지 않고 당신의 두 번째 캐릭터가 대답하는 것으로 여길 수도 있다. 페이지가 넘어갈 때도 마찬가지다.

에이브
47년 전, 우리의 아버지들은 이 대륙에

————— 페이지 넘어감 —————

에이브(계속)

자유에 헌신하는 새 나라를 세웠습니다…

(계속)은 판매용 시나리오에 넣을 수 있는 유일한 포매팅 표시다. 시나리오 포매팅 프로그램이 당신에게는 실제로 필요하지 않은 표시를 추가하는 경우가 많을 것이다. 그것을 추가하지 못하도록 설정을 바꿀 수 있다. 다음 페이지에 계속 이어지는 신이 있는 페이지의 밑에 (더 있음)이라고 넣을 필요도, 대사가 이어지는 페이지 밑에 (계속)을 넣을 필요도, 신이 이어지는 페이지의 밑에 (계속)을 넣을 필요도 없다. 이것들은 신 넘버와 더불어 신 분할을 효율적으로 할 수 있도록 프리 프로덕션이나 프로덕션 단계에서 쓰는 시나리오에 사용되는 포매팅 표시다. 판매용 시나리오에서는 잡동사니 취급만 받는다.

'타이틀 시퀀스'나 '메인 크레디트'라고 쓰지 마라. 메인 크레디트를 넣기 좋은 시퀀스라는 생각이 들더라도 말이다. 그건 감독이 결정할 몫이다.

시나리오가 지나치게 길거나 지나치게 짧다면, 여백을 조정한다고 해서 도움이 되지는 않을 것이다. 우리는 다 알아채니까.

시나리오의 맞춤법을 확인하라

시나리오의 맞춤법이 제대로 됐는지 확인하라. 이건 정말로 중요하다! 맞춤법 검사기에 의존하지 말고 직접 읽으면서 확인하라. 나는 기본적인 맞춤법을 틀리게 쓴 걸 보면 그 시나리오를 곧장 이면지로 재활용하는 편이다.

글을 다루는 일이 직업인 사람의 입장에서, 오탈자 투성이의 원고를 읽는 건 정신적으로 피곤하다. 오탈자가 수두룩한 시나리오가 훌륭한 스토리로 탈바꿈한 것을 결코 본 적이 없다. 철자법이 맞는지 확인하는 제일 좋은 방법은 시나리오를 문장 하나하나씩 거꾸로 읽는 것이다. 그런 식으로 하면 이야기의 흐름에 휩쓸리지 않으면서 맞춤법에 관심을 기울일 수 있다.

시나리오의 길이

시나리오가 지나치게 길면 줄여야 한다. 장편영화 길이의 스펙 시나리오는 100~115쪽 사이여야 한다. 시나리오가 그보다 길면 리더에게는 그걸 거절할 핑곗거리가 하나 더 생기는 셈이다. 당신이 톨스토이의 《전쟁과 평화》를 각색하고 있다면 120쪽을 넘어가도 되지만, 보통 125쪽이 넘는 시나리오는 곤경을 자초한다. 시나리오 몇천 편을 다루고 나면, 어떤 시나리오를 집기만 해도 지나치게 긴지 짧은지 곧바로 깨닫는 경지에 오른다. 130쪽짜리 시나리오는 보기만 해도 두꺼운 느낌이다.

당신에게 재량이 너무 적게 주어지는 이유는 표준적인 시나리오 포맷은 1페이지가 러닝 타임 1분에 해당하기 때문이다. 내가 작업해서 영화로 제작된 시나리오들은 실제로 편집을 마친 후에 1쪽이 1분쯤이었다. 따라서 130쪽짜리 시나리오는 2시간 10분짜리 영화라는 뜻이다. 설상가상으로, 시나리오를 수정하는 작가들과 감독들은 신을 덜어

내는 일은 없이 거의 항상 신을 추가한다. 따라서 시작할 때 토실토실했던 시나리오는 나중에 비만이 되고 만다.

VOD용 영화의 저예산 스펙 시나리오는 99쪽을 넘어서는 안 된다. 비디오 유통업체들은 영화의 길이가 최소한 92분은 넘어야 한다고 요구한다. 더 많은 페이지를 촬영하려면 더 많은 촬영일이 걸린다. 그건 제작비가 더 많이 든다는 뜻이다. 그래서 95분이 훨씬 넘는 저예산 상업 영화는 무척 드물다.

코미디 시나리오도 짧은 편이다. 코미디 영화가 100분을 넘는 경우는 드물다. 언젠가 우디 앨런은 이상적인 코미디의 길이가 87분이라고 말했었다. 코미디가 짧을수록 재미를 계속 유지하기 더 쉽다. 110쪽이 넘는 코미디 시나리오가 있다면, 그중 재미가 제일 떨어지는 10분을 잘라내라.

3장

제목

당신은 1장에서 훅을 내놓았을 때 가제(假題)도 내놓았을 것이다. 앞서 2부에서 나는 당신에게 시나리오를 작업하는 데 들이는 시간의 적어도 10%는 제목을 짓는 데 쓰라고 추천했다. 시나리오를 발송하기 전까지는 제목이 완벽한지 아닌지 여부는 중요하지 않다. 그런데 시나리오를 발송하려는 순간부터 그 문제는 어마어마하게 중요해진다.

나쁜 제목은 제작까지 이어지는 어느 단계에서든 당신의 프로젝트를 죽일 수 있다. 나는 주위에서 열광적으로 추천했는데도 〈쇼생크 구원(쇼생크 탈출의 영어 원제)〉을 보는 걸 세 달간 거부했다. 제목의 '구원'이라는 단어 때문에 설교적인 영화라고밖엔 생각할 수 없었기 때문이다. 프랭크 다라본트 감독이 나한테 '기발한 반전이 있는 교도소 영화 〈쇼생크 구원〉'을 읽고 싶은지 문의 편지를 보냈다면, 나는 그 문의 편지를 내던졌을 것이다. 물론 정말 그랬다면 나는 땅을 치고 후회했겠지만, 아무튼 그런 제목은 그에게 도움을 주지 못했을 것이다.

좋은 제목은 누군가의 사무실에 앉아 그 사무실 주인이 전화를 끊기까지 기다리는 사람이 당신의 시나리오를 집어 들게 만들 수 있다. 〈이봐요, 그녀가 거짓말을 했어요〉라는 제목의 시나리오를 집어 든 적이 있다. 제목이 무척 재치 있었기 때문이다. 그러고는 그 프로듀서가 전화를 끊을 때까지 다섯 페이지를 읽었다. 내용은 평범했지만 일단 나는 그 시나리오를 집었다. 그게 중요한 것 아니겠는가?

제목은 다양한 수준에서 효과를 발휘한다. 제목은 말 그대로 영화가 다루는 내용을 알려준다. 우리가 영화를 보고 받을 느낌을 암시한다. 영화에 코멘트를 하면서 단순한 스토리를 신화나 우화의 수준으로 올려놓는다. 단순하게는 우리의 시선을 휘어잡으면서 우리가 그 시나리오를 읽거나 영화를 보고 싶게 만든다. 진정으로 탁월한 제목은 이 모든 일을 한다. 다음은 내가 분류한 제목의 기본적 유형이다.

설명형 제목

대부분의 제목은 그 영화가 다루는 내용이 무엇인지 알려준다.

- 유명인의 이름: 〈우리에게 내일은 없다(영어 원제는 보니 앤 클라이드)〉, 〈간디〉, 〈아라비아의 로렌스〉, 〈헨리 5세〉, 〈로빈 후드의 모험〉
- 전제: 〈셰익스피어 인 러브〉, 〈그린치는 어떻게 크리스마스를 훔쳤는가〉, 〈스미스 씨 워싱턴에 가다〉, 〈대탈주〉, 〈지구가 멈추는 날〉
- 주인공의 유형: 〈점원들〉, 〈글래디에이터〉, 〈인사이더〉, 〈졸업〉

- 상황: 〈역마차〉, 〈워터프론트〉, 〈스타워즈〉, 〈특전 유보트〉
- 맥거핀: 〈시에라 마드레의 보석〉

〈간디〉라는 제목이 붙은 시나리오가 마하트마 간디를 다룬 영화일 거라는 데에는 의심의 여지가 없다. 〈졸업〉은 막 졸업한 사람을 다룬 영화일 것이다. 설명형 제목은 리더에게 당신이 제공하는 것이 무엇인지 알려준다. 〈글래디에이터〉라는 시나리오를 넘겨받은 사람은 누구나 원형 경기장에서 싸우는 검투사를 다룬 작품을 읽게 될 거라고 생각한다. 따라서 원형 경기장이 배경인 영화를 찾는 사람이라면 그 시나리오를 읽어야 한다는 것을, 적어도 눈길은 던져야 한다는 것을 알 것이다. 〈글래디에이터〉의 후속작으로 고대 로마를 다룬 또 다른 대작을 만들고 싶어 하는 사람이라면, 〈스파르타쿠스〉라는 제목의 시나리오를 봤을 때 그걸 바로 집어들 것이다. 로마를 상대로 노예 반란을 주도했던 노예 스파르타쿠스를 다룬 작품일 게 분명하니까. 내가 오컬트 스릴러를 찾고 있는데 〈엑소시스트〉라는 제목의 시나리오를 입수했다면, 나는 그걸 읽을 것이다. 설명형 제목은 시나리오의 핵심 내용을 납득시킨다.

설명형 제목은 훅을 요약할 때 제일 유용하다. 〈셰익스피어 인 러브〉, 〈애들이 줄었어요〉, 〈조지 왕의 광기〉, 〈50피트 여인의 습격〉. 그런데 세일즈맨들 사이에 예전부터 전해지는 말이 있다. "스테이크가 아니라 지글거리는 소리를 팔아라."

당신의 영화가 다루는 내용을 곧이곧대로 알려주지 마라. 그저 힌트만 줘라. 독자는 당신이 힌트를 준 내용이 무엇인지를 알아내려 애쓸 것이다.

알쏭달쏭한 제목

혹은 설명형 제목과 정반대의 방법을 택할 수도 있다. 알쏭달쏭한 제목
은 영화에 대해 그리 많은 걸 알려주지 않는다. 그 제목은 영화의 결말
에 이르러서야 이해가 된다. 그렇지 않을 수도 있고. 제목의 의미를 알
아내려면 시나리오를 읽거나 영화를 봐야 한다. 다음의 각 제목들은 의
문을 제기한다.

- 〈매트릭스〉 매트릭스가 뭐지?
- 〈블레이드 러너〉 블레이드 러너가 뭐지?
- 〈시계태엽 오렌지〉 어떻게 오렌지에 시계태엽이 달릴 수 있지?
- 〈그린 마일〉 그린 마일은 어디야, 그리고 왜 녹색인 거지?
- 〈월레스와 그로밋: 전자바지 소동〉 전자바지? 어떻게 생긴 바지인 거지?
- 〈석양의 무법자〉 그 사람들은 누구야?
- 〈슬링 블레이드〉 그게 뭔데?
- 〈섹스의 반대말〉 뭐…라고?
- 〈미지와의 조우〉 뭐라고?
- 〈세븐〉 응?
- 〈M〉 뭐?
- 〈저수지의 개들〉 도대체 뭐야?

이 제목들은 지글거리는 소리를 판다. 이 제목들이 효과를 내는 것은 곧이곧대로 알려주는 내용은 하나도 없지만, 제목 속의 단어에 정서적 무게가 실려 있기 때문이다. 〈블레이드 러너〉는 달리고 있는 누군가와 칼날(blade)을 암시한다. 독자는 액션과 폭력의 위협을 떠올린다. 바지는 재미있는 단어이고, 전자바지는 굉장히 기이한 문구다. 이 영화는 별난 코미디다. 〈매트릭스(Matrix)〉는 첨단 기술 같은 분위기를 풍기는 단어로, 끝에 있는 철자 'x'는 약간 위협적인 분위기를 풍긴다. 그래서 SF 스릴러의 제목으로 완벽하다. 〈섹스〉는… 흠, 이 단어는 입장권을 팔아치운다. 그렇지 않나?

알쏭달쏭한 제목은 당신이 다루는 소재가 사람들을 돌아서게 할지도 모르지만, 일단 그걸 극복하면 당신의 시나리오를 읽게 될 거라고 생각할 때 정말 유용하다. 〈시계태엽 오렌지〉는 재미삼아 사람들을 해치는 사이코 불량배를 다룬다. 〈슬링 블레이드〉는 지적 장애가 있는 살인자를 다룬다. 〈그린 마일〉은 사형수 수감동의 교도관과 죄수들을 다룬다. 〈M〉은 아동 학대 살인범을 다룬다. 이런 작품들에 설명형 제목을 달면 프로젝트가 좌초할 수도 있다. 영화의 소재만 사람들을 돌아서게 만드는 것은 아니다. 〈전자바지 소동〉은 범죄자 펭귄에게 쫓기는 발명가를 다룬다. 제목을 보고 이 영화가 별나고 괴팍한 코미디라는 것을 알게 된 사람이 아닌 이들 중에 이 영화를 보려고 돈을 낸 사람이 얼마나 될지 모르겠다. 제대로 엄선한 단어 하나만으로도 영화의 분위기를 극단적으로 상기시킬 수 있다. 그 영화의 내용을 과도하게 알려주는 일 없이 영화의 분위기에 대한 힌트를 주면서 말이다. 〈에이리언〉, 〈조스〉, 〈사이코〉, 〈프레데터〉, 〈용서받지 못한 자〉가 좋은 예시다.

중립적인 제목

- 〈차이나타운〉
- 〈콰이강의 다리〉
- 〈파고〉
- 〈아마데우스〉
- 〈애니 홀〉
- 〈요짐보〉
- 〈밀러스 크로싱〉
- 〈포레스트 검프〉

중립적인 제목은 알쏭달쏭한 제목처럼 영화의 내용을 그리 많이 알려주지 않는다. 그렇지만 그것과 달리, 사실은 영화를 제대로 팔아치우지 못한다. 이런 제목은 우리가 아는 게 하나도 없는 사람이나 장소의 이름이다. 그 이름들은 영화에 등장하는 무엇을 가리키게 될 것이다. 대부분의 사람은 영화를 보기 전까지는 아마데우스가 모차르트의 미들네임이며 라틴어로 '신이 사랑하는 자'라는 뜻이라는 걸 모른다. 〈아마데우스〉에서 안티 히어로인 살리에리는 신을 증오한다. 자신이 받았어야 마땅한 재능을 유치하고 버릇없는 모차르트에게 줬다고 생각하기 때문이다. 관객은 차이나타운이 주인공 제이크가 마지막으로 품위를 지키려고 저항했다가 실패한 곳이라는 걸 알게 된다. 영화의 결말에서 그는 다시 패배한다.

지나치게 많은 정보를 제공할까 걱정이 되는 경우에는 중립적인 제목을 사용하면 된다. 제목은 기대감을 빚는다. 그러니 독자와 관객이 당신의 영화를 일찍부터 규정하는 걸 원치 않는다면 중립적인 제목을 달아라. 독자와 관객이 그 작품을 열린 마음으로 경험하게 해줄 것이다. 우디 앨런은 〈애니 홀〉의 제목을 원래는 〈쾌감 상실〉로 짓고 싶어했다. 이해가 되지 않는 이 단어의 뜻은 '쾌감을 경험하지 못하는 무능력'인데, 이것은 주인공이 가진 비극적인 결점이다. 이 제목은 관객에게 겁만 잔뜩 주고 쫓아낸다는 것도 문제지만, 영화의 초점을 지나치게 한 가지 이슈에만 집중시켰을 것이다. 〈그루초의 클럽〉이라는 기억하기 쉬운 제목도 마찬가지다. 〈애니 홀〉은 누구도 겁을 줘서 쫓아버리지 않는다. 그리고 영화를 지나치게 딱딱하게 규정하지도 않는다.

중요한 것은 당신의 제목과 혹은 사람들이 당신의 시나리오를 읽게끔 만드는 두 가지 요소라는 것이다. 당신의 시나리오를 읽는 사람이 없다면, 당신의 제목은 실패다. 그러니 당신이 지은 제목이 당신의 스토리를 과도하게 규정하는 것을 피했다는 사실은 전혀 위안이 되지 않는다. 위에 소개한 제목 중에 스펙 시나리오가 있었을 거라고는 생각하지 않는다. 그 영화들은 하나같이 영화감독 자신이 직접 개발한 프로젝트일 것이다. 나는 스펙 시나리오를 쓰는 사람에게 중립적인 제목을 추천하지 않는다.

암시적인 제목

- 〈성난 황소〉
- 〈사랑은 비를 타고〉

- 〈롤라 런〉
- 〈냉혈한〉
- 〈멋진 인생〉
- 〈악의 손길〉
- 〈뜨거운 오후〉
- 〈스플래시〉
- 〈겨울의 라이온〉
- 〈지옥의 묵시록〉

이 제목들도 내용에 대해서는 그리 많은 것을 제공하지 않는다. 롤라라는 사람이 있는 것은 확실하고, 그녀가 뛰고 있다는 것도 명백하다. 그런데 그렇다고 그게 많은 내용을 드러내는 것은 아니지 않은가? 그런데 이 제목들은 그 영화가 어떤 종류의 느낌을 다루는지 알쏭달쏭한 제목들보다는 더 잘 알려준다. 〈성난 황소〉는 무척 화가 나 있고 매우 힘이 센 사람에 대한 영화인 게 분명하다. 그러니 권투 영화의 제목으로는 완벽하다. 〈사랑은 비를 타고〉와 〈멋진 인생〉은 보고 나면 행복해지는 영화라는 걸 보장한다. 〈스플래시〉는 재미있어 보인다. 〈브레이브 하트〉는 용기와 배짱을 암시한다. 영화는 해피엔딩이 아닐지도 모르지만, 당신은 뭔가 중요한 일을 하려고 스스로 전선(戰線)에 나선 사람을 보게 될 것이다. 〈뜨거운 오후〉는 열기와 피곤을 암시한다. 이 제목들은 지글거리는 소리만이 아니라 스테이크 냄새도 팔아치운다. 심지어 익숙한 표현을 바탕으로 삼을 때는 더 기억하기도 쉽다.

문학적인 제목

인용문을 바탕으로 제목을 지으면, 이미 잘 다듬어진 데다 시간의 시험을 거친 문구를 슬쩍해서, 그 문구에 관하여 사람들이 가진 이미지를 모두 활용하게 된다(그 제목이 원래 책의 제목이었는지는 중요치 않다. 중요한 건 좋은 제목인지 여부다).

- 〈옛날 옛적 서부에서〉: 옛날이야기를 시작할 때 사용되는 전통적인 도입부에서 가져온 제목으로, 서부를 다룬 옛날이야기의 느낌이 있다는 걸 암시한다.
- 〈모두가 대통령의 사람들〉: 이 사람들도 닉슨을 복귀시키지는 못했다. 동요 '험프티 덤프티' 가사의 일부이기도 한 이 제목은 미국의 독재자가 될 뻔했던 또 다른 인물인 루이지애나 주지사 휴이 롱을 다룬 옛날 영화 〈모두가 왕의 사람들〉도 연상시킨다.
- 〈분노의 포도〉: 〈공화국 전투찬가〉의 가사 중 일부인 "재어두신 분노의 포도 짓밟으며 오시네"에서 가져온 제목이다. 이 제목은 황폐한 지대에 살던 가난한 가족의 이야기를 신화의 경지로 격상시킨다.
- 〈뻐꾸기 둥지 위로 날아간 새〉: 동요 '팅글 탱글 토즈'의 가사 중 일부인 "한 마리는 동쪽으로, 한 마리는 서쪽으로, 한 마리는 뻐꾸기 둥지 위로 날아갔네"에서 가져온 제목이다. '정신 이상'을 가리키는 친숙한 표현인 한편 다양한 캐릭터가 겪는 기이한 운명의 전조를 보여준다(내 생각이 그렇다는 거다).
- 〈6번째 날〉: 하나님은 여섯 번째 날에 인간을 창조하셨다. 자신이 복제됐다는 것을 알게 된 남자를 다룬 영화의 제목으로는 좋은 제목이다. 더군다나 뻔한 방식으로 전개되는 SF 스릴러였을 영화에 도덕적인 무게도 실어준다. 이와

비슷하게, 〈엔드 오브 데이즈〉는 오컬트 스릴러에 무게를 싣기 위해 세계 종말을 가리키는 성경의 용어를 활용한다.

같은 맥락에서 대중문화에서 자주 사용하는 문구에서 제목을 따오는 경우도 있다. 그런 제목들은 친숙하기 때문에 기억하기 쉬울 뿐더러 스토리에 대해서도 알려준다.

〈사관과 신사〉는 미국 군(軍)형법에 나오는 '사관과 신사에게 어울리지 않는 행동'이라는 문구에서 비롯됐다. 잭 메이요는 영화가 시작될 때는 사관도 아니고 신사도 아니다. 그는 사관이 되려는 훈련을 받고 있는데, 폴라를 향한 사랑은 그를 신사로도 만들어줄 것이다. 〈사랑도 리콜이 되나요(원제 High Fidelity)〉라는 제목은 레코드 가게 주인에 대한 것(fidelity는 '하이파이(hi fi)'에 사용되는 단어다)임과 동시에, 주인공이 맺은 관계(fidelity는 '충실함(faithfulness)'의 뜻도 있다)에 대한 것이기도 하다. 〈아메리칸 뷰티〉는 영화에 등장하는 캐릭터가 재배하는 장미의 품종이고, 동시에 주인공이 욕망하는 소녀를 지칭하는 표현이자 일반적인 미국적 생활방식에 대한 조롱조의 언급이기도 하다.

제목의 중요성은 아무리 강조해도 지나치지 않다. 당신의 제목은 누군가가 읽거나 보는 최초의 요소다. 당신이 보낸 문의 편지에서건, 선반에서 시나리오를 움켜줄 때건 말이다(누군가는 당신의 시나리오 책등에 마커펜으로 제목을 적을 테지만, 당신이 직접 그렇게 해서는 안 된다). 제목은 당신의 영화를 마음속에 품고 다니는 사람들이 다루는 대상이다. 당신의 프로젝트가 개발 단계에 들어가면, 제목은 당신 영화에서 화이트보드의 프로젝트 리스트에 적히는 유일한 요소다. 영화를 홍보하는 신문광고에서 사람들이 스타의 얼굴과 함께 최초로 보는 요소가 된다.

당신의 시나리오를 읽을 때마다, 당신의 제목을 50번은 읽게 될 것이다. 좋은 제목인지를 확인하고 또 확인하라.

영화로 만들기
GET IT MADE!

1장

에이전트
이용하기

도움을 줄 수 있는 이들과 접촉하라

당신은 지금까지 힘들지만 재미도 느끼면서 시나리오를 집필했을 것이다. 이제 당신은 오로지 힘들기만 한 부분에 다다랐다. 당신의 시나리오를 사고 그걸 영화로 만들어줄 사람의 손에, 당신의 시나리오를 쥐여주는 일이다.

당신의 임무는 최대한 당신을 도와줄 수 있는 사람, 또 되도록 많은 사람이 당신의 시나리오를 되도록 세심하게 읽도록 만드는 것이다.

되도록 많은 사람: 많은 사람이 읽을수록 그걸 무척 좋아할 사람을 만날 가능성이 크다. 가능한 최상의 결과는 당신의 시나리오를 읽은 두 사람이 동시에 그걸 좋아하게 만드는 것이다. 그러면 그들은 입찰 경쟁에 휘말린다. 당신이 받은 유일한 제안이 나한테서 온 거라면, 당신은

아마도 그 제안을 받아들일 것이다. 그런데 내가 당신에게 최상의 조건을 제시한 다른 누군가와 경쟁하고 있다면, 당신은 놀라운 결과를 얻을 수도 있다.

당신을 도와줄 수 있는 사람: 당신의 시나리오는 최종적으로 'OK' 사인을 할 수 있는 사람에게 도달하기까지 많은 중간단계를 거친다. 중간단계의 사람들은 "노"라는 말만 할 수 있다. 그들이 그런 말을 하지 않으면 시나리오는 사다리 위쪽으로 올라간다. "예스"가 떨어졌다면 누군가가 돈을 내고 당신의 시나리오에 옵션을 걸거나 시나리오를 사들인다는 뜻이다. 최종적인 "예스"는 누군가가 그 영화를 제작하기 위한 돈줄을 찾았다는 뜻이다. "예스"라고 말할 수 있는 사람에게 도착하기 전까지 거치는 중간단계 사람이 적을수록, 그 말을 듣게 될 가능성은 커진다.

되도록 세심하게: 당신에게 시나리오에 대한 대가를 지불할 수 있는 프로듀서나 임원들에게 시나리오가 도달할 무렵, 당신의 시나리오는 다음과 같은 요소를 확보한 다른 프로젝트들과 경쟁한다. 감독, 스타, 공동제작 파트너, 제작비의 50% 확보. 마닐라 봉투에 담긴 시나리오들이 대부분 제작사의 출입문으로 강물처럼 흘러들어왔다가 대형 청색 재활용 쓰레기통에 담겨 빠져나간다. 당신은 힘들게 쓴 시나리오가 화장실에서 몇 페이지 읽힌 후 내던져지는 걸 원치 않을 것이다. 모두가 정좌하고 앉아서 시나리오를 통독하면서 진지하게 숙고하기를 원할 것이다.

에이전트가 필요한 이유

돈벌이가 되는 감독이나 스타와 아는 사이가 아니라면, 당신의 시나리오를 살 수 있는 사람 중에서 당신이 확보할 수 있는 최상의 상대는 에이전트다. 문학 에이전트는 당신을 대리하는 사람으로, 시나리오로 벌어들이는 액수가 얼마가 됐건 그 액수의 10%를 수수료로 떼어간다. 그러므로 그는 당신에게 되도록 많은 돈을 벌게 해주려는 동기가 넘친다. 당신이 돈을 벌지 못하면, 에이전트도 수수료를 받지 못하게 되기 때문이다.

작가 에이전트가 온종일 하는 일은 다음과 같다.

a. 개발 부서 사람들과 프로듀서들에게 전화를 걸어 자신의 고객을 위한 일자리를 따려고 애쓴다.

b. 개발 부서 사람들과 프로듀서들에게 전화를 걸어 자신의 고객이 쓴 스펙 시나리오(작가가 프로듀서로부터 대가를 받지 않은 채 집필한 시나리오. 당신은 지금 쓰려고 하는 것 말이다)를 읽고 사도록 만든다.

c. 업계 사람들과 아침과 점심, 칵테일, 저녁을 먹으면서 a와 b를 하려고 애쓴다.

d. a나 b에 성공했을 때는 고객을 위해 영화사와 계약 조건을 협상한다.

e. 고객이 집필한 영화의 시사회에 참석한다.

f. 집에 가서 시나리오를 읽으면서, 자신이 a부터 e까지 일을 더

많이 할 수 있도록 해줄 시나리오나 그 시나리오를 쓴 작가가 있는지 확인한다.

에이전트가 찾고 있는 것은 걸출한 훅이 있는 잘 다듬어진 시나리오다. 당신에게 그런 게 있다는 생각이 들면 에이전트는 당신과 계약을 체결할 것이다.

다음은 표준적인 작업 방식이다.

뛰어난 작가 에이전트는 당신의 시나리오를 전해야 마땅한 사람들을 많이 아는 마당발이다. 에이전트는 그들에게 좋은 작품을 소개한다는 명성을 쌓아왔다. 따라서 그 에이전트가 그들에게 당신의 시나리오가 정말로 좋다고 말한다면, 그들은 시나리오를 잽싸게 읽을 것이다.

당신과 계약을 체결한 에이전트는 메이저 제작사의 개발 부서에 있는 모든 지인에게 당신의 시나리오 이야기를 하면서 1~2주를 보낼 것이다. 그러고는 정해놓은 날에 그걸 들고 '외출'할 것이다. 이건 그 에이전트가 당신의 시나리오 사본 30권을 박스에 담았다는 뜻이다. 각 사본은 그 에이전트가 속한 에이전시의 로고가 박힌 9 1/2×12 1/2인치 봉투에 들어 있고, 봉투에는 당신과 당신의 시나리오를 소개하는 편지가 동봉되어 있다. 택배 에이전시가 나타나 그 박스를 싣고는 시나리오 30권 전부를 3시간 이내에 다양한 수령인에게 전달한다.

그 후 에이전트는 전화기가 울리기만을 기다린다. 흐음, 사실을 말하자면 에이전트는 다른 고객들과 관련된 다른 통화를 백만 통쯤 할 것이다. 당신의 시나리오 때문에 걸려올 전화를 기다리는 아주 짧은 시간 동안에 말이다.

에이전트가 희망하는 상황은 두 제작사가 시나리오를 무척 좋아해서 서로 사고 싶어 하는 것이다. 입찰 전쟁은 당신이 《버라이어티》와 《할리우드 리포터》 같은 업계지에 실린 대박 시나리오 거래 체결을 다룬 기사의 당사자가 되는 유일한 방법이다. 모든 상황이 완벽하게 돌아가면, 에이전트는 일주일 이내에 한 명 또는 두 명의 구매자를 확보할 것이고, 당신은 계약을 체결하게 된다.

당신의 시나리오를 사려는 사람이 아무도 없다면, 에이전트는 옵션 계약을 체결하려 할 것이다(그게 무엇인지는 조금 뒤에 설명하겠다). 이제 에이전트는 당신의 시나리오를 한 번에 한 권씩 발송한다. 당신에 대한 에이전트의 믿음이 어느 정도인가에 따라, 에이전트는 6개월에서 2년 동안 당신을 고객으로 모신다. 그러면서 에이전트는 당신의 시나리오를 팔거나 옵션을 걸 수 있기를, 또는 당신에게 집필 일감을 줄 수 있기를, 또는 당신이 에이전트가 들고 다닐 수 있는 새롭고 더 뛰어난 스펙 시나리오를 쓰기를 바랄 것이다. 한편 에이전트는 당신의 시나리오를 마음 한구석에 항상 넣고 다닌다. 어떤 프로듀서나 임원이 그와 비슷한 작품을 찾고 있다는 말("지금 우리는 신랄한 아동용 영화를 찾고 있어요"나 "상당한 제작비를 들여 푸에르토리코에서 촬영할 수 있는 스릴러가 필요해요")을 할 때면 언제든 "나한테 완벽한 물건이 있어요"라고 말하고는 당신의 시나리오를 발송할 수 있도록 말이다.

에이전트는 당신의 시나리오를 마음에 들어 했지만 사지 않은 프로듀서와 개발 부서 사람들과 당신이 만나는 자리를 마련하려 애쓸 것이다. 이 미팅에서, 당신은 차기 프로젝트에 대하여 이야기를 나누고 그들이 하는 일에 관해 듣는다. 그들은 당신을 시나리오 집필을 의뢰할 대상자로 고려할 수도 있다. 그들은 당신에게 몇 가지 자료—각색이 필요한 소설이나, 그들이 가진 수정이 필요한 시나리오—를 주고는 그걸 읽고 생각한 다음에 의견을 줄 수 있느냐고 물을 것이다. 이론적으로 볼 때, 당신의 의견이 제일 좋다면 그들은 시나리오를 수정할 작가로 당신을 고용할 것이다(스펙 시나리오를 판매한 경력이 없는 사람이 제일 좋은 의견을 냈다고 해서 시나리오 수정 작가로 고용하는 사례가 얼마나 될지 의심스럽다. 그러니 당신은 어떤 프로듀서를 위해 일주일 내내 작업하는 것이 가치가 있는지 스스로 결정해야 한다).

이 일들 가운데 당신 혼자서 할 수 없는 건 하나도 없다. 당신은 사본 30권을 한꺼번에 발송하지 못한다. 그걸 누구에게 보내야 옳은지를 알 길이 없다. 당신이 빼어난 훅을 갖고 있다 하더라도, 개발 부서 사람 30명이 당신의 시나리오를 읽게 만들 수는 없을 것이다. 당신은 시나리오의 가격으로 얼마가 적당한지 모른다. 당신은 지나치게 많거나 적은 액수를 요구할 것이다. 제안된 액수를 받는 시점이 언제이고 그 이상의 액수를 받으려는 주장을 언제까지 해야 하는지도 모를 것이다. 당신은 입찰 전쟁을 일으키지 못한다. 당신은 옵션계약을 수락하는 쪽이 합리적인 시점이 언제인지, 구매계약을 언제까지 고집해야 옳은지 모른다.

다음은 아무리 실력이 형편없는 에이전트라 할지라도 에이전트를 두는 것이 아예 없는 것보다는 나은 이유다.

1. 에이전트는 당신이 시나리오를 써서 올리는 소득의 10%를 가져간다. 당신에게 소득이 생기기 전까지, 에이전트가 제공하

는 서비스는 공짜다. 복사 비용은 지불할지도 모르지만 주소를 직접 입력하거나 우체국까지 시나리오를 직접 운반할 필요는 없다.

2. 에이전트나 변호사가 보낸 것이 아닌 시나리오는 읽으려 들지 않는 프로듀서가 많다. 사람들은 이런 관행은 소송에 걸리지 않으려는 자구책과 관련이 있다고 주장한다. 에이전트가 그들을 어떻게 보호해 준다는 것인지는 잘 모르겠지만, 아무튼 그것이 업계 관행이다.

3. 에이전트를 두었다는 말은, 적어도 한 명은 당신의 시나리오를 마음에 들어 했다는 뜻이다. 에이전트는 건강 증진을 위해 업계에 종사하는 게 아니다. 그러니 에이전트는 당신의 시나리오가 시장성이 있다고 생각하는 게 분명하다. 실력이 고만고만한 에이전트라도 둔다면 당신의 시나리오가 타당하다는 것을 남들에게 입증하는 것이다.

4. 시나리오가 팔릴 경우, 당신이 스스로 협상에 나서면 안 된다. 대부분의 작가는 협상 실력이 형편없다. 반면에 프로듀서들은 협상의 귀재다. 당신의 협상 실력이 뛰어나더라도, 협상에 나선 사람은 프로듀서가 무리한 요구를 하지 못하게 하면서 동시에 프로듀서의 속을 긁는 말을 할 수 있어야 한다. 당신은 그렇게 하지 못한다. 에이전트에게 악역을 맡기자. 그래야 당신이 선역이 될 수 있으니까.

5. 당신이 신작 시나리오 집필을 고심하는 중이라면, 에이전트는 그와 비슷한 프로젝트들이 이미 작업 중에 있는지, 또는 당

신의 아이디어가 당신이 생각하는 만큼의 시장성이 있는지 알려줄 수 있다. 그래서 당신은 시간을 아끼고 좌절감을 피할 수 있다.

따라서 당신에게는 에이전트가 필요하다.

2장

저작권

"재능 있는 사람은 빌린다. 천재는 훔친다."

―알렉스 엡스타인

누군가가 자신의 작품을 훔칠까 봐 걱정하는 작가가 많다. 에이전트는 당신의 작품을 훔치지 않을 것이다. 그건 그들의 업무가 아니다. 프로듀서도 일반적으로는 당신의 작품을 훔치지 않을 것이다. 그들은 지나치게 바쁘다. 그들은 당신의 시나리오가 마음에 들면 당장은 소액으로 시나리오에 옵션을 걸고 나중에 다른 사람의 돈으로 그걸 사면 그만이다. 그러니 그들이 왜 소송을 자초하겠는가? 하지만 만약의 경우를 대비해서, 시나리오를 발송하기 전에 시나리오를 보호하는 것은 좋은 아이디어다. 아웃라인만 있는 시점에도 저작권을 걸 수 있다. 이 경우에 당신의 대사는 보호받지 못할 테지만 말이다.

저작권이란 무엇인가?

저작권은 자신의 작품을 출판할 수 있는 사람을 통제하는 저자의 권리다. 이 권리는 그가 판매하거나 라이선스를 걸거나 다른 사람에게 줄 수 있는, 저작권을 걸 수 있는 무엇을 창작하는 순간부터 존재한다. 저작권법에서, '출판'은 그저 책의 출판만 의미하는 게 아니다. 거기에는 영화의 상영이나 그에 바탕을 둔 연극같이, 대중을 위해 재연되는 것은 무엇이건 포함된다.

고대 그리스 시대에는 저작권이 없었다. 그 시대의 저자는 명성을 위해 글을 썼다. 그들은 그들의 책이 필사될 때 로열티를 받게 될 거라는 희망을 조금도 품지 않았다. 인쇄기가 발명되면서 로열티를 받을 가능성이 생겨났다. 그러나 엘리자베스 여왕 치세의 영국에는 저작권법이 없었다. 못된 출판업자들은 셰익스피어같이 인기 많은 작가가 쓴 연극을 보고 오라며 극도로 기억력이 뛰어난 사람들을 주기적으로 파견했다(그 시절 사람들의 기억력은 요즘 사람들보다 훨씬 뛰어났다). 그들은 집으로 돌아와서 기억에 남은 대사를 모두 적었고, 그러면 인쇄업자는 작품의 정당한 소유자가 합법적으로 책을 출판하기 전에 그 희곡을 인쇄해서 판매하려 시도했다. 인쇄업자들은 대본을 훔쳐달라며 배우들에게 뇌물도 썼다. 당신이 쓴 희곡의 완벽한 사본을 출판한 순간, 세상 누구든 당신에게 돈을 주지 않으면서 다른 곳에서 그걸 출판할 수 있었다. 따라서 작가들이 돈을 받는 걸 보장하기 위해 저작권이 발명됐다.

저작권을 걸 수 있는 대상은 무엇인가?

저작권을 걸 수 있는 대상인지 아닌지를 결정하는 네 가지 주요 기준이 있다.

1. 작품은 독창적이어야 한다. 당신이 셰익스피어에게서 플롯을 훔쳤다면, 그 플롯에 저작권을 걸 수는 없다. 셰익스피어의 작품과 다른 점에 대해서만 저작권을 걸 수 있다.

2. 저자의 독립적인 표현물이어야 한다. 기저에 깔린 아이디어가 아니라, 표현물만 보호를 받는다. 예를 들어 당신이 쓴 구체적인 대사, 일련의 신이나 비주얼 이미지, 당신이 창작한 캐릭터는 모두 보호받는다. 콘셉트는 보호받지 못한다. 신나게 도둑질할 수 있는 아이디어는 무엇이고, 아이디어의 표현물은 무엇인지는 법정이 사례마다 결정하는 문제다. 딱 두 문장으로 표현할 수 있는 것은 아이디어다.

3. 작품은 실용적이지 않은 속성을 지녀야 한다. 계약서나 작동 매뉴얼에는 저작권을 걸 수 없다.

4. 작품은 '유형의 표현 매체'에 고정되어야 한다. 즉, 종이나 컴퓨터 디스크에 기록되어야 한다. 점심 먹는 자리에서 말한 내용은 저작권의 보호를 받지 못한다.

내 저작권은 어떻게 행사하나?

연예 산업의 종사자가 자신의 저작권을 보호하는 방법이 두 가지 있다.

미국 작가조합(Writer's Guild of America)은 30달러를 내면 당신 작품의 사본을 보관하고 등록 번호가 적힌 쪽지를 당신에게 돌려준다. 당신이 특정 시점에 어떤 시나리오나 스토리를 썼다는 독자적인 증거를 제공하는 것이다. 이 증거는 나중에 누군가가 당신의 아이디어나 시나리오를 훔쳤을 때 유용할 수 있다. 그러나 문제점이 있다.

- 등록 기간은 5년간 지속될 뿐, 이후로 갱신해야 한다.
- 등록에는 증거물로서 가진 효력을 제외하면 아무런 법적 효력이 없다.

시나리오를 보호하는 더 나은 방법은 워싱턴에 있는 의회 도서관(LoC)의 저작권 등기소(Registrar of Copyright)에 등록하는 것이다. 그러면 작품은 의회 도서관에 영원히 보관된다. 바로 이것이 의회 도서관이 세상에서 제일 큰 도서관인 이유다.

두 서비스 사이의 법적인 구분은 중요하다. WGA는 법적인 효력이 전혀 없는 민간 서비스를 제공한다. 당신의 WGA 등록은 법정에서 그 시나리오가 당신 것이라는 것을 입증하는 걸 도와줄 것이다. 주택을 구매하는 계약을 체결하고 지불완료수표(canceled check)를 건네는 것과 비슷하다. 의회 도서관 등록은 그 자체로 법적인 효력이 있다. 시청에 등록된 당신 집의 부동산 권리 승서를 갖는 것과 비슷하다.

법적인 차이점은, 누군가가 당신의 저작권을 침해할 경우—당신의 물건을 훔칠 경우— 당신이 그를 고소해야 할 거라는 뜻이다. WGA에 등록했다면, 당신은 물건이 도난당했다는 것과 그것을 도난당하면서 피해를 보았다는 것을 입증해야 한다. 의회 도서관에 등록하면, 당신은 *법정손해배상*(statutory damage)이라는 것에 대한 자격을 갖는다. 당신의 물건이 도난당했다는 것만 입증하면 되지, 당신이 본 피해를 증명할 필요는 없다는 뜻이다.

의회 도서관에 등록하는 작업을 하려면 PA 양식이 필요한데, 이 양식은 (202)707−9100에서 전화로 주문할 수 있다. http://www.loc.gov에서 PDF 포맷으로 다운로드받을 수도 있다.

미국 시민권자만 의회 도서관에 저작권을 등록할 수 있는 건 아니다. 하지만 대부분의 나라에서 당신의 작품에 저작권이 걸려 있다면, 당신의 작품은 자동으로 미국에서도 저작권이 걸려 있다고 인정된다. 예를 들어 당신이 벨기에에서 작품의 저작권을 따냈다면, 그 권리는 조약에 의해 미국에서도 보호받는다. 다만 당신이 쿠바나 이란, 북한, 리비아처럼 미국과 관계가 좋지 않은 나라에 거주하는데, 당신의 작품을 미국에서 보호하려면 저작권을 등록해야 한다. 물론 당신이 작가라면 작품을 쓰기 전에 쿠바나 이란, 북한, 리비아에서 벗어나는 게 우선일 테지만.

아이디어에 저작권을 걸 수는 없다. 그 아이디어를 표현하는 방식으로 당신이 쓴 대사와 캐릭터, 플롯에만 저작권을 걸 수 있다. 하지만 *계약상으로*(contractually) 당신의 아이디어를 보호할 수 있다. 당신의 아이디어를 이용하려는 사람과 그에 대한 대가를 지불한다는 데 합의했다면, 당신은 계약을 체결한 셈이다. 그들이 당신의 아이디어를 훔칠 경우, 계약 위반으로 그들을 고소할 수 있다. 설령 그게 오리지널 아이디어가 아니고, 당신이 그걸 글로 적은 적이 없더라도 말이다.

서면 계약은 가장 안전한 방법이다. 당신은 증인들 앞에서 "당신이 이걸 사용하겠다면, 나는 돈을 받고 싶어, 오케이?"라고 말하는 것으로 법적인 구두 계약을 체결할 수 있다. 그렇지만 상대방은 당신이 기억하는 것을 기억하지 못할 수도 있고, 그렇게 되면 관련자 전원이 불쾌해진다. 사무엘 골드윈이 했다고 전해지는 다음과 같은 말처럼 말이다. "구두 계약은 그게 적힌 종이 가격만큼의 가치도 없다."

당신 작품의 저작권은 한 번만 걸 수 있다. 나중에 그걸 수정하더라도, 거기에는 여전히 동일한 캐릭터와 플롯이 상당히 많이 들어 있을 것이다. 그래서 누군가가 당신이 수정한 작품을 훔칠 경우, 그들은 당신의 저작권을 침해하게 된다. 당신이 작품을 철저하게 뜯어고치는 바람에 누군가가 오리지널을 도용하는 일 없이 그 작품을 도용할 수 있다면, 당신은 그 작품에 저작권을 다시 걸어야 한다.

3장

시나리오 발송

시나리오를 물리적으로 발송하는 가장 간단한 방법은 우체국을 통하는 것이다. 시나리오를 파일 폴더에 넣거나 에어캡으로 싸서 보호할 필요는 없다. 시나리오는, 하나님께서 굽어살피신 바, 고급 도자기가 아니라 종이 뭉치일 뿐이니까.

상대방의 요청에 따라 시나리오를 발송한다는 내용의 멋진 편지를 동봉하라. 당신의 훅이 무엇인지 상기시켜라. 시간을 내주고 관심을 가져주셔서 고맙다는 인사를 하고, 편할 때 연락을 주시면 감사하겠다고 적은 후 희망을 품고 기다려라.

이메일로 발송하기

하지만 요즘은 대부분 이메일로 시나리오를 받는다. 시나리오를 디지털로 발송하는 최상의 방법은 PDF 파일로 보내는 것이다. PDF 파일은 어도비 애크로뱃 익스체인지(Adobe Acrobat Exchange)로 만든다. 이 프로그램은 싸지는 않지만, 사용하기가 무척 쉽다는 장점이 있다. 매장에서 사거나 http://www.adobe.com에서 온라인으로 살 수 있다(이베이에 대폭 할인된 가격으로 카피가 올라오는 경우가 자주 있다). PDF 파일은 어도비 애크로뱃 리더로 읽을 수 있는데, 이 리더는 많은 사람이 이미 컴퓨터에 설치한 무료 프로그램이다. 인터넷에서 다운로드받을 수 있다. PDF 파일은 어느 컴퓨터나 프린터에서나 정확히 똑같은 모습을 보여준다.

이메일로 시나리오를 제출하는 차선책은 스크린 포매팅 프로그램이나 워드 프로세서를 이용하는 것이다. 이 방법에 따르는 위험은 에이전시의 컴퓨터에서는 페이지 매김(pagination)이 당신의 컴퓨터와 다르게 구현될 수도 있다는 것이다. 당신은 맥(Mac)으로 작업했는데 상대는 윈도우를 쓸 경우에는 특히 그렇다. 당신이 스크린 포매팅 프로그램을 사용하고 있다면 이것은 큰 문제가 아니다. 그 프로그램이 여전히 페이지를 적절하게 끊어줄 것이기 때문이다. 그런데 당신이 워드 프로세서를 사용하고 있다면, 상대방의 프린트에서는 적절하게 인쇄되지 않을 가능성이 크다. 또한, 당신이 워드 프로세서로 작성한 파일을 입수한 사람이 당신의 허락을 받지 않고 당신의 시나리오를 쉽게 수정할 수도 있다. 반면에 PDF 파일로 그런 작업을 하려면 꽤 고생해야 한다.

세 번째 방법은, 사실은 별로 좋은 방법이 아닌데, 마이크로소프트 RTF 파일이다. 리치 텍스트 포맷(Rich Text Format)은 당신이 이용하는 인터넷 서비스 제공업체가 첨부한 파일을 엉망으로 만드는 경우에도 워드 프로세서로 작성한 파일을 이메일로 발송할 수 있도록 해준다. RTF가 AOL(America Online, 미국의 인터넷 서비스 제공업체―옮긴이)을 통해 시나리오를 보내는 유일한 방법인 경우가 많다. 그러면 파일을 읽을 수는 있지만, 페이지가 예측 못한 곳에서 끊어질 수 있고, 훨씬 더 심각한 포매팅 에러가 생길 수도 있다.

기다리기

시나리오를 에이전트에게 보내고 2주가 지난 후, 반응이 어떤지 확인하려고 에이전트에게 전화를 거는 사람이 많다. 그들은 때로는 시나리오가 안전하게 도착했는지 확인하려고 전화를 건 것뿐이라고 말한다. 행동의 배후에는, 이렇게 하면 에이전트가 시나리오를 조금 더 빨리 읽을 거라는 생각이 깔려 있다. 에이전트가 시나리오를 읽었는데 마음에 들지 않았다면, 그러면서 그 이유를 기억해 낸다면, 당신은 약간의 피드백을 받을 수 있을지도 모른다. 그건 꽤 가치 있는 피드백일 수 있다. 그 시나리오로 무슨 일을 성사시킬 능력이 있는 사람이 내놓은 피드백이기 때문이다.

한편 전화를 거는 것은 불필요한 일이다. 거절하는 말이나 얼버무리는 말을 듣는 것이 너무나도 고통스럽다면, 당신의 시나리오를 읽고 그들이 마음에 들었다면 먼저 당신에게 전화를 걸 것이라는 사실을 명심하라. 당신이 표지에 연락처를 제대로 기재했다는 가정하에 말이다. 그들이 전화를 걸지 않는다면, 아직 읽지 않았거나 마음에 들지 않았거나 둘 중 하나다.

그들이 석 달이 지난 후에도 시나리오를 읽지 않았다면, 당신의 시나리오는 거기서 숨을 거둔 상태다. 어디론가 없어졌거나 버려졌을 것이다. 그들은 그 시나리오에 더는 관심이 없거나, 그걸 읽는 문제를 진지하게 생각한 적이 결코 없었다는 뜻이다. 앞으로도 시나리오를 읽지 않을 것이고, 반송하지도 않을 것이다. 더 전화해 봐야 아무 소용없다.

시나리오 돌려받기

우표를 붙이고 자기 주소를 적은 봉투(SASE, stamped, self-addressed envelope)를 시나리오에 동봉하는 것을 좋아하는 사람들이 있다. 나로 말하면, 시나리오를 돌려받는 게 무슨 의미가 있는지 도통 이해 못하는 사람이다. SASE를 위해 우표와 봉투를 사는 것보다 주위에 있는 저렴한 복사 가게에 찾아가 시나리오를 복사하는 게 돈이 덜 든다. 따라서 시나리오를 돌려받는 건 돈을 허비하는 짓이다. 더군다나 설령 에이전트가 당신이 보낸 SASE를 이용한다고 하더라도, 그 시점에서 당신의 시나리오는 커피 자국과 다른 얼룩으로 지저분할 것이다. 그리고 넉 달 후에 그걸 돌려받았을 때, 당신은 이미 시나리오 수정을 마친 상태일 것이다. 이게 무슨 의미가 있나? 그들이 종이를 이면지로 쓸 수 있게 해줘라. 괜히 사서 고생할 필요는 없다는 말이다.

일부 에이전시는 예의를 차리느라 자기들 비용으로 시나리오를 당신에게 돌려보낸다(언젠가는 내가 보낸 적이 없는 시나리오를 받아본 적도 있다. 그들은 내가 이메일로 전송한 PDF 파일을 프린트해서 그 사본을 우편으로 보낼 정도로 친절한 사람들이었다!). 그렇지만 대부분의 에이전시는 그렇게 하지 않는다. 심지어 당신이 업계 전문가일지라도 말이다. 개인적으로, 나는 시나리오를 읽을 때 표시를 하면서 읽는 편이다. 페이지를 접고, 가끔은 실망하거나 신이 나서 시나리오를 방 건너편으로 던지기도 한다. 그래서 시나리오는 내가 완독했을 무렵에는 너덜너덜하다. 내 충고는, SASE는 생각도 하지 말라는 것이다.

4장

계약 성사까지

에이전트가 "예스"라고 말하면

뛰어난 훅이 있고 영리하게 집필한 시나리오가 당신에게 있다면, 에이전트는 당신과 그 시나리오를 대리하는 데 관심이 있다고 말할 것이다. 그런 말을 들으면, 시나리오를 읽고 싶다고 이미 요청한 다른 에이전트에게 전화를 걸어 읽을 시간을 일주일 남짓 줘도 된다.

당신의 시나리오를 마음에 들어 하는 에이전트가 두 명 있다면, 일반적으로 더 열정적인 에이전트를 선택해야 한다. 열정은 소중하다. 당신에게 열정을 바치는 에이전트라면 다른 사람들에게도 열정을 바치는 사람일 것이다.

에이전트들이 당신을 '뒷주머니' 고객으로 모시겠다고 제안하는 경우가 이따금 있다. 이것은 에이전시 차원에서는 당신을 고객으로 모실 의향이 없지만, 에이전트 개인적으로는 당신의 시나리오를 대리하고 싶다는 뜻이다. 대단히 흡족한 제안은 아니다. 그들은 그 업무에 제대로 전념하지 않을 테니까. 그런데 그나마 아무것도 없는 것보다는 낫다.

에이전트는 당신에게 곧바로 계약서를 보낼 수도 있고, 아닐 수도 있다. 표준적인 계약에서 지정하는 수수료 액수는 당신이 계약 이후 1~2년 동안 집필한 작품에서 버는 액수의 10%다. 에이전트가 아무것도 팔지 못하거나 당신에게 제대로 된 일자리를 얻어주지 못하고 4개월이 지날 경우 에이전트를 해고할 수 있다. 에이전트는 그들이 활동하는 주에서 시행되는 주법(州法)의 규제를 받는다. 캘리포니아주는 에이전트의 수수료를 10%로 제한한다. 그들이 프로듀서 활동을 겸하는 것은 허용되지 않는다. 그들이 당신의 시나리오를 다른 고객들(감독, 스타)의 시나리오와 함께 패키지로 묶는 것은 허용되지만, 당신이 동의했을 때에만 가능하다. 규모가 큰 에이전시만 이런 패키지 전략을 쓸모 있게 이용할 수 있도록 해주는 많은 고객을 보유하고 있다.

당신에게 에이전트가 없다면

에이전트를 구하지 못했다면, 당신은 에이전트가 하는 일을 직접 해야 한다. 프로듀서들에게 보내는 문의 편지를 직접 보내야 한다.

프로듀서 리스트는 어떻게 얻는가? 할리우드 크리에이티브 디렉터리는 어떤 종류의 크레디트가 됐건 크레디트를 가진 모든 제작사를 등재한 《프로듀서 디렉터리》를 발행한다. 에이전트의 경우와 마찬가지로, 각 회사의 구체적인 사람을 수취인으로 지정해 편지를 보내야 한다. 개발 담당 부사장이나 창작 업무 책임자, 스토리 에디터 같은 직함을 가진 사람에게 발송해야 한다.

당신에게 에이전트가 있는데 그 에이전트가 몇 달간 갖은 고생을 한 끝에 파김치가 되어 있다면, 에이전트에게 "당신이 했던 발송 업무를 보충하기 위해 내가 직접 문의 편지를 보내도 괜찮습니까?"라고 물어도 된다. 에이전트는 그래도 괜찮다고 생각할 것이다. 당신이 프로듀서의 관심을 끌어야 그 에이전트에게도 생기는 게 있을 테니까. 프로듀서가 관심을 보일 경우, 에이전트는 당신의 거래를 협상해서 계약을 성사시키고 자기 수수료를 챙길 수 있다. 에이전트가 당신에게 일을 넘겨 괜한 혼란이 생기는 걸 원치 않는다고 말하면, 그 사람의 결정을 존중하라. 그런데 일반적으로, 당신의 작품을 홍보하기 위해서라면 항상 열과 성을 다해야 옳다. 당신의 에이전트는 당신이 직접 하는 활동을 보조하는 사람으로만 활용하라. 당신만큼 당신의 작품에 신경을 쓰는 사람은 세상에 없다. 만날 수 있는 프로듀서는 모두 만나보라. 그 사람이 관심을 보이는 것이 당신의 시나리오 중에서 어느 작품인지 가늠하지 않은 채로, 그리고 에이전트를 시켜서 그걸 발송해도 좋다는 허락을 받지 않은 채로 연예계 종사자와 가진 미팅 자리를 떠나는 짓은 절대로 하지 마라.

당신이 시나리오를 제출했던 프로듀서들이 누구이고 어떤 사람들인지를 파악하라. 문의 편지를 보내거나 미팅을 하기 전에 그 회사의 크레디트 리스트를 확인하라. 아동 영화 10편을 만든 회사가 당신의 공포 영화를 원하는 일은 없을 것이다. 예술 영화만 만들어온 회사가 당신의 8천만 달러짜리 SF 스펙터클을 원하는 일은 없을 것이다.

프로듀서에게 문의 편지를 발송하는 것은 꽤 품이 많이 드는 일이다. 세상에는 에이전트보다 프로듀서가 더 많다. 그들은 당신이 보낸 문의 편지에 답장하는 수고 따위는 하지 않을 것이다. 심지어 싫다는 대답조차 안 할 것이다. 그런데 혹이 뛰어나다면(당신의 혹을 기억하나?), 당신은 긍정적인 반응을 얻을 것이고 당신의 시나리오를 그들에게 보낼 수 있을 것이다.

시나리오 공모전

관계자들의 주목을 받게 될 거라는 희망을 품고 공모전에 시나리오를 제출하는 사람이 많다. 개인적으로, 시나리오 공모전은 로또 같다. 우승상금으로 천 달러를 받는 한 명을 위해 200명 이상의 사람들이 시나리오를 제출하면서 50달러를 참가비로 지불한다. 이건 경연대회 운영자가 1만 달러를 받아서 천 달러를 지불한다는 뜻이다. 바로 그 9천 달러의 수익이 시나리오 경연대회가 그토록 많이 열리는 이유라고 생각한다. 당신의 시나리오가 경연대회에서 수상하면 당신의 시나리오를 읽는 사람이 몇 명 더 늘어날 수 있겠지만, 수상 경력이 당신의 작품이 팔리거나 제작되는 가능성에 크게 기여할 거라고 믿지 않는다. 물론 권위 있고 도전해 볼 만한 시나리오 공모전이 몇 개 있다. 그런데 대부분의 공모전은 운영을 원하는 사람이 있어서 존재한다는 게, 그리고 그 사람은 영화를 제작하는 것으로 생계를 꾸리는 사람은 아닐 거라는 게 내 생각이다. 상을 받은 시나리오라서 제작이 성사된 영화가 있다는 기사는 읽어본 적이 없는 것 같다. 집필 습관에 돈을 쓰고 싶다면, 앞서 언급한 시나리오 에이전시에 시나리오를 보내라. 그런 식으로 하면 적어도 무엇을 배우게 된다. 만약에 당신의 시나리오가 대단히 훌륭하다면, 그 작품은 그걸 살 수 있는 사람들에게 전달된다. 그런데 이것은 당신이 운이 좋아서 공모전에서 우승해서 얻는 것과 똑같은 결과다.

프로듀서가 "예스"라고 말하다

당신의 시나리오에 관심이 생긴 개발 부서 임원이나 프로듀서는 당신과 계약을 체결하려 할 것이다. 당신에게 에이전트가 없다면, 당신은 직접 협상을 해야 한다.

하지만 당신에게 관심을 보였으나 계약서에 서명하지는 않았던 에이전트가 있다면, 지금이야말로 그 에이전트에게 돌아가 당신을 대신해서 협상해 줄 의향이 있느냐고 물어볼 좋은 시점이다. 그건 그 에이전트 입장에서는 일을 거의 하지 않은 채로 당신이 버는 돈의 10%를 수수료(법적인 용어로는 *커미션*)로 받는다는 뜻이다. 에이전트는 구할 만한 가치가 있다. 에이전트는 당신이 직접 협상에서 얻어내는 액수보다 10%가 넘는 액수를 더 쉽게 협상을 통해 받을 수 있는 사람이기 때문이다. 그리고 그렇게 협상이 끝나면, 당신은 내가 협상을 잘못하는 바람에 합당한 액수를 받아내지 못한 것 같다는 찝찝한 기분을 느끼지 않아도 된다.

당신에게 에이전트가 있다면, 당신이 프로듀서와 직접 협상할 일은 없을 것이다. 그렇지만 만사를 에이전트에게만 맡겨둬서는 안 된다. 당신이 원하는 액수가 얼마고 큰 불만 없이 받아들일 액수가 얼마인지,

그리고 에이전트가 협상 과정에서 프로듀서에게 제기해야 할 조건이 있는지를 에이전트에게 명확히 밝혀야 한다. 당신은 그런 과정을 거쳐 타결된 계약에서 받은 돈으로 먹고살아야 하는 사람이다. 에이전트는 당신의 시나리오의 판매가가 5만 달러인지 혹은 10만 달러인지에 신경을 쓸 것이다. 그렇지만 옵션 계약으로 당신이 받을 돈이 5백 달러인지 혹은 천 달러인지에는 신경 쓰지 않을 것이다. 자신이 받을 액수의 차액이 50달러밖에 안 되기 때문이다. 에이전트는 당신이 그 프로젝트의 창작 과정에 참여할 수 있는지, 촬영장에 상주할 수 있는지, 시사회에 초대받게 되는지 살피지 않을 것이다. 그런 일 중에 에이전트의 주머니에 돈을 넣어주는 일은 하나도 없기 때문이다. 그러니 당신은 당연히 그런 일들을 세심하게 확인해야 한다.

5장

계약

시나리오를 사고파는 계약은 보통 두 종류다. 구매 계약과 옵션 계약. 구매 계약에서 구매자는 당신의 시나리오에 딸린 모든 권리를 즉시 사들인다. 그러면 그들이 그 권리의 소유자다. 그러면 그들은 계약 조건 안에서 마음에 드는 일은 무엇이건 할 수 있다. 구매 계약은 당신의 통장에 큰돈을 빠르게 입금해 준다. 당신의 시나리오를 두고 치열한 경쟁이 붙었거나 당신의 시나리오가 끝내준다는 '입소문'이 나거나 당신의 시나리오를 차지하려는 '열기'가 달아오르지 않는 한, 당신이 전면적인 구매 계약 제안을 받는 일은 결코 없을 것이다.

옵션 계약에서, 구매자는 당장 당신에게 소액을 지불한다. 그는 그에 대한 대가로 3개월에서 18개월 사이가 될 옵션 기간 동안 언제든 그 계약에서 합의한 조건에 따라 당신의 시나리오를 살 수 있다. 옵션 계약에는 구매 계약에 포함된 것과 동일한 계약 용어와 조건들이 다 들어 있다. 그러나 구매자는 시나리오 구매 여부를 결정하기 전까지는, 그리고 결정하지 않는 한에는 당신에게 거액을 지불하지 않아도 된다.

계약은 협상이다. 당신이 마땅히 받아야 할 액수를 못 받을 수도 있고 협상한 액수를 받을 수도 있다. 모든 계약이 그렇듯, 당신이 원하는 조건을 못 얻으면 판을 깨고 협상 테이블을 기꺼이 떠날 사람이라고 상대방이 믿지 않는 한, 당신이 얻는 것은 무척 적다.

당신이 미국 작가조합 회원이라면, WGA 스케일 또는 그냥 스케일이라고 부르는, 조합이 정한 최소금액 이하의 액수를 받아들이면 안 된다. 작가조합의 최소 기본합의(Minimum Basic Agreement, MBA)에 서명한 프로듀서는 당신에게 그 스케일 이하의 액수를 제시할 수 없다. 그렇지만 현실적으로 모든 스튜디오는 WGA와 제휴하지 않은 자회사(법인)를 거느리고 있다. 그 회사들은 전적으로 스튜디오가 스케일 이하의 거래를 성사하려고 차린 회사다. 따라서 당신에게 뛰어난 에이전트가 없는 바람에 스튜디오가 스케일 이하의 액수를 지불하고도 아무런 어려움을 겪지 않는다면, 그들은 그렇게 할 것이다.

MBA 아래에서, 평균적인 제작비가 투입되는 장편영화 시나리오의 구입 가격은 6만 달러 이하로 내려갈 수가 없고, 옵션 액수는 구입 가격의 10%, 즉 6천 달러 이하로 내려가서는 안 된다(최근에 정해진 스케일 액수를 알고 싶으면 작가조합의 웹사이트 http://www.wga.org에서 확인하라). 그런데 당신이 WGA 회원이 아니라면, 프로듀서는 옵션의 대가로 5백 달러나 천 달러를 제안할지도 모르고, 심지어는 한 푼도 안 줄지도 모른다. 당신이 그 제의에 동의한다면, 그 액수가 당신이 받을 액수다. 천 달러짜리 옵션을 위한 계약을 이행하는 데에 비도덕적인 요소는 하나도 없다. 가진 돈이 없어서 그 이상의 거래는 결코 이행하지 못하는 프로듀서가 많다. 그들은 전적으로 다른 사람의 돈으로 영화를 만든다. 그들은 당신의 프로젝트를 위한 투자자를 확보할 때까지는 당신에게 지불할 돈이 없는 신세다. 그들은 옵션을 따기 전까지는 투자자를 구하기 위해 당신의 시나리오를 시장에 선보일 수가 없다. 그러니 천 달러짜리 계약을 받아들였다는 이유로 끔찍하게 자책하지는 마라. 그런 계약을 체결한 결과로 당신의 재산이 그 전보다 천 달러 늘어나지 않았나? 당신의 프로듀서는 당신의 영화를 제작해서 그 돈을 벌어들이려 할 거고, 그렇게 되지 않을 경우 당신의 시나리오는 옵션 기간이 종료된 후에 당신에게 돌아올 것이다.

전형적인 구매 계약에는 구매 가격과 제작 보너스가 명시되어 있다. 프로듀서가 당신의 시나리오를 영원히 소유하고 싶을 때, 당신은 언제든 구매 가격을 받는다. 보통은 제작 1일차에 지불하는 게 일반적인데, 그보다 이르게 지불할 수도 있다.

영화가 제작에 돌입하면 당신은 제작 보너스를 받는다. 고정된 액수일 수도 있고 제작비의 일정 비율일 수도 있다. 일정 비율을 받는 경우, 보통 실링이나 캡이 있다. 이는 당신이 받을 수 있는 금액의 상한선을 의미한다. 당신이 그 시점까지 받은 액수는 무엇이건 보너스 액수에서 감해질 수 있다. 500 한도로 200을 받는 조건으로 계약했다면, 당신은 구매가격으로 20만 달러를 받고 제작 보너스로 30만 달러를, 그렇게 해서 총액 50만 달러를 받게 된다. 그러므로 시나리오의 주된 거래 요소들은 다음과 같다.

옵션: 2,500달러

옵션 기간: 12개월

구매 가격: 제작비의 3% 한도로 7만 5천 달러. 캡은 25만 달러.

영화 제작비가 100만 달러라면, 당신은 7만 5천 달러를 받는다.

영화 제작비가 250만 달러라면, 당신은 7만 5천 달러를 받는다.

영화 제작비가 500만 달러라면, 당신은 15만 달러를 받는다.

영화 제작비가 800만 달러라면, 당신은 24만 달러를 받는다.

영화 제작비가 850만 달러라면, 당신은 25만 달러를 받는다.

영화 제작비가 1천만 달러라면, 당신은 25만 달러를 받는다.

영화 제작비가 1억 달러라면, 당신은 25만 달러를 받는다.

당신이 상대하는 프로듀서가 독립 프로듀서일 경우, 이것은 꽤 공정한 계약이다. 당신이 받아들일 만한 계약이라고 여기는 내용이 무엇인지는 당신에게 달렸다. 그러나 나는 당신이 다음에 미치지 못하는 계약을 맺는 건 절대로 추천하지 않는다.

옵션: 6개월간 500달러를, 그 기간이 지난 후에는 다시 1,000달러를 받는 조건으로 추가 12개월 갱신 가능.

구매: 제작비의 2% 한도로 5만 달러. 캡은 20만 달러.

대부분의 계약에는 당신의 시나리오를 바탕으로 속편과 프리퀄, 리메이크, TV 스핀오프를 만들 경우 지불하는 표준 지불 액수도 포함되어 있다. 작가는 순수익의 5%를 받는 게 보통이다. 이것을 순수익 참여 또는 포인트라고 부른다. 대부분의 경우 그 포인트는 사실상 아무 가치도 없다. 그래서 가끔은 원숭이 포인트라고도 불린다. 아주 드물게, 어떤 영화가 무척 적은 제작비로 만들어졌는데 무척 흥행이 잘 되는 바람에 제작진이 수익 내역을 도저히 감출 수 없는 일이, 그 결과 작가가 상당한 액수를 받는 일이 생긴다. 예를 들어 〈네 번의 결혼식과 한 번의 장례식〉은 400만 달러의 제작비로 박스오피스에서 1억 달러 넘게 벌었다. 그 영화의 작가는 포인트로 상당히 짭짤한 이익을 거뒀을 것이다. 당신이 '영화의 순수익 참여에 따른 순수익의 최상의 정의에 따라' 순수익을 지불받겠다고 주장하는 것은 가치 있는 일이다. 이 얘기는 기적이 일어나 순수익이 발생할 경우, 다른 누구보다도 먼저 당신이 그걸 챙긴다는 뜻이다.

스튜디오나 메이저 제작사가 당신의 시나리오를 원한다면, 당신을 대표해 줄 에이전트를 찾아야 한다. 그 에이전트는 WGA 계약의 최소 조건을 요구할 것이다.

계약에서 중요한 조건은 시나리오 최초 수정을 거부할 수 있는 권리다. 이 권리를 제대로 확보하면, 당신은 시나리오를 수정해야 할 어떤 의무에도 묶이지 않는다. 그런 계약을 체결했는데 프로듀서나 스튜디오가 시나리오 수정을 간절히 원할 경우, 그들은 먼저 당신에게 그렇게 할 기회를 제공해야 한다. 시나리오 수정 수수료는 계약서에 구체적으로 명시되어 있다.

그들이 당신의 솜씨가 마음에 들 경우, 당신이 주장하면 그들은 이 권리를 제공할 것이다. 그들이 당신의 훅만 마음에 들 경우, 그리고 그들이 당신의 시나리오를 곧바로 수정할 계획이라면, 그들은 당신에게 이 권리를 주려 하지 않을 것이다. 한편 그들이 당신의 글솜씨는 끔찍해 하면서도 당신의 훅은 엄청 마음에 들어 한다면, 어쩔 수 없이 그들은 당신에게 이걸 주어야 한다. 그렇지 않겠나? 그들은 당신에게 자신의 요구 조건을 받아들이라고 강요할 수 없는 입장이기 때문이다. 언제든 협상 테이블을 박차고 나갈 의향이 있는 한, 당신은 협상에 대한 궁극적인 통제권을 갖고 있다.

당신의 프로젝트를 다른 작가가 변경하지 못하게 만드는 것과는 별개로, 최초 수정을 고집해야 하는 그럴듯한 이유가 두 가지 있다.

첫째, 당신은 다른 작가가 당신의 시나리오를 얼마나 수정했느냐에 따라 그 작가와 크레디트를 공유한다. 프로듀서가 캐릭터 몇 명(예를 들어 애정의 대상)을 추가하고 스토리의 배경을 새로운 곳으로 옮기고 싶어 한다고 가정하자. 새로 투입된 작가가 이런 수정 작업을 하고 대사도 다듬으면, 그는 당신과 크레디트를 공유할 자격을 얻게 될 수도 있다. 당신이 이런 수정을 하고 그런 다음에 그가 대사를 다듬으면, 당신은 단독으로 크레디트를 가질 자격을 얻을 것이다.

둘째, 옵션이 걸린 시나리오에 일어날 가능성이 제일 큰 일은 한두 번 수정을 당하는 것이고, 그러고는 옵션 기간이 종료될 때까지 잠정적으로 연기된 프로젝트 신세가 되는 것이다. 당신이 최초 수정을 했다면, 당신은 옵션에 대한 대가와 수정 작업에 따른 대가를 받는다. 당신이 그렇게 하지 않으면 당신은 옵션에 대한 대가만 받고 누군가가 수정에 따른 수수료를 받는다. 전형적인 수정 수수료는 옵션 가치의 10배쯤이다.

협상으로 얻어낸 결과가 무엇이 됐건, 절대로, 절대로 형편없는 계약을 했다고 자책하지 마라. 거기에는 미래가 없다. 지나치게 적은 액수를 요구해서 그 액수를 받았다면, 그냥 최선을 다했다고 생각하고 그 프로젝트를 값진 투자를 한 경험으로 여겨라. 그러고는 다음에는 더 나은 계약을 끌어내겠다는 결의를 다져라.

공짜 옵션

프로듀서는 여지가 있다는 생각이 들면 공짜 옵션을 달라고 요구할 것이다. 지금은 당신에게 돈을 주지 않지만, 프로젝트가 제대로 성사되면 그때 가서 당신의 시나리오를 사면서 지불할 액수를 협상하겠다는 아이디어다. 그들은 공짜 옵션을 받는 대가로 당신의 영화를 제작하게 만들려고 시간과 노고를 들일 것이다.

공짜 옵션에 대한 내 생각에는 찬반이 공존한다. 찬성하는 생각의 근거는 이렇다. 당신의 시나리오가 아무 반응도 얻지 못하는 상황이라면 그런 제의를 받아들이지 말아야 할 이유가 어디 있나? 공짜 옵션을 바탕으로 제작에 돌입한 시나리오를 간간이 봤다. 공짜 옵션을 허락한 작가는 공짜 옵션을 허용하지 않았을 때 얻었을 것보다 나은 결과를 얻은 셈이다.

반대하는 생각의 근거는 이렇다. 프로듀서가 당신의 시나리오로 일을 성사시키겠다는 결심을 진지하게 했다면, 그는 거기에 옵션을 걸려고 적어도 조금이나마 돈을 들이겠다는 의지를 보여야 마땅하다. 그러지 않는다면 그는 진지한 게 아닐지도 모른다. 혹은 그가 너무 가난해서 당신에게 줄 돈도 없다는 뜻인데 그가 성공한 프로듀서라면 그렇게 가난할 이유가 없지 않겠는가?

확실한 건 공짜 옵션을 4개월 이상 주어서는 절대로 안 된다는 것이다. 그렇게 옵션을 주더라도, 만기가 되면 돈을 받고 1년간 연장해 준다는 조건을 달아야 한다. 예를 들어 3개월짜리 공짜 옵션을 줬다면, 만기가 됐을 때 2천 달러를 받고 1년을 연장해 준다는 조건을 달아라. 프로듀서가 4개월 이내에 돈을 지불할 정도로 당신의 프로젝트를 괜찮은 상태로 만들지 못한다면, 시간을 더 주더라도 일을 성사시키지 못할 것이다. 당신은 그의 선반에 프로젝트를 올려놓은 것 외에는 아무것도 얻은 게 없다. 그러니 다른 프로듀서를 찾아 떠나는 게 낫다.

프로듀서가 공짜 옵션을 요청할 경우, 일정 기간 안에 프로젝트가 성사될 시 그 프로듀서가 반드시 프로젝트에 참여해야 한다는 합의를 이끌어내라. 그 합의가 적힌 문서는 계약의 세부적인 내용은 구체적으로 정하지 않는다. 이건 그 프로듀서가 어느 스튜디오에서 그 프로젝트를 성사시킬 경우, 그는 스튜디오와 그의 계약을 협상하고, 당신은 별도로 프로듀서와 계약을 협상한다는 뜻이다. 당신의 프로젝트가 어딘가에서 성사된 후 계약을 협상한다면, 당신은 훨씬 더 많은 돈을 받을 것이다. 그 프로젝트는 스튜디오가 이미 관심을 보인 프로젝트니까. 프로듀서는 스튜디오가 관심을 보인 프로젝트에서 떠나기를 원치 않을 것이다. 그러므로 당신은 더 많은 돈을 요구할 수 있다. 프로듀서는 이런 제안을 그다지 원하지 않을 것이다. 그런데 프로듀서가 당신에게 선불을 줄 준비가 안 되었다면, 당신이 더 많은 통제권을 갖는 게 공정하다. 좋은 선수를 영입하고 싶으면 돈을 지불해야 한다.

공짜 수정

프로듀서는 "당신의 시나리오는 꽤 훌륭하다"고 칭찬하면서도 자신이 그 시나리오를 받아들이기 전에 수정할 필요가 있다는 말을 자주 할 것이다. 공짜로 수정할 필요가 있다고. 그래야 옳을까?

수정 작업을 하지 않은 시나리오에 옵션을 걸거나 구매할 다른 사람이 있다면, 대답은 당연히 "아니오"다. 드문 예외를 제외하면, 손에 확실하게 거머쥔 것을 택하라.

한편 당신의 시나리오에 관심을 보이는 사람이 그 프로듀서뿐이라면, 그의 비판이 적절한지 자문해 보라. 수정할 경우, 프로듀서의 코멘트는 시나리오를 더 낫게 만들까? 그렇다면 수정하지 않을 이유는 무엇인가? 당신은 시나리오를 여기까지 끌고 왔다. 누군가가 그걸로 일을 할 수 있는 지점까지 끌고 가게 하지 않을 이유가 무어란 말인가?

그런데 프로듀서의 코멘트가 그 시나리오를 프로듀서 자신에게만 이로운 방향으로 끌고 갈 경우("나는 정말로 이 스키 영화의 배경을 푸에르토리코로 바꿔야 해요"), 수정 수수료를 받지 않는 한 수정 작업을 해서는 안 된다.

연예계에 전해 오는 유서 깊은 농담이 있다.

Q. 프로듀서가 거짓말하는 때를 어떻게 알 수 있어?
A. 입술이 움직이고 있잖아.

나는 자신이 영화 프로젝트에 자금을 댈 '사실상 모든 돈'을 갖고 있다는 말을 달고 사는 프로듀서 밑에서 일한 적이 있다. 그가 한 말은 돈을 얻어낼 수 있을 것 같은 곳을 '알기만' 한다는 뜻이다. 자신은 투자처도, 관심 있는 스타도, 당신의 시나리오를 읽으려고 학수고대하는 스튜디오도, 기타 등등도 다 확보했다고 말하는 프로듀서의 말은 절대로 믿지 마라. 당신이 믿을 수 있는 것은 프로듀서의 사리사욕뿐이다. 당신의 시나리오로 무슨 일을 성사할 수 있다고 생각하지 않는 한, 프로듀서는 당신에게 특정한 방향으로 시나리오를 수정해 달라고 요청하지 않을 것이다. 그러니 그가 자신이 하는 일이 무엇인지를 잘 아는 사람이라면 그의 코멘트는 당신의 시나리오를 더 시장성 있게 만들어줄 것이다. 당신이 결정해야 할 것은 수정 작업에 시간과 노고를 바칠 가치가 있는지에 대한 생각이다. 그의 피드백을 당신이 받는 다른 피드백과 동등하게 대하라. 그의 피드백이 시나리오를 개선하는 유용한 것이라면 무척 좋은 일이다. 그렇지 않다면 당신은 그의 아이디어를 굉장히 흥미롭게 생각한다고, 고민해 보겠다고 말하라("고민해 보겠다"라는 말은 "당신의 말은 내가 생전 들어본 말 중에 제일 멍청한 소리지만, 당신을 불쾌하게 만들고 싶지는 않다"라는 뜻이 담긴 작가가 프로듀서에게 하는 정중한 돌려말하기다).

다른 종류의 공짜 수정

프로듀서가 다른 시나리오를 공짜로 수정해 달라거나, 또는 자기 아이디어에 기초한 시나리오를 공짜로 개발해 달라고 요청하는 일이 가끔 있다. 당신이 연예계 사정을 눈곱만치도 모르는 어리숙한 사람이라고 생각한다면 특히 더 이런 짓을 할 것이다. 그는 그 영화가 사실상 프리프로덕션 단계에 있다고, 영화가 진행되면 당신은 크레디트와 두둑한 수수료를 받게 될 거라고 약속할 것이다.

하하하.

프로듀서가 거짓말하는 때를 어떻게 알 수 있다고?

다른 사람의 작품을 절대로, 절대로 공짜로 작업하지 마라. 이건 WGA가 투기적 집필(writing on spec)─헷갈리겠지만 스펙 시나리오와는 전혀 다른 행위다─이라 부르는 것으로, WGA가 금지하는 행위다. 그들의 지침을 따라라. 프로듀서가 시키는 대로 할 경우, 프로듀서는 아무 비용도 치르지 않는다. 당신은 그 프로젝트가 분명히 진행될지, 또는 프로듀서가 오늘 아침에 떠올렸다가 당신이 그가 원한 기간까지 수정할 무렵에는 까맣게 잊어버릴지 알 방법이 전혀 없다(다음을 주의하라. 세상에 '진행될 것이 분명한 프로젝트'라는 건 없다).

프로듀서의 아이디어가 정말로 괜찮은 아이디어라면, 다음과 같은 계약을 체결하는 것은 괜찮다. 그는 자신의 아이디어에 대한 모든 권리를 당신에게 일임한다. 그에 대한 대가로, 당신은 시나리오를 집필하고, 당신으로부터 그 시나리오를 살 수 있는 1년짜리 공짜 옵션을 그에게 허용한다. 그것이 공정하다. 당신은 괜찮은 아이디어를 얻었고 그는 시나리오를 얻었다. 그리고 1년 후, 당신은 자유의 몸이 된다.

그렇지 않을 경우, 다른 사람의 프로젝트를 공짜로 작업하는 것은 시간을 길에 내다 버리는 짓이다. 절대로, 절대로 하지 마라.

고용 작가로 집필하기

집필 일자리를 거절하지 마라. 보수가 충분한 액수에 못 미치는 게 아닌 한, 또는 고용하는 사람이 돈을 지불할 거라는 믿음이 가지 않는 경우가 아닌 한, 또는 그 프로젝트를 창의적인 측면에서 제대로 해낼 수 있을 거라는 확신이 들지 않는 경우가 아닌 한 말이다. 전문 작가는 다른 작품으로 이미 돈벌이를 하고 있는 게 아니라면 집필을 거절하는 법이 절대로 없다(진실을 말하자면, 다른 작품 대여섯 편이다). 본인의 아이디어로 글을 쓰는 것이 훨씬 더 재미있는 일인 건 확실하다. 그런데 스펙 시나리오는 사람들이 사지 않으면 당신의 이력서에 적을 수 없다.

누군가가 당신을 작가로 고용하고 싶어 한다고 치자. 얼마를 청구해야 할까?

다음은 당신이 노예 노릇을 피하기 위해 청구해야 하는 최소 수수료 액수를 산정하는 공식이다. 당신은 이 액수를 보장받아야 한다. 그 프로젝트에 좋은 일이 생기건 말건 상관없이 말이다. 그 프로젝트가 영화로 제작될지, 되지 않을지 당신이 들은 말이 무엇이건 새빨간 거짓말이라고 가정하라. 적어도 이 계산을 위한 목적에서는 말이다.

당신이 그 작업을 하는 데 걸릴 시간이라고 생각하는 기간을 산정하라. 거기에 3을 곱하라(집필은 항상 최초에 예상했던 것보다 긴 시간이 걸린다. 당신이 프로듀서의 모호하고 모순적이며 변덕스러운 코멘트에 반응해야 할 때는 특히 더 그렇다). 이제 거기에 2를 곱하라(그중 절반의 시간 동안 당신은 자신의 글을 쓰지 못한다. 그리고 당신이 쓰고 있지 않은 시간 동안 집필료를 소비하는 기간을 벌충해야 한다). 이제는 당신의 시간이 자신에게 얼마나 가치 있는지 가늠하라. 당신이 글을 써서 생계를 꾸린다면, 그 액수는 당신이 소비하는 액수다. 당신이 뭔가 다른 일을 해서 생계를 꾸린다면, 그 액수는 당신이 받는 시급(時給)이다. 당신이 그 작업을 하느라 쓰게 될 것으로 생각하는 시간에 6을 곱하고, 당신의 시급을 곱하라. 그것이 당신이 청구할 수 있는 최소 수수료다. 그보다 덜 청구한다면 당신은 돈을 벌려고 글을 쓰는 사람이 아니다. 순전히 재미를 위해, 또는 교육의 일환으로, 또는 영화계에 투자하려는 의도로 글을 쓰는 사람이다. 그것도 괜찮은 일이기는 하지만, 자신이 하는 일이 무엇인지 명확하게 인식하라.

맞다, 이 공식에 담긴 의미는 생계를 위해 다른 일을 하는 작가는 전업 작가에 비해 적은 액수를 청구할 수 있다는 것이다.

하나의 법칙을 말하자면, 500달러 미만의 액수로 트리트먼트를 쓰지 마라. 5천 달러 미만의 액수로 시나리오를 써줘도 안 된다. 이건 매우, 매우 적은 액수다. 그보다 적은 액수를 지불하겠다고 고집을 부리는 사람은 진지하게 작가를 고용하려는 생각이 없는 사람이다.

당신이 받아야 하는 돈은 작업에 대한 대가로 보장받아야 하는 액수 말고 또 있다. 당신은 프로젝트가 영화로 만들어질 경우 상당한 액수의 보너스도 받아야 한다. 그리고 당신이 쓴 시나리오의 충분한 분량이 영화에서 살아남는다면 크레디트도 받아야 한다. 합리적인 보너스 비율은 영화 제작비의 2%다. 단독 크레디트를 받지 못하면 그 비율은 1%까지 줄어들 수도 있다.

📝 글을 마치며

글쓰기는 중독이다

당신은 이제 시나리오를 쓰고 가다듬은 후 그걸 들고 세상에 나왔다. 모든 일을 제대로 했다면, 그리고 운이 좋다면, 당신은 돈을 벌고 본인의 작품이 좋은 영화로 만들어졌는지 확인하려고 기다리는 중일 것이다. 그렇게 되지 않았다면, 많은 것을 배웠고 재미있는 시간을 보냈을 것이다.

그렇다면 다음에는 무슨 일을 할까?

진정한 작가라면 대답은 항상 '더 많은 글을 쓰는 것'이어야 한다. 작가는 글을 쓰는 사람이다. 내 경우, 글쓰기는 중독이다. 나는 글을 쓰지 않으면 기분이 좋지 않다. 사람들한테 툴툴거리기 시작한다. 개한테 으르렁거린다. 폭식한다.

모든 시나리오는 학습 과정의 일부다. 절대 배움을 중단하지 마라.

처음에 시나리오 10여 편을 쓰고 나면, 뭔가 제대로 알 것 같다는 생각이 든다. 그러고서 그다음에 시나리오 10여 편을 쓰고 나면, 이제는 뭔가를 제대로 알게 됐다는 결론을 내린다. 존 부어맨은 임종 석상에 누운 데이비드 린을 문병하러 갔던 일을 이야기한다. 〈아라비아의 로렌스〉와 〈콰이강의 다리〉를 만든 83세의 아카데미 수상 감독이 그에게 말했다. "있잖아, 존, 영화를 어떻게 연출해야 할지 이제 막 이해되기 시작했어."

절대로 배가 고프다고 글을 쓰지는 마라

당신이 사랑하는 내용을 써라. 보고 싶은 영화를 써라. 그렇지 않으면, 쓰는 게 즐거운 영화를 써라. 당신 자신이 그 영화를 보려고 돈을 낼 일은 절대 없을지라도 말이다. 글쓰기의 여러 측면-대사, 액션, 플롯-중에서 당신이 서투른 부분이 있다고 생각한다면, 그 영역들에 대한 능력을 강화할 수 있는 영화를 습작으로 써라. 기교를 발전시키기 위해서 말이다. 그렇지만 절대로 배가 고프다고 글을 쓰지는 마라.

배가 고프다고 글을 쓴다는 말의 의미는 순전히 돈 때문에 글을 쓰는 것이다. 물론 상업적인 시나리오를 써서 거금을 버는 작가들이 있다. 그렇지만 거기에 속지 마라. 그들은 순전히 돈 때문에 글을 쓰는 게 아니다. 그들은 자신들이 하는 일을 사랑하고, 그런 일에 재능이 있는 사람들이다. 그들은 글을 쓰는 기교를 터득하고 몇 년 후에 자신이 능력을 갖춘 분야의 정상에서 글을 쓴다. 그들은 체면 따위는 생각하지 않고 아무 작품이나 쓰지 않는다. 당신이 배가 고파서 글을 쓰고 있다면, 당신의 시나리오는 고초를 겪을 것이다. 리더는 당신이 작품에 신경 쓰지 않는다는 걸 알아차릴 것이고, 그래서 그 사람도 당신 작품에 신경 쓰지 않을 것이다. 우리, 현실을 직시하자. 어떤 시나리오가 팔릴 확률은, 완곡하게 말하면 그리 크지 않다. 당신이 글쓰기를 사랑하기 때문에 글을 썼는데 그 글이 팔리지 않았다면, 그래도 여전히 당신에게는 사랑이 남아 있다. 그런데 배가 고파서 글을 썼다면, 당신에게 남는 것은 배고픔이 전부다.

영혼에서 우러난 글을 써라. 당신이 상상력을 통해 끝내주는 훅을 내놓을 수 있을 정도로 운 좋은 사람이라면, 그리고 당신의 영혼이 극도로 에너지가 넘치는 스릴러를 사랑한다면, 그런 작품을 써라. 당신의 영혼이 서글프고 삐딱한 소품 예술 영화를 사랑한다면, 그런 작품을 써라. 사랑하는 내용을 써라. 당신이 빠져 허우적댈 수 있는 모든 중독 중에서 적어도 글쓰기보다 싼 중독은 몇 안 되고, 세상을 나은 곳으로 만들어주는 것도 몇 안 된다.

진심을 담은 글을 써라. 행운을 빈다.

부록
A SUPPLEMENT

표준 영화화 권리 이용허락 계약서
(대한민국의 시나리오 계약서)

_____ 소재 _____(이하 '제작사'라 한다)
와 _____에 거주하는 _____(이하 '작가'라 한다)는 영화화 권리 이
용허락에 관한 계약을 아래와 같이 체결한다.

제 1 조 (계약의 목적)

본 계약은 제2조에 명시된 시나리오(이하 "본건 시나리오"라 한다)에 대한 제4조
제1항의 권리를 이용허락하는 것과 관련하여 '제작사'와 '작가' 사이의 권리와
의무를 명확히 하기 위한 것이다.

제 2 조 (계약의 대상)

본 계약의 대상이 되는 "본건 시나리오"의 제목, 작가 등은 다음과 같다. 본 계
약서 말미에 "본건 시나리오"를 첨부하기로 한다.

(1) 제목 :
(2) 작가 :
(3) 내용 : 별도붙임

제 3 조 (용어의 정의)

본 계약에 사용되는 용어의 의미는 다음과 같다.

(1) 2차 저작물 권리 : "본건 시나리오" 또는 "본건 영화"를 영상화, 공연(연극,
뮤지컬 등) 등의 방법으로 개작한 저작물을 제작·이용할 수 있는 권리 및
이를 국내나 해외에 판매할 수 있는 권리로 캐릭터(Character) 상품 사용권,
Sponsor사용권(TV adaptations), 서적 및 기타 출판물 판매권, 영화의 국내·

해외 리메이크 및 전/후편 저작물의 작성권, 국내외에서 공연 및 전시로 제작할 수 있는 권리, 게임판권, 기타 머천다이징 판권 등을 말한다.

(2) 주 촬영 : 메인투자 계약, 영화 제작에 참여하는 스태프 고용 및 용역 계약, 배우 캐스팅 계약 등이 이루어진 상태에서의 촬영을 의미한다.

(3) 메인투자사 : "본건 영화"의 제작을 위하여 필요한 총 제작비를 조달하고, 제작비의 집행, 제작의 완성, 개봉, 정산에 대한 일체의 책임을 지는 회사를 말한다.

(4) 순이익 : 별첨에서 정한다.

(5) 수익지분(율) : "본건 영화"의 순이익 발생 시 그 순이익을 분배받을 수 있는 권리(또는 그 비율)을 의미한다.

(6) 제작사 몫의 수익지분율 : 메인투자사와 제작사 간의 메인투자계약에 약정한 "본건 영화"의 순이익 발생 시 제작사에게 지급되는 수익지분을 의미한다. 공동제작의 경우 공동제작사 몫의 수익지분율을 포함한다.

제 4 조 (이용허락)

(1) '작가'는 '제작사'에게 제(2)항에서 제(4)항까지의 범위 내에서 "본건 시나리오"로 극장용 장편영화 1편(본 계약에서 "본건 영화"라 한다)을 제작하여, 전세계에 배급, 판매, 이용할 수 있는 권리를 독점적으로 이용허락한다.

(2) '제작사'가 "본건 영화"를 제작할 수 있는 기간은 계약 체결일로부터 (   )년이다. 단, 본문의 기간은 5년 이내로 한정한다.

(3) '제작사'는 제(2)항의 기간이 만료되기 1개월 이전에 적절한 기간을 정하여 '작가'에게 기간 연장을 요청할 수 있다. 이 경우, 연장되는 기간이나 기간 연장의 대가는 '제작사'와 '작가'가 별도로 서면 합의하여 정한다(이하, 제(2)항의 기간 또는 제(3)항에 따라 연장된 경우 그 연장기간까지 총칭하여 "영화화기간"이라 한다).

(4) "본건 영화"의 언어는 [언어   ]로 한다. 다만, 다른 언어가 대사에 부분적으로 사용되거나, "본건 영화"를 다른 언어로 자막, 더빙 처리하는 것은 가능하다.

(5) 영화화기간 내에 "본건 영화"의 주 촬영이 개시된 경우 영화화기간 이후라도 '제작사'는 촬영, 편집, 색보정, 음악, 음향 등 제작을 진행할 수 있고, '작가'는 영화화기간 만료를 이유로 제(1)항의 권리를 '제작사' 이외의 제3자에게 양도 또는 이용허락하여서는 아니된다.

(6) '작가'는 "본건 시나리오"가 영화화 과정에서 제목, 스토리, 캐릭터 등 모든 요소가 변형, 각색될 수 있다는 것을 알고 있으며 이를 허락한다.

(7) '작가'는 영화화기간 동안 '제작사' 이외의 제3자에게 "본건 시나리오"에 대한 영화화 및 배급·판매·이용 권리를 양도하거나 이용허락을 하여서는 아니되고, 영화화기간 동안 "본건 영화"가 제작되는 경우에도 같다.

제 5 조 (진술 및 보증)

(1) '작가'는 "본건 시나리오"의 정당한 저작권자이며, "본건 시나리오"가 타인의 저작권 기타 지적재산권, 명예, 프라이버시를 침해하지 않는 것을 포함하여 대한민국의 법령에 위배되지 않는다는 것을 확인하고 보증한다.

(2) '작가'는 본 계약을 체결하기 전 "본건 시나리오"에 관하여 제3자에게 저작재산권을 양도 또는 이용허락하였거나 질권을 설정하는 등 본 계약에 따른 '제작사'의 권리를 제한하는 어떠한 부담도 존재하지 아니한다는 것을 확인하고 보증한다.

(3) 본 계약에 따른 영화화기간 동안 제3자에게 "본건 시나리오"에 대한 저작재산권을 양도 또는 이용허락하였거나 질권을 설정하는 등 본 계약에 따른 '제작사'의 권리를 침해하는 어떠한 행위도 하지 아니한다는 것을 확인하고 보증한다.

제 6 조 (영화화 권리 이용허락의 대가 지급)

(1) '제작사'는 본 계약 체결일로부터 [10]일 이내에 "본건 시나리오"의 영화화 권리 이용허락의 대가로 금 [   ]원을 법령에 따라 원천 징수되어야 할 세금을 공제한 후 '작가'에게 지급한다.

(2) "본건 영화"의 순이익이 발생한 경우 '제작사'는 제작사 몫 수익지분율의 (   )%를 '작가'에게 지급한다. 단, '작가'에게 지급되는 본문의 수익지분율을 0%로 정하거나 공란으로 두어서는 아니된다.

(3) '제작사'는 메인투자사로부터 받은 "본건 영화"의 국내 극장 개봉 이후, "본건 영화"의 총수익, 순이익 발생 여부 및 그 구체적인 내역을 확인할 수 있는 정산 서류를 '작가' 또는 '작가'가 지정하는 제3자에게 아래와 같은 정산 기준일에 따라 제공해야 하며, 제(2)항에 약정한 수익지분율에 따라 계산한 금액을 '제작사'와 '작가' 간의 정산기준일이 속한 달의 익월 말일까지 '작가'에게 지급해야 한다. 또한 '제작사'는 사실상·법률상의 폐업, 해산 기타 이에 준하는 사유로 본 항의 의무를 이행하지 못하는 경우를 대비하여 메인투자사로 하여금 '작가'에게 본 항과 동일한 의무를 부담하도록 하여야 한다.

① 1차 : "본건 영화"의 극장종영일로부터 90일 이내 정산.

② 2차~5차 : 연 4회, 매분기별 정산을 원칙으로 하며 구체적인 정산일은 '작가'와 '제작사'가 상호 합의하여 결정한다.

③ 6차~7차 : 연 2회, 반기별 정산을 원칙으로 하며, 구체적인 정산일은 '작가'와 '제작사'가 상호 합의하여 결정한다.

④ 8차 이후 : 매년 1회 정산을 원칙으로 하며, 구체적인 정산일은 '작가'와 '제작사'가 상호 합의하여 결정한다.

(4) 제(3)항과 별도로 '작가'는 필요한 경우 "본건 영화"의 정산 및 수익분배와 관련한 서류를 교부할 것을 '제작사'에게 요구할 수 있고, '제작사'는 위 요구를 받은 날로부터 [   ]일 이내에 해당 서류를 교부하여야 한다.

(5) '제작사'가 '작가'에게 지급할 금원은 다음의 계좌로 입금한다.

① 은행:

② 예금주:

③ 계좌번호:

(6) '제작사'는 "본건 시나리오"를 극장용 영화로 제작, 배급, 광고, 홍보하거나 기타 다른 방법으로 사용할 의무가 없고, "본건 영화"에 관한 예산의 확정 및 변경, 제작비 집행, 감독, 스태프, 출연배우의 결정 등을 포함한 제작 진행에 관한 제반 의사결정 권한은 '제작사'에게 있다.

제 7 조(권리의 귀속 등)

(1) '작가'는 영화화기간 중에도 "본건 시나리오"에 대한 제4조 제(1)항의 권리를 제외한 모든 저작재산권을 행사할 수 있다. 다만 "본건 시나리오"에 대한 제4조 제(1)항의 권리 외의 저작재산권의 경우, '제작사'는 '작가'와 별도

의 서면 합의 및 대가 지불을 통해 그 저작재산권에 대하여 양도를 받거나 홀드백 기간을 정할 수 있다.

(2) "본건 영화"에 대한 저작권은 '제작사'에게 귀속된다.

(3) '제작사'는 "본건 영화"의 2차 저작물 권리를 행사하기 위해서는 '작가'와 협의를 거쳐 '작가'에게 별도의 대가를 지불하여야 한다. 대가의 정도나 지급 방식은 '제작사'와 '작가'가 서면 합의하여 정한다.

(4) "본건 영화"가 "본건 시나리오"와 주요 인물묘사, 플롯의 전개, 주요 시퀀스의 사건, 씬 별 대사 및 지문 등이 다른 '새로운 창작물'이라고 '제작사'가 입증하는 경우에는 '제작사' 단독으로 "본건 영화"에 대한 2차 저작물 권리를 보유·행사할 수 있고 '작가'에게 별도의 대가를 지불할 의무는 없다.

(5) '제작사'는 "본건 영화"의 배급, 개봉, 방송, 홍보 등을 위하여 '작가'의 이름, 초상, 자전적 자료 등을 사용할 수 있다. 단, 제8조 제(4)항에 따라 "본건 영화"에서 '작가'에 관한 크레딧을 삭제하는 경우에는 '작가'의 이름, 초상, 자전적 자료 등을 "본건 영화"의 홍보자료로 사용할 수 없다.

제 8 조 (크레딧)

(1) '제작사'는 '작가'를 "각본 ○○○"라는 크레딧으로 단독으로 명기하여야 한다. 다만, "본건 영화"의 모든 프린트 및 광고, 홍보물에 사용되는 관례적인 예외는 제외한다.

(2) 제(1)항에도 불구하고 '제작사'가 "본건 시나리오"를 원안으로 하여 다른 작가와 시나리오 초고를 새로이 작성하는 내용의 각본 계약을 체결하고, "본건 시나리오"가 아닌 다른 작가의 시나리오 초고에 기반을 둔 영화가 제작되어 크레딧을 병기해야 하는 경우, 병기 여부나 그 순서는 '제작사'와 '작가'가 상호 협의하여 결정하며, '제작사'는 촬영 종료 전까지 '작가'에게 결정된 내용을 알려야 한다.

(3) 제(2)항의 크레딧 병기 여부 및 순서와 관련하여, '작가'의 요청이 있을 경우에는 '제작사'는 병기 대상자가 "본건 시나리오"에 기여한 창작적 표현의 분량, 위치, 구체적인 내용을 입증방법(각본계약을 체결한 경우 그 계약서 사본)과 함께 서면으로 제공하여야 한다.

(4) '작가'는 "본건 영화"에서 '작가'에 관한 크레딧을 삭제해 줄 것을 '제작사'에게 서면으로 요구할 수 있으며, '제작사'는 이를 수용하여야 한다. '작가'에 의한 크레딧 삭제 요구는 본 계약에 따른 '작가'에 대한 보상에 영향을 미치지 아니한다.

제 9 조 (양도의 금지)
'제작사'는 '작가'의 사전 동의 없이 임의로 제3자에게 본 계약상의 지위, 권리와 의무의 전부 또는 일부를 양도할 수 없다.

제 10 조 (비밀 유지 의무)
'제작사'와 '작가'는 상대방의 동의 없이는 본 계약의 체결 및 이행 과정에서 알게 된 상대방의 영업비밀 등 상대방에 대한 일체의 정보를 제3자에게 공개하여서는 아니 되며, 언론 기타 매체에 제공하거나 쟁점화하거나 기타 용도로 사용할 수 없다.

제 11 조 (계약의 해제·해지)
(1) '제작사'는 '작가'가 제4조 제(7)항을 위반한 경우, 제5조의 진술 및 보증사항이 허위이거나 이를 위반한 것으로 밝혀지는 경우, 제10조를 위반한 경우 본 계약을 서면으로 해제·해지할 수 있다. 이 경우 '작가'는 '제작사'로부터 수령한 모든 금원 및 이에 대한 지급일로부터 상환일까지 연 [   ]%의 비율로 계산한 금원을 '제작사'에게 반환하여야 한다.

(2) '작가'는 '제작사'가 제6조에 따른 금원을 지급하지 아니하거나, 제9조, 제10조를 위반하는 경우 '제작사'에게 그 의무의 이행 또는 위반의 금지를 서면으로 최고할 수 있다. 최고 후 2주일이 경과하여도 '제작사'가 의무를 이행하지 아니하거나 위반사항을 시정하지 아니하는 경우 '작가'는 본 계약을 서면으로 해제·해지할 수 있다. 이 경우 '작가'는 기 수령한 금원을 반환하지 아니하며, 제4조 제(1)항에 따라 이용허락한 권리는 작가에게 반환된다.

(3) '작가'와 '제작사'는 상호 합의하여 본 계약을 해제·해지할 수 있고, 이 경우 권리의 귀속 및 정산 등에 관한 내용은 별도의 서면 합의로 정한다.

(4) 본 조의 해제·해지는 손해배상의 청구에 영향을 미치지 않는다.

제 12 조 (손해배상 등)

(1) 당사자 일방이 본 계약상의 의무를 이행하지 않거나 위반하여 상대방에게 손해가 발생한 경우, 그로 인한 모든 손해를 상대방에게 배상하여야 한다.

(2) 제5조의 진술 및 보증사항이 허위인 경우 이로 인하여 발생하는 법률상·사실상의 모든 책임은 '작가'에게 있고, 이와 관련하여 '제작사'가 제3자로부터 재판상 또는 재판 외의 청구를 당하거나 형사처벌, 행정처분을 받게 될 위험이 있을 경우 '작가'는 이로 인하여 발생하는 제반 비용(변호사 보수 등 법률 비용 포함)을 부담하며, 자료 제공, 진술, 증언 등 필요한 모든 절차에 협조하여야 한다.

(3) '작가'가 제4조 제7항을 위반한 경우, 제5조 제(2)항, 제(3)항의 진술 및 보증사항이 허위이거나 '작가'가 이를 위반한 것으로 밝혀지는 경우, '작가'는 제11조 제(1)항의 금원이나 본조 제(1)항의 손해배상액과는 별개로 '제작사'에게 위약벌로 [   ]원을 지급하여야 한다.

제 13 조 (분쟁의 해결 및 관할)

(1) 본 계약에 명시되지 아니한 사항 또는 본 계약의 해석에 대하여 다툼이 있는 경우 '제작사'와 '작가'는 대한민국 법령 및 한국영화계의 관례에 따라 상호 협의를 통하여 이를 원만히 해결하도록 노력하여야 하며, 분쟁이 원만히 해결되지 않는 경우에는 소제기에 앞서 영화진흥위원회, 한국저작권위원회 등에 조정을 신청할 수 있다.

(2) 제1항의 규정에도 불구하고, 해결되지 아니할 때에는 대한민국 법령을 그 준거법으로 하고, [○ ○ ○ ○]법원을 전속 관할 법원으로 한다.

(3) '제작사'와 '작가' 사이에 본 계약 또는 "본건 영화"와 관련하여 분쟁이 발생하는 경우, '작가'는 '제작사'에게 손해배상을 청구하는 이외에, "본건 영화"의 제작, 배급, 상영을 중지·제한할 수 있는 가처분신청, 침해정지청구 등을 제기하지 않는다.

제 14 조 (통지)

본 계약과 관련된 당사자에 대한 모든 통지, 동의, 요청, 합의 및 기타 통신은 이메일을 포함한 서면에 의하여야 하며, 아래 기재한 주소 또는 이메일로 전달된 의사표시만이 유효하다.

제작사에 대한 통지
(주 소)
(이메일)

작가에 대한 통지
(주 소)
(이메일)

제 15 조 (계약의 효력)

(1) 본 계약 체결 이전에 이루어진 모든 구두 또는 서면 합의는 본 계약 내용으로 대신한다.

(2) 모든 별첨, 부속합의서는 본 계약의 일부로 간주한다.

(3) 본 계약의 내용은 당사자 쌍방이 기명날인 서면에 의하여만 변경할 수 있다.

본 계약의 내용을 증명하기 위하여 계약서를 2부 작성하여 '제작사'와 '작가'가 서명 날인한 후 1부씩 보관한다.

년　　월　　일

'제작사' : 영화사명 :
　　　　　사업자등록번호 :
　　　　　주소 :
　　　　　대표자 :

'작　가' : 이름 :
　　　　　주민등록번호 :
　　　　　주소 :

참조: 한국 시나리오 작가 협회 (http://www.scenario.or.kr)

시나리오 페이지 샘플

〈와인색 짙은 바다(The Wine Dark Sea)〉

알렉스 엡스타인 지음

[내 주소]
[내 전화번호]
[내 메일주소]
www.craftyscreenwriting.com

=====

페이드인:

한 남자가

무척이나 갈망하는 눈빛으로 먼 곳을 응시하고 있다.
달빛 속에 있는 그의 얼굴에는 몇 년에 걸쳐 전쟁에서 얻은 지혜와 서글픔이 엿보인다.
그는 오디세우스다.

소년(O.C.)
장군님?

오디세우스 뒤에서는 갤리선들이 돌이 많은 해변으로 끌려 올라오고 있다.
돛들은 접혔고, 검은 선체들은 달빛을 받아 반짝거린다.

바닷물이 해변에서 부드럽게 찰랑거린다.
소년은 14살로, 숨이 턱까지 차 있다.

소년(계속)
위원회에서 다시 다툼이 벌어졌습니다. 에우리로코스가 제게 말하기를,
으음...

오디세우스
얘기를 계속 들려다오. 고맙다.

오디세우스는 몸을 돌려 이미 걷고 있다.

소년
좋지 않게 들립니다, 장군님.
오디세우스가 바닷가로 성큼성큼 걸어가,
사방에 흩어진 지저분한 텐트들과 타오르는 횃불들을 지나친다.
여기는 그리스군 야영지다.

오디세우스
디오메데스가 다시 집에 가고 싶어 하더냐?

병사들이 캠프파이어 위에서 익고 있는 돼지 주위에 모여 흥청거린다.

소년
그리고 메넬라오스 왕은 그를 겁쟁이라고 부르고 있습니다.

4살짜리 아이 둘이 줄에 달린 장난감을 끌고 그들을 지나쳐 뛰어간다.

오디세우스
디오가 이런 말을 했지. 메넬라오스가 되는 대로 지껄이는 솜씨만큼 침대에서
마누라를 대하는 솜씨가 좋았다면, 그녀를 그에게 돌려주겠다는 이유로 모든
그리스 전사가 트로이의 성벽 앞에서 숨을 거두려고 세계를 절반 가까이 항해
해서 가로지를 필요는 없었을 거라고.

병사 한 명이 어둠 속에서 애인과 입을 맞추며 껴안는다.

소년
그와 비슷한 얘기입니다, 장군님.

많은 병사가 술을 마시고 깔깔거린다.
그들은 백전용사들이 그런 인사를 받을 자격이 있는 사령관에게 바치는,
자긍심 넘치는 존경을 담은 인사를 오디세우스에게 올린다.

오디세우스
그가 옳다고 생각하느냐? 저 성벽들을 극복하지 못한다면
—우리는 네가 4살 때부터 그러려고 기를 써왔는데—
우리는 집에 가는 편이 나을 것이다. 맞느냐?

소년이 오디세우스를 쳐다본다.

오디세우스(계속)
너희 어머니가 너를 그리워할 것이라고 생각하느냐?

소년이 희망에 찬 표정으로 미소를 짓기 시작한다.

그러다가 그의 미소가 뚝 끊긴다.

소년
중요한 건 명예입니다, 장군님.

오디세우스
오. 그래. 명예.

누군가가 신음한다. 오디세우스가 몸을 돌린다:

텐트 안, 10여 명의 남자가 흙바닥 위에 뻗어있다.
신음하는 사람도 있고 숨을 거둔 사람도 있다.
군의관이 망자의 두 눈에 동전 두 개를 올려놓는다.

오디세우스(계속)

군의관?

군의관
에우리아데스라고 합니다, 장군님.

오디세우스
자킨토스 출신의?

(군의관이 고개를 끄덕인다.)

그 병사의 아버지는 작년에 스키타이 관문에서 목숨을 잃었지. 그 병사는 형제도 있었는데… 그렇지 않나…? 오, 그래. 헥토르가 그의 목숨을 앗아갔지. 아킬레스가 그를 해치우기 전에. 형제의 이름이…

군의관
엘페노르입니다.

오디세우스
아냐. 칸투스였어.

군의관
좋은 사람이었습니다.

오디세우스
그들 모두 좋은 사람들이었지.

그는 무슨 말을 해야 할지 모르는 표정으로 군의관을 바라본다.

그러다가 약간 비틀거린다. 아래를 내려다본다.

오디세우스(계속)
이보거라!

아이 하나가 그의 다리에 부딪혔다. 아이가 울기 시작한다.
오디세우스가 허리를 굽혀 아이를 안아 올린다.

오디세우스
여기서 무얼 하는 거냐? 너희 어머니는 어디 계시느냐?

꼬마
말이다!

오디세우스가 내려다본다. 줄에 달린 나무로 만든 말이 기우뚱하더니 쓰러져서 흙에 나뒹군다. 오디세우스가 허리를 굽혀 그걸 집어 든다. 울먹이는 걸 그친 아이들에게 그걸 건넨다.

소년
장군님? 위원회가…

오디세우스가 장난감 말을, 말에 달린 작은 나무 바퀴를 살펴본다.
갑자기 매료된 듯한 표정이다.
그리고 처음으로, 그가 미소를 짓는다….

컷 투(CUT TO):

까마귀 한 마리가
파란 하늘을 맴돌고 있다. 그러고는 비스듬히 날다가 급강하해서는
지면으로 향한다. 까마귀가 착륙한 곳 옆에는:

절단된 손이 있다.

커다랗고 새까만 새가 손을 쪼자, 손이 흔들거린다.
우리는 까마귀가 맴도는 것과 손이 움직이는 것을 보는 동안 발견한다:

환히 빛나는 흰 돌로 만든 성벽이 평야에서 12m 높이로 솟아 있고,
양쪽으로 수백 미터 뻗어 있다.
10m 높이의 나무 관문 양쪽 옆에 15m의 성루가 솟아 있다.
성벽에는 천 명의 병사가 도열해 있고,
그들이 쓴 청동 투구와 창끝이 햇빛을 받아 반짝거린다.

이곳은

기원전 1184년
트로이의
성루다.
보초 한 명이 가리킨다.

보초
보십시오!

먼 곳에서,

13.5m짜리 목마가 1.8m 크기의 바퀴들 위에서 끙끙거리며 천천히 전진한다.
백 명이 그걸 끌자 평야에서는 흙먼지가 피어오른다.

그리스 병사 수천 명이 양쪽에서 전방으로 행진한다.
그들이 쓴 투구와 창끝이 햇빛을 받아 반짝거린다.
그들은 군가를 부르는 동안 "와"하는 함성을 터진다.
전차들이 병사들 앞에서 굴러다닌다.
북소리는 천둥소리 같다. 나팔소리가 울려 퍼진다.

성벽 위에서,

트로이 병사들이 함성을 지르며 각자가 든 방패와 창을 두드린다.
그들의 군가를 부른다.
그들의 트럼펫이 굉음을 뿜는다.

거대한 나무 바퀴들이

거대한 목마가 평야를 굴러갈 때 삐걱거리는 소리를 낸다.

백 명이

두꺼운 밧줄을 끌어당기면서 땀을 뻘뻘 흘리며 안간힘을 쓴다.

목마가

속도를 내면서 성벽으로 접근한다.

성벽 위에서

트로이인들이 놀란 눈빛으로 목마를 응시한다.
그들이 부르는 노랫소리가 흔들린다.

목마가

성벽을 향해 더 빨리 덜거덕거리며 다가간다.
목마를 따라가며 고함을 치고 군가를 부르는 보병들이 돌격하기 시작한다.

그리스 척후병들이

삼바 차림으로 투석기를 빙빙 돌리면서 앞으로 뛰어나와
돌을 날리면, 돌은 휘파람 소리를 내며 관문으로 날아간다.

트로이인들이

거대한 소가죽 방패를 올리면,
돌멩이들이 방패에 퍽퍽 소리를 내며 맞는다.

목마의 대가리에서

거구의 그리스 영웅 열두 명이 플랫폼 위에 서 있다.
6m 길이의 장창이 하늘을 찌른다.
그들의 2.4m 높이 방패들이 은빛과 금빛으로 반짝거린다.
그들의 투구에는 밝은 모호크 스타일의 크레스트가 솟아 있어서,
그들의 키가 2.4m로 보이게 만든다.

그들의 우두머리는 아가멤논이다. 건장한 체구에 회색 수염을 길렀다.
그의 옆에는 반짝거리는 황금빛 방패를 든 미남자가 있다. 메넬라오스다.
그가 뒤를 보며 고함친다:

메넬라오스

오디세우스! 좋은 아이디어요!

오디세우스는 메넬라오스를 보며 미소를 짓는다.
그렇지만 그의 지혜로운 눈에는 서글픈 기색이 감돈다.
목마가 트로이군의 성벽을 향해 덜컹거리며 전진할 때,
오디세우스가 반짝거리는 청동 투구를 얼굴 위로 쓴다.

그리스 영웅들이 6m짜리 장창을 지면과 평행이 될 때까지 내려,
성벽에 있는 트로이인들을 겨눈다.

트로이인들이 두려움에 떨며 뒷걸음질친다.

목마의 대가리가 성벽에 충돌하면서
돌들을 때려 옆으로 밀어내고,
그리스군의 장창이 트로이인들의 몸을 꿰뚫는다.

영웅들이 성벽 위로 돌격하면서
창을 찔러대고 칼로 난도질한다.
트로이 병사들은 비명을 지르고 밀려나며 공간을 내준다.

잘 팔리는 시나리오 성공 법칙

초판 1쇄 발행	2021년 9월 30일

지은이	알렉스 엡스타인
옮긴이	윤철희
펴낸곳	(주)행성비
펴낸이	임태주
책임편집	이세원
디자인	아르케디자인
교정도움	김성은
출판등록번호	제2010-000208호
주소	경기도 파주시 문발로 119 모퉁이돌 303호
대표전화	031-8071-5913
팩스	0505-115-5917
이메일	hangseongb@naver.com
홈페이지	www.planetb.co.kr

ISBN 979-11-6471-152-9 (03680)

행성B는 독자 여러분의 참신한 기획 아이디어와 독창적인 원고를 기다리고 있습니다.
hangseongb@naver.com으로 보내 주시면 소중하게 검토하겠습니다.